超越与梦想

我国技术市场发展战略研究

林耕 董亮 傅正华◎著

知识产权出版社

全国百佳图书出版单位

图书在版编目（CIP）数据

超越与梦想：我国技术市场发展战略研究/林耕等著. —北京：知识产权出版社，2016.6
ISBN 978 - 7 - 5130 - 4297 - 0

Ⅰ.①超… Ⅱ.①林… Ⅲ.①技术市场—发展战略—研究—中国 Ⅳ.①F723.84

中国版本图书馆 CIP 数据核字（2016）第 148955 号

内容提要

本书回顾了我国技术市场发展的历程，总结了成就与体会，剖析了现状与问题，分析了机遇与挑战，论述了发展战略选择，提出了"梦想与超越"的路径，即理论、管理体制和实践的超越。分析了大量数据和重点案例，收集了相关重要建议，整理了 1977—2015 年我国技术市场大事记。全面梳理了我国技术市场发展的基本脉络，提出了发展战略、路径以及重点任务与措施。

本书总结出我国技术市场理论的发展经历了从科技成果转化到技术转移的嬗变，这个嬗变过程经历了三个时期。今天的技术市场无论是市场化程度还是发展规模都有了质的飞跃，但科技成果转化理论在指导技术市场实践中仍显得"力不从心"。相比较而言，技术转移理论在内涵、范围及系统性等方面优势明显，为技术市场理论从科技成果转化向技术转移理论嬗变提供了重要依据，为确立其在技术市场理论中的主导地位、科学地指导技术市场实践奠定了基础。技术市场的理论嬗变，是我国技术市场实践理论的概括和升华。

此外，本书提出了打造技术转移服务链、技术转移效率指标、建立注册技术转移经理师制度等，具有重要意义。

责任编辑：张水华　　　　　　　　　　　责任出版：孙婷婷

超越与梦想

我国技术市场发展战略研究

林　耕　董　亮　傅正华　著

出版发行：知识产权出版社有限责任公司	网　址：http://www.ipph.cn
社　址：北京市海淀区西外太平庄 55 号	邮　编：100081
责编电话：010 - 82000860 转 8389	责编邮箱：miss.shuihua99@163.com
发行电话：010 - 82000860 转 8101/8102	发行传真：010 - 82000893/82005070/82000270
印　刷：北京中献拓方科技发展有限公司	经　销：各大网上书店、新华书店及相关专业书店
开　本：787mm×1092mm　1/16	印　张：18.00
版　次：2016 年 6 月第 1 版	印　次：2016 年 6 月第 1 次印刷
字　数：350 千字	定　价：55.00 元

ISBN 978-7-5130-4297-0

目　录

第一章 我国技术市场发展的基本历程

技术市场是我国科技体制改革的突破口，是伴随着贯彻落实"经济建设必须依靠科学技术，科学技术工作必须面向经济建设"的战略方针发展壮大起来的，尤其是科技成果的"四个转移"（即科学技术成果由实验室向生产转移，单纯军用向军民兼用转移，沿海向内地转移，国外向国内转移）的提出，极大地促进了技术市场的发展。一般认为，技术市场有狭义和广义的两种理解。狭义的技术市场"是指一定时间、地点进行技术商品交易活动的场所，它有一定实践和空间的限制，如技术交易会、技术商店等"。广义的技术市场"是指将技术成果作为商品交易，并使之变为直接生产力的交换关系的总和，是指技术商品流通的领域，技术商品供求关系的总和。它包括从技术商品的开发到技术商品的流通应用的全过程。是指科技成果从科研领域转移到生产领域，转化为直接生产力的过程"。我们认为，技术市场不仅仅是"技术成果作为商品交易，并使之变为直接生产力的交换关系的总和"，而且应该是一切技术要素流通和交换关系的总和。

我国技术市场经过30多年的发展，已经形成技术市场法律法规体系、监督管理体系，并在"十一五"期间形成了以国家技术转移示范机构为骨干、以中国创新驿站为组织网络的新型技术转移体系，有效促进了科技成果转化和高新技术产业化，成为科技成果转化的主要渠道。随着国家技术转移促进行动和科技服务体系火炬创新工程的深入推进，技术市场将在新时期承载起统筹配置科技资源、加速我国研发能力、提升引领科技服务业发展的重要使命。

一、我国技术市场的形成与发展

我国技术市场的形成与发展大约经历了三个阶段，即技术市场萌芽与初创阶段（1978—1984年）、技术市场的快速成长阶段（1984—1998年）、技术市场的平稳发展阶段（1999年以来）。

（一）我国技术市场的萌芽与初创

1978年3月，全国科学大会在北京召开。邓小平发表了重要讲话，重申了马克思主义"科学技术是生产力"的著名论断，并创造性地提出科学技术是第一生产力。1978年12月，中共十一届三中全会召开，做出了把全党的工作重点转移到社会主义现代化建设上来的重大决策，改革开放就此拉开序幕。

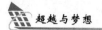
随着我国经济体制改革的推进，改变了单纯依靠行政手段和指令性计划组织生产的做法，促使企业不断发展商品生产，提高经济效益。生产管理因循守旧、产品几十年一贯制，已远远不能适应商品经济的发展，迫使企业把提高经济效益的着眼点放在技术进步上，增强了企业对新产品开发和新技术应用的需求。因此，一些企业与科研单位自愿协作，自发地搞联合。于是，科研单位开始向企业提供有偿转让技术成果。

1980年1月，国务院批转了国家科委关于建立专利制度的请示报告，中国专利制度开始提到议事日程中来。1980年10月，国务院颁布《关于开展和维护社会主义竞争的暂行规定》，指出"对创造发明的重要技术成果要实行有偿转让"，首次肯定了技术的商品属性。1981年，沈阳、武汉、北京等城市先后出现了少量的以科技人员为主体，以经营技术转让和提供技术服务为主要业务的公司。在政府推动下，举办了全国最早的技术交易会，初步体现了技术成果的商品属性，推动了技术由无偿到有偿的转让，充当了科研与生产的中介。

1982年10月，党中央、国务院提出了"经济建设必须依靠科学技术，科学技术工作必须面向经济建设"的战略方针。不少单位运用合同制，推动科技成果从实验室向生产领域转移、从军工向民用转移、从沿海向内地转移、由国外向国内转移。全国各地技术贸易组织大量涌现，为技术市场形成提供了组织保证。各城市的技术交易协调机构把本地的大专院校、科研单位、军工单位等联合起来，向着多层次、多成分、多形式的技术交易网络发展。因而，跨地区、跨行业的技术交易网络开始形成。技术成果交易会、技术难题招标会、科技信息发布会、技术交易洽谈会、大篷车技术服务队等多种促进技术交易的形式相继出现。

自1983年开始，国家和地区有关部门开始注意和加强对技术市场的指导和管理。1983年7月15日，国家科委发布了《加强技术转移和技术服务工作的通知》。1984年1月，国家科委、国家体改委提出了将科研单位由事业费开支改为有偿合同制试点的意见，技术合同制在我国全面推行，各级科技管理机构开展了技术合同认证登记工作。当年，全国经认证登记的技术合同成交额达7.2亿元。1984年国务院领导指出"加速技术成果商品化、开放技术市场是科技体制改革的突破口"。同年，全国技术市场工作座谈会召开，提出了我国技术市场工作方案。1984年10月，国务院常务会议论讨论了我国开放技术市场问题。会议讨论审定了《技术转让条例》，1985年月正式颁布时更名为《技术转让暂行规定》，明确指出："国家决定广泛开放技术市场，繁荣技术贸易，以促进生产发展。"

这一阶段，技术的商品属性初步确立，出现了第一批中介服务机构，成果开始有偿转让。其特点是，技术成果的推广应用实现了从无偿到有偿的突破。

但是，由于当时技术是否是商品还存在严重的分歧，许多单位在技术协作中，虽然实行有偿服务和有偿转让，也是不公开或半公开的，其着眼点也仅仅是给技术持有者以适当补偿，并没有从商品交换的高度来认识。

（二）我国技术市场的快速成长

1985年3月，中共中央发布《关于科学技术体制改革的决定》，该决定再次指出："促进技术成果商品化，开拓技术市场，以适应社会主义商品经济的发展。"开拓技术市场是科技体制改革主要内容，成为我国科技体制改革的突破口。1985年4月，国务院成立了全国技术市场协调指导领导小组。1985年4月1日，《中华人民共和国专利法》正式施行。

1986年12月，国务院发布《技术市场管理暂行办法》，提出"开放、搞活、扶植、引导"的八字方针，并明确指出：技术市场是我国社会主义商品市场的重要组成部分。技术市场的基本任务是：促进技术商品流通，推动技术成果的推广和应用。这一鼓舞人心的举措，使尚处在萌芽时期的中国技术市场步入新的发展轨道。

1987年6月，第六届全国人大常委会第二十一次会议审议通过了《中华人民共和国技术合同法》（以下简称《技术合同法》）。这部具有中国特色的技术成果商品化的法律，规定了技术市场的基本准则，使我国技术市场的发展进入法制化轨道。1987年党的十三大报告中指出"社会主义市场体系，不仅包括消费品和生产资料等商品市场，而且应当包括资金、劳务、技术、信息和房地产等生产要素市场；单一的商品市场不可能很好发挥市场机制的作用"。

《技术合同法》及其实施条例发布实施后，国家科委相继出台了一系列规定，主要有《技术合同认定登记管理办法》《技术合同认定规则》《技术市场统计工作规定》《技术交易会管理暂行规定》《关于科技人员业余兼职若干问题的意见》《技术合同仲裁机构管理暂行规定》和《技术合同仲裁机构仲裁规定》等。与此同时，全国许多省、自治区直辖市的政府和有关领导亲自过问和关心技术市场的培育和建设，制定多项旨在促进科技进步，规范、协调技术市场行为的政策措施，并建立了技术市场管理机关，建立了技术合同认定登记制度等各项管理制度。由此，我国的技术市场进入法制化管理的轨道，得到了健康、稳步的发展。

1992年江泽民总书记在党的十四大报告中指出"加快市场体系的培育。继续大力发展商品市场，积极培育包括债券、股票等有价证券的金融市场，发展技术、劳务、信息和房地产等市场，尽快形成全国统一开放的市场体系"。

这一阶段，我国技术市场步入快速发展阶段，全国技术合同成交额由初创阶段的1984年的7.2亿元猛增至1998年435.8亿元（详见表1-1），并呈现出以下特点：第一，实现科技体制的突破；第二，制度建设轰轰烈烈；第三，管理与服务体系逐步健全；第四，技术交易规模不断扩大。

表1-1　1984—1998年我国国内技术合同成交额　　　　单位：亿元

年度	1984	1985	1986	1987	1988	1989	1990	1991	1992	1993	1994	1995	1996	1997	1998
交易额	7.2	23	20.6	33.5	72.5	81.5	75	94.5	151	207	228.9	264	300	351.4	435.8

数据来源：中国统计年鉴：各地区技术市场成交额。

（三）我国技术市场的平稳发展

1999年中共中央、国务院召开全国技术创新大会，做出《关于加强技术创新，发展高科技，实现产业化的决定》，提出"深化科技体制改革促进高新技术成果商品化、产业化"，以加强技术创新、加速高新技术成果产业化为目标，通过深化改革，形成有利于科技成果转化和产业化的体制和机制。

进入21世纪以来，我国技术市场的交易规模和领域不断扩大，技术合同成交额由1999年的532亿元增至2012年的6437亿元（详见表1-2），各个层次、多种形式的技术交易活动相当活跃，遍及我国社会、经济发展的各个领域，大大推进了科技成果的商品化、产业化和国际化，为我国技术市场的发展树立起一座新的里程碑。这预示着我国的技术市场将进入一个全新的历史发展阶段。

表1-2　1999—2012年我国国内技术合同成交额　　　　单位：亿元

年度	1999	2000	2001	2002	2003	2004	2005	2006	2007	2008	2009	2010	2011	2012
交易额	532	650	782	884	1084	1334	1551	1818	2226	2665	3039	3906	4763	6437

数据来源：中国统计年鉴：各地区技术市场成交额。

2002年党的第十六次全国代表大会报告提出"健全现代市场体系，发展产权、土地、劳动力和技术等市场"。2003年10月，中国共产党第十六届三中全会《关于完善社会主义市场经济体制若干问题的决定》再次重申"健全统一、开放、竞争、有序的现代市场体系，加快发展土地、技术、劳动力等要素市场"。2006年3月，第十届全国人大四次会议通过了《国民经济和社会发展第十一个五年规划纲要》，提出"健全资本、土地、技术和劳动力等要素市场，积极发展技术市场"。在提高自主创新能力，建设创新型国家的新形势下，2007年胡锦涛总书记在党的十七大报告中指出"要加快建立以企业为主体、市场为导向、产学研相结合的技术创新体系，引导和支持创新要素向企业集聚，促进科技成果向现实生产力转化。深化科技管理体制改革，优化科技资源配置，完善鼓励技术创新和科技成果产业化的法制保障、政策体系、激励机制、市场环境"。体现了党中央、国务院对发展技术市场、促进科技成果转化、走自主创新道路的殷切希望。

这一阶段，我国技术市场的发展进入平稳发展时期，并呈现出以下特点：

第一，服务体系逐步壮大；第二，交易方式、内容逐渐变化；第三，技术转移西风东渐；第四，技术交易规模质量同步提升。

二、我国技术市场政策、法规的演化

（一）技术成果"有偿转让"政策的初现

1980 年 10 月 17 日，国务院发布《关于开展和保护社会主义竞争的暂行规定》。该规定第 7 条明确提出了技术成果要实行有偿转让："为了鼓励革新技术和创造发明，保障有关单位和人员应有的经济利益，对创造发明的重要技术成果要实行有偿转让。"这是我国改革开放以来第一次提出"技术成果实行有偿转让"。这不仅为技术成为商品走向市场奠定了基础，而且向社会明示：中国允许技术买卖，国内要开放技术市场。但应看到，由于当时对技术是否是商品存在严重的认识分歧和激烈的争论，"有偿转让"的着眼点仅仅是给技术持有者以适当的补偿，并没有从商品交换的角度来认识。

这时的"有偿转让"技术仅仅相当于是一种"半商品"。因为商品都是为交换而生产的劳动产品，为自己消费，或不是为交换而生产的劳动产品，不是商品；为他人生产，但不经过交换的劳动产品，也不是商品；只有为了交换而生产的劳动产品和拿到市场上去交换的劳动产品，才是商品。而当时的技术成果虽然实行有偿转让，但那时转让的只是原有积压、过时的技术成果，虽具备一定的使用价值，也能够满足人们的一定需求，但并不是为市场需求而进行的研究开发，也不是以交换为目的而产生的技术成果；并且商品交换是按照价值相等的原则进行的，商品价值通过商品交换量的比例即交换价值表现出来的。从商品交换的角度来看，商品在交换的过程中，买卖双方是在等价交换的基础上进行的，而当时在技术产品的交换中，仅仅是给予技术持有者以适当的补偿，虽然技术产品具有一般商品的所有属性，是用于交换的具有使用价值的劳动产品，但交换双方并没有按等价交换原则进行。技术与生产之间的联系不太紧密，技术还没有完全成为具有价值和使用价值的"商品"，也无法进入市场进行交换。因而，技术产品虽已具有了商品的属性，但还只是一种"半商品"，技术的价值没有得到完全补偿。

尽管如此，这毕竟为技术产品成为商品走向市场奠定了基础。技术市场只有在技术作为独立的商品形态，从有形的实务商品中独立出来以后才能产生。技术成果实行有偿转让使得技术首次成为商品，技术从自用转变为别的使用者而研制，为出售而生产，技术逐渐成为商品，技术市场也开始显现。随着经济体制改革的逐步展开，科技体制改革也进行了试点，但由于受计划经济体制的影响，这时的技术产品转让以科研单位销售原有的技术为主，转让的范围、数量也极其有限，根据市场需求进行开发的不多。

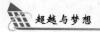

根据技术成果"有偿转让"的情况，为推进技术成果商品化进程，1981年4月16日，中央14号文件批转国家科委党组《关于我国科学技术发展方针的汇报提纲》，站在一个新的角度进一步提出了"加速科学技术成果的应用推广，实行有偿转让"的建议，同时提出了我国科技工作要为经济建设服务的新方针，进一步推动了技术成果成为商品进入市场。于是浙江、沈阳、武汉等地先后在全国举办技术交易会，开展技术产品的交流与交易，实现技术商品的交换。

（二）专利制度的建立

在商品经济条件下，当技术成为商品，进入市场实现交换时，需要保护知识权益的制度。否则技术商品会同其他一般商品一样，使其在技术市场中的交流、交易行为既不能进行，也无法持久。因而对知识权益的保护是技术市场的一项重要内容。为此，1984年3月，全国人大常委会颁布《中华人民共和国专利法》（以下简称《专利法》），并加入《保护工业产权巴黎公约》，宣布了我国承担保护工业产权的国际义务。国家通过《专利法》及其他规定，建立了专利制度，使技术商品的产权得到了法律的保护，进一步推动了技术交易规模的扩大。《专利法》的颁布实施，标志着我国技术市场已逐步开始发展，技术市场进入规范化阶段。

（三）技术合同制度的确立

1982年修订《宪法》时明确规定"为使科技知识更加普及，鼓励科研成果和技术发明创造"，这不仅为我国技术市场的发展提供了强大的动力，也为以后对有关技术市场的规范调整，奠定了法律基础。

随着改革开放的推进，科技在生活中涉及的领域越加广泛，产生的纠纷也日益增多。为统一规范各类纠纷，1982年颁布实施《经济合同法》，其涉及有关技术在第26条即科技协作合同规定中进行了明确。由于当时处于改革开放初期，仍以计划经济作为主导，市场经济还未形成，因而该法中的科协技术合同实行由行政主管部门主导科研开发、研制与推广，按行政计划统一签订，法律条款带有明显的计划经济的特征。对技术的调整只针对部分交易行为，即只是技术市场中技术的转让与服务的行为，但却对技术转让、技术服务等技术交易活动做出了原则性的规定，使得技术作为商品有了法律的依据。

为规范技术交易市场中的技术交易行为，1984年1月，国家科委、国家体改委提出科研单位由事业开支改为有偿合同制试点的意见，推行技术合同制的试行，从此技术合同制在我国全面推开，各级科技系统开展了技术合同的认定、登记管理。至此，我国的技术市场开始步入新的征途。

（四）技术市场法律框架的基本形成

1985—1990年，是我国技术市场的形成发展时期，也是我国技术市场法律框架初步形成、技术市场进入依法管理的时期。对技术市场的政策、法律、法规的调整，经历了从有到全、框架逐步建构的过程。从中共中央关于科技体制改革决定的发表，到国家《技术市场管理办法》的出台，标志着我国技术市场已经形成并进入发展阶段；以《技术合同法》的颁布和国家科委制定的《技术合同法实施条例》全面实施为标志，表明我国技术市场法律框架已初步形成，并进入了依法进行技术交易的管理阶段。这一阶段技术市场作为国家重点关注对象，政策、法律、法规的调整步入一个密集制定期与颁布期。对技术市场的调整是以法律为主、法规跟进细化，调整范围也涉及技术市场的各个方面。

科技体制改革及技术市场的迅猛发展，使得在《经济合同法》中仅有的科技协作合同已与现实发展不相适应，使得技术合同变得越发复杂，产生的纠纷日益增多，而司法机关处理有关技术合同纠纷时，依据却只有《经济合同法》中的第 26 条科技协作合同的规定，因而造成司法机关及其他部门对处理较为普遍的技术合同纠纷缺乏依据，人们的合法权益不能得到有效的保护。为改变这种处境，适应科技改革及技术成果的商品化中出现的新问题、新情况，国家科委建议："制定一部较高层次的法律，来实现对内容独特、形式多样的技术合同关系的综合性调整，并使之成为一部单行法律。"1985 年 5 月，国家科委正式成立《中华人民共和国技术合同法》（以下简称《技术合同法》）起草小组。《技术合同法》及《实施条例》等配套法规的实施，标志着我国技术市场法律框架的形成，我国技术市场进入依法管理阶段。

1. 技术合同制度的建立

1987 年 6 月，第六届全国人大会常委会通过《技术合同法》，该法自1987 年11 月 1 日起施行。《技术合同法》是我国第一部综合调整各种技术合同关系的法律。该法针对当时技术市场的实际情况，将技术合同分为技术开发合同、技术转让合同、技术咨询和技术服务合同四种基本类型，对不同技术合同关系进行统一调整，使其具有了明确的规范性、适用性和指导性，是我国科技体制改革在理论和实践上的一个重大突破。《技术合同法》的实施，有利于保护技术成果、推动科技成果转化和发展技术市场，明确了公民是技术合同的合法主体，保护了技术的竞争，促进了技术发展，打破了技术封锁，使先进的技术得以推广和应用。对人们开展技术商品交易活动，对技术商品进入流通，实现交换过程中出现的许多问题，做出明确的法律规定，使我国的技术市场交易行为特别是技术商品的转让交易依法有序。通过技术合同这一制度的媒介作用，在科学技术与经济建设之间搭起了桥梁，使得我国技术交易活动从无序走向有序，技术市场的运行被纳入法制化轨道。

2. 技术合同配套法规的颁布

1987 年我国《技术合同法》的实施，标志着我国技术市场的政策法律体系建设进入了一个新阶段。因为它从法律上明确了《技术合同法》与《经济合同法》具有相同的法律地位。尽管《技术合同法》是一部对技术交易行为独具特色的法律，但要使其规定实施过程落到实处，必须有它配套法规与其适应。于是我国又先后颁布了《技术合同法实施条例》《技术合同管理条例》《关于技术市场营销具体政策的说明》《技术合同认定登记管理办法》《技术合同认定规则（试行）》以及《关于正确处理科技纠纷案件的若干问题的意见》等行政法规。在财税方面亦颁布和实施了技术交易行为的优惠政策，并建立了技术合同纠纷的仲裁制度，从而使技术市场形成了技术商品的产出、交易、管理到处理纠纷和实行优惠等方面的政策，形成了一个比较完整的政策法律体系，确保了技术市场的交易活动在法律的保护下正常进行。

3. 技术市场行政法规颁布

1985 年前后为规范技术市场，国家有关部门密集出台了大量的政策和行政性法规，如《关于开发研究单位由事业费开支改为有偿合同制的改革试点意见》《科研单位实行经济核算制的若干规定》《关于推进科研设计单位进入大中型企业的规定》《关于扩大科学技术研究机构自主权的暂行规定》《关于进一步推进科技体制改革的若干规定》《关于科技人员业余兼职若干问题的意见》《技术合同管理暂行规定》等一系列法规，使该时期我国技术市场的政策法规建设体现了以大量的行政法规为基础，调整技术市场有序发展的局面。这些政策法规在改革科研机构的体制、开发技术交易市场、将科研机构推向市场等方面起到了积极作用。

4. 技术市场地方性法规出现

技术市场在国家"放开、搞活、扶植、引导"八字方针指引下，从小到大迅速发展，以技术开发、技术转让、技术咨询、技术服务为主要内容的"四技"活动，在全国范围蓬勃开展。1986 年 7 月 30 日，广东省人大通过了全国第一个技术市场地方性规定即《广东省技术市场管理规定》，并于 1986 年 10 月 1 日起实施。《广东省技术市场管理规定》就技术市场的性质、经营范围及形式、参加者（主体）、交易活动规则、管理机构和程序等做了明确的规定，划分了技术交易中可以做的和不可以做的、应当管的和不必管的、正当的技术交易与不正之风诸种界限，澄清了若干不正确的观念，开阔了人们的眼界，提供了开展技术贸易的具体法律依据。《广东省技术市场管理规定》突破了传统民商法的框框，适当加重了中介方的责任。中介方（单位或个人）在技术交易中处于特定的地位。中介方负有确定的义务，主要是提供信息、评价技术、协调签订技术交易合同，必要时参与督促当事人双方履行合同，参与调解技术交易纠纷。随后，1987年12月29日，浙江省人大通过全国第二部技术市场地方性法规即《浙江省技术市场管理条例》，之后一些省、自治区陆续出台了技术市场地方性法规。

5. 涉外技术管理

技术引进是一个国家特别是发展中国家发展经济的一个重要途径。因而各国对技术引进都进行不同程度的管理，我国对于国外技术引进实行的是全面的国家管理政策。因《技术合同法》只是调整国内企业与个人之间有关技术的法律规范，对于引进国外技术的调整主要依据《涉外经济合同法》、1985年国务院颁布的《技术引进合同管理条例》，以及1988年对外经济贸易部颁布的《技术引进合同管理条例施行细则》。为此，1990年6月，对外经济贸易部、国家科委发布《技术出口管理暂行规定》，对涉外技术合同管理进行规范。

（五）技术市场政策法规的逐步完善

1991—2000年，是我国技术市场快速发展的时期，也是技术市场立法不断健全和完善的时期。这一阶段对技术市场的调整进入法律法规逐步完善阶段，主要表现在有关技术市场的法律、法规逐步修改完善，政府对技术市场管理的行政干预逐渐减少，市场经济及法律成为调节技术市场的主导，因而在这一时期对技术市场的调控显现出政策指导、法律规范、法规细化的特点，使技术市场步入法制化管理阶段。

1. 市场经济引导技术市场发展

1991年国家提出"科教兴国"战略。1992年邓小平南方讲话，提出了"科学技术是第一生产力"的观点，并把科学技术提升到国家战略角度予以关注，使技术市场成为科技成果转化为生产力的舞台。1992年10月，党的十四大明确提出"技术市场是社会主义统一市场的重要组成部分"，并确立在中国建立社会主义市场经济体制。1992年，经国务院同意，国家科委制定了"科技发展的十年规划"和"八五"计划纲要，提出了深化科技体制改革的基本目标和主要任务。1992年8月，国家科委发布"关于加速发展科技咨询、科技信息和技术服务业的意见"。1993年，党的十四大三中全会做出《关于建立社会主义市场经济体制的决定》，指出当前培育市场体系的重点之一是发展技术市场。1994年，国家科委和国家体改委联合印发《关于进一步培育和发展技术市场的若干意见》的通知，文件提出了在深化改革中应当"坚持科学技术是第一生产力的战略思想"，按照"稳住一头，放开一片"的方针，在推进科技系统人才分流、机制转换和结构调整的改革过程中，把培育和优先发展技术市场放在重要位置。1996年9月，国务院发布"关于九五期间深化科技体制改革的决定"。10月，国家科委发布《"九五"全国技术市场发展纲要》，这是我国开放技术市场以来，第一部以规划的形式制定的指导性文件，对我国

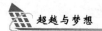
技术市场的发展具有较强的指导意义。

2.《科学技术进步法》颁布

1993 年 7 月，全国人大常委会通过《科学技术进步法》。该法对于科学技术制度具有纲领性作用。其首次将"科学技术是第一生产力"以法律形式予以明确，给予科学技术以优先发展的战略地位。法条规定了推进科技进步的方针、基本制度与保障措施等，使涉及科技进步的有效主张与政策上升为法律，为我国科技法制的发展奠定良好的基础。对于技术市场，该法在第 27 条规定："国家培育和发展技术市场，鼓励创办从事技术评估、技术经纪等活动的中介服务机构，引导建立社会化、专业化和网络化的技术交易服务体系，推动科学技术成果的推广和应用。"《科学技术进步法》对于技术市场的服务机构、服务体系以及技术市场多层次、国际科技合作与交流等方面做出明确规定，促进了技术市场的多层次、有效发展，为我国技术市场立法的系统化奠定了基础，为推动我国技术创新的发展提供了基本准则。

3. 科学成果转化的方式途径确立

在《科学技术进步法》实施以后，科技成果的应用推广取得了很大成绩，促进了我国经济与社会的发展。但社会体制、思想观念等一些不利因素，使得科技与经济的结合相分离，企业缺乏内在动力开发及转化科技成果，而科研机构又游离于企业之外，造成科技成果的转化仍然没有得以提高。

1996 年 5 月，颁布实施《促进科技成果转化法》，作为与《科学技术进步法》配套实施的法律之一。该法规范了科技成果转化合同制度，发展了技术市场，强调加强中间实验环节，并且从鼓励学校、科研、生产相结合，发挥企业主体作用等方面，来推动科技成果转化和提高科技进步贡献率。该法的实施有利于技术市场的有效运行，为促进科技成果转化提供了必要的法律保障，使得科技成果转化作为技术市场的基本功能得以发挥，成为科技成果转化的主渠道。

4.《合同法》颁布，"三法合一"

随着改革的深化与市场经济的快速发展，原来制定的涉及技术方面的《经济合同法》《涉外经济合同法》《技术合同法》等已不能适应社会发展要求。原有法律部分条款已经失效或调整范围过窄，已不能规范日益复杂的各类情况。为更好地保障经济的快速发展，我国于 1999 年 3 月颁布《合同法》，并于 1999 年 10 月开始正式实施。该法将《经济合同法》《技术合同法》《涉外经济合同法》三法统一为一法。该法的第 18 章（322 条～364 条）专门规定了技术合同，并保留了《技术合同法》中几乎全部的内容。

在《合同法》规范下，技术合同更加完善。但与原《技术合同法》相比，主要不同为：第一，《合同法》是基本法，而《技术合同法》是单行法，合同法的法律位阶更高，从而使技术合同处于基本法范畴的调整下，其制定与修改过程也更为严格；第二，《技术合同法》因其制定是处于我国改革开放初期，其某些条款还带有计划经济色彩，《合同法》的制定与颁布是处于市场经济阶段，因而对于涉及计划许可实施的条款或予以取消，或做出了修改；第三，在适用范围上，《技术合同法》适用范围较窄，仅适用于国内法人、其他组织或个人之间订立的技术合同。而《合同法》对此做出修改，其适用范围也更为广泛，不仅适用于国内的技术合同，同时明确规定对于技术进出口合同也予以适用；第四，关于权利保证条款，《合同法》增加即第349条规定："技术转让合同的让与人应当保证自己是所提供的技术的合法拥有者。"权利保证是国际技术贸易中普遍遵循的准则之一，因而在国内技术交易过程中也应同样予以适用；第五，关于违约责任，在《技术合同法》中规定的违约责任为"支付违约金或者赔偿损失"，即二者选择其一承担违约责任，而《合同法》就技术合同的违约责任规定为"承担违约责任"，即是按照当事人合同约定和《合同法》总则中规定的违约责任来予以确定，而不是只能选择一种。

《合同法》总结了《技术合同法》实施以来的经验与教训，科学地规定了技术商品在交换过程中当事人的权利义务关系，对激励科研工作者和技术成果经营、开发、生产者的劳动积极性，在实现技术成果商品化，推进技术市场的繁荣和加速技术成果的转化等方面，都具有重要的时代意义。

5. 行政性法规进一步细化完善

1991年1月，国家科委以第11号令发布《技术合同仲裁机构管理暂行规定》。1994年7月，国务院发布"关于进一步加强知识产权保护工作的决定"。1995年，国家工商局颁布《全国经纪人管理办法》。1997年，国家科委发布《技术经纪资格认定暂行办法》和《全国技术经纪人培训大纲》。1997年4月，中国专利局、国家国有资产管理局发布"专利资产评估管理暂行办法"。1997年7月，国家科委、国家工商局印发"关于以高新技术成果出资入股若干问题的规定"。2000年2月，科技部、财政部等部门联合发布《技术合同认定登记管理办法》。2000年12月，科技部印发"关于科技评估管理暂行办法"等。这些部门规章涉及技术市场的方方面面，对调整规范技术市场行为、促进技术市场健康发展起着重要的作用。

6. 地方性法规陆续出台

1991—2000年，我国继广东省、浙江省人大出台技术市场地方性法规后，全国很多省、地方人大陆续制定、通过了有关技术市场管理的地方性法规。如《江苏省技术市场管理条例》《四川省技术市场管理条例》《江西省技术市场管理条例》《郑州市技术市场管理条例》《山西省技术市场管理条例》《北京市技术市场管理条例》等。一些地方条例在规定技术市场主管部门的同时，又规定了技术市场管理机构及其行政管理的职责，为技术市场管理工作定位，并赋予了指导、协调、监督的行政职能。有的地方条例设立了技术市场发展基金，规定了技术贸易专用发票。有的地方条例为鼓励技术进步，制定了购买技术方取得经济效益后的优惠政策等。这些地方性法规的制定与实施，细化与完善了对技术市场的管理，为技术市场管理提供了必要的操作手段，使技术市场走出了一条从自发无序状态向自觉有序状态发展的道路，对完善地方市场环境，推动地方依靠科技发展经济起了巨大的作用。

1991—2000 年，是我国技术市场的发展时期。我国技术合同成交额呈现出大幅度的增长，从 1983 年的 0.5 亿元到 1991 年的 94.5 亿元，用了将近十年的时间。但从 1991 年的 94.5 亿元到 1996 年的 300 亿元，却仅仅用了五年时间（见表 1–1）。随后几年，也是以每年 100 亿元的速度增加。这些技术合同成交额的大幅提高过程，是技术市场法律、法规规范调整的过程。《科学进步法》《促进科技成果转化法》《农业技术推广法》等法律、法规的颁布、修订及实施，完成了我国对技术市场从基本法、法律到地方性法规的法律规范，完善了我国技术市场的法律框架体系，使技术市场逐步步入到法制化管理阶段。

三、技术市场的理论嬗变：从科技成果转化到技术转移

我国技术市场理论的发展，经历了从科技成果转化到技术转移的嬗变，这一嬗变过程大致经历了三个时期，每一个时期，都与中共的重大决策密切相关，即技术市场的理论嬗变是我国技术市场实践的理论概括和升华。

（一）我国技术市场理论的萌芽期

1. 技术商品属性的大讨论

1980 年 10 月，国务院颁布《关于开展和保护社会主义竞争的暂行规定》，首次提出"鼓励革新技术和创造发明，重要技术成果要实行有偿转让"。这一规定，引发了人们的思考：技术成果实行有偿转让，这就意味着允许技术买卖，国内要开放技术市场。1982 年，中央明确提出"经济建设必须依靠科学技术，科学技术工作必须面向经济建设"的战略方针，这也为技术市场的开拓提供了强大的动力。尤其是 1985 年，中央发布《中共中央关于科学技术体制改革的决定》，明确提出要"开拓技术市场，克服单纯依靠行政手段管理科学技术工作，国家包得过多、统得过死的弊病"。

那么，技术这种商品有哪些基本属性？它具有哪些普通商品所不具有的特质？由于长期以来实行的计划经济体制，技术的商品属性一直被忽视甚至被反对，在技术市场理论研究兴起之初，围绕这一问题，理论界就技术商品的非物质性、技术成果交换、技术商品的特殊性等问题曾经进行了一场为时甚久的大

讨论。

（1）技术商品非物质性研究

认为技术不是商品的主要观点包括"科学技术是潜在的生产力，溶化在生产要素之中，不是实体的劳动产品，不具有价值"，也有主张对技术成果区别对待的，即"物化形态的技术是商品，设计形态的技术有商品属性，而劳务形态的技术则不具有价值，不是商品"❶。

显然，解决技术商品属性问题的关键，就是如何正确理解技术成果多样性与商品属性的关系。对于技术成果的非物质性问题，赵时航（1985）进行了比较深入的阐述，他认为"技术商品是非物质形态的劳务商品"，"具有非实物形态使用价值这种劳务商品的一般属性"，因此，"不能用实物形态商品的内涵否定技术成果的商品属性"❷，同时，技术商品与基础科学研究成果、技术载体和一般的劳务商品也存在着明显的区别❸。随着研究的深入，各方逐步对技术商品的存在形式具有多样性这一观点达成了基本共识，认为技术成果的表现形式是多样的，既有以新产品、新设备等"硬件"形式表现的物质性成果，也有以经验、报告、图纸等"软件"形式表现的知识性成果❹。

（2）技术商品交换特性研究

解决了技术成果的非物质性问题以后，技术成果能否进行有价交换就成为技术商品属性争论的新焦点。反对者常常认为"我们是社会主义国家，科技成果的所有权属于全民，即属于同一个所有者，不必通过交换"，而通过划拨或者协作获得的技术成果，显然不具备商品属性。

针对这样的疑问，杨继绳（1982）对于技术市场的作用和技术商品的特殊性进行了研究，提出了"技术市场的中心内容是有偿技术转让，即买卖科技成果"这一观点，而科技成果同时具有经济职能，因此能够被纳入商品范围之内，而且社会主义条件下多种所有制并存也决定了技术成果的转移必须通过商品交换的形式来进行❺。

易之（1983）❻对于技术商品与社会主义所有制的关系进行了更详细的说明，指出"在企业和科研事业单位没有相对独立的经济权益，国家对企业在经济上实行统收统支，对科研单位的经费采用实报实销管理体制的时候，科研及其成果推广工作，就不可避免地要纳入供给制、'大锅饭'的轨道"。而

❶ 伍仲，柏明. 跨省市技术经济协作的若干问题讨论综述 [J]. 社会科学，1982（8）.
❷ 赵时航. 技术商品特殊属性问题探求 [J]. 学术交流，1985（2）.
❸ 赵时航. 技术商品的范畴及属性问题 [J]. 江汉论坛，1985（8）.
❹ 游章明. 试论技术商品的特殊性 [J]. 科学学与科学技术管理，1985（5）.
❺ 杨继绳. 技术市场初探 [J]. 自然辩证法通讯，1982（4）.
❻ 易之. 技术进步的必由之路——略论我国新兴的技术市场 [J]. 学习与思考，1983（3）.

"现阶段的社会主义全民所有制，由于受生产力发展水平等的限制，还不可能是全体劳动者无差别地共同占有的完全的全民所有制"。因此，"企业劳动者不仅拥有对本企业生产资料的使用权，也拥有部分的所有权。企业之间进行产品交换，产品的所有权已经部分发生了改变。这是全民所有制企业拥有相对独立的自主权的客观基础，因而也是全民所有制企业之间进行商品交换、有偿转让科研成果、有偿技术服务的客观基础"。

（3）技术商品特殊性研究

在讨论技术的商品属性过程中，人们逐步认识到技术商品在诸多方面都具有特殊的性质，不能完全按照一般商品进行对待，因此关于技术商品的特殊性研究受到了较多关注。

为满足经济体制改革与技术交易市场化的需求，对于技术商品的价值与价格的特殊性进行了广泛探讨，对于技术商品的价值内涵也产生了多种观点❶❷。随着对技术商品特殊性理解的不断深入，相关领域的研究者逐步认识到在研究技术商品的价值理论时，必须把价值决定与价值实现区分研究。前者着重研究技术商品的价值实体与价值量，后者着重研究价格的形成与决定❸。向维稻（1988）对于技术商品的使用价值进行了深入研究，指出技术商品的使用价值具有特殊的"给定性"与"伸缩性"，与一般物质商品相比，技术商品使用价值的"伸缩性"较大，导致其价格波动幅度更为明显❹。胡介埙等（1989）基于"科技商品的成交价格是供需双方对价格认定的协调结果"这一观点，研究了科技商品特殊性对价格的影响，建立了定量的供需价格模型，提出了一个科技商品定价的决策支持系统❺。

此外，随着技术市场的不断扩大，人们对于技术交易的特殊性有了更加直接的了解和认识，相关理论研究也随之开展起来。例如：李鸿德（1983）总结了技术交易的组织活动形式，对于技术交易中的转让收费标准、技术封锁、提高各方面积极性等问题进行了探讨❻；陈宏愚（1986）则从技术交易的特点着眼，对成交因素的复杂性、成交过程的长期性、交易的"风险性"、技术转移和人才流动的相关性、对金融信贷的依存性等问题进行了阐述，并由此提出

---

❶ 杨克中. 技术商品价值决定问题评述 [J]. 科学管理研究, 1992 (3).

❷ 刘华. 技术商品价值和价格若干问题的分析 [J]. 管理世界, 1986 (5).

❸ 赵新亚. 论技术商品的价值决定和价格形成 [J]. 价格理论与实践, 1989 (11).

❹ 向维稻. 揭示技术商品使用价值的"给定性"与"伸缩性"——技术商品二重性及价格依据特殊性的再探讨 [J]. 科学管理研究, 1988 (2).

❺ 胡介埙, 王毅. 技术商品定价模型研究与决策支持系统设计 [J]. 管理工程学报, 1989 (Z2).

❻ 李鸿德. 目前国内技术市场的做法和问题 [J]. 科学学与科学技术管理, 1983 (6).

了技术市场管理的相关问题❶。

2. 关于技术市场的政策研究

在我国技术市场理论研究的萌芽之初，技术市场作为经济体制改革的新生产物，其法规体系、管理制度与配套措施并不完善，社会对于技术市场的运作方式也不甚了解。为了尽快建立并完善符合中国实际的技术市场管理制度服务，学者和相关从业人员开始了技术市场的政策与实用研究，总结经验教训，并将研究成果反映在国家制定与发布的政策文件中。

3. 关于技术市场的借鉴研究

由于我国技术商品交易起步较晚，在经济制度改革之初也缺乏相应的制度与运行体系建设。因此，这一阶段我国技术市场的理论借鉴研究比较多，特别是关于发达国家的成熟经验和市场运作方式的研究，对技术市场体系的确立起到了直接而明显的作用。特别将国外的专利制度，作为技术市场的重要组成部分进行广泛介绍与研究，从而为促进我国专利法的实施奠定了良好的思想与理论基础。在技术市场发展的起步阶段，成果转让曾经是技术交易的主要形式，随着市场对技术服务需求的不断提升，如何借鉴发达国家比较成熟的技术服务市场的经验，也成为当时研究的热点。

（二）我国技术市场理论的发展期

1992 年，中共十四大确立了建立市场经济体制的改革目标，明确提出"加快市场体系的培育"，"积极培育包括债券、股票等有价证券的金融市场，发展技术、劳务、信息和房地产等市场，尽快形成全国统一的开放的市场体系"。首次将技术市场与金融市场、劳务市场等并列提及。十四届三中全会通过了《中共中央关于建立社会主义市场经济体制若干问题的决定》（以下简称《决定》）。《决定》指出："当前培育市场体系的重点是，发展金融市场、劳动力市场、房地产市场、技术市场和信息市场等。"要求"进一步发展技术、信息市场。引入竞争机制，保护知识产权，实行技术成果有偿转让，实现技术产品和信息商品化、产业化。"

中共十五大进一步将技术市场明确为生产要素市场之一，提出要"着重发展资本、劳动力、技术等生产要素市场，完善生产要素价格形成机制"，"进一步发挥市场对资源配置的基础性作用"。

在这样一个大的背景之下，理论界围绕着建立、健全"统一、开放、竞争、有序的现代市场体系"，就技术市场发展经验、技术市场组织管理及技术市场组成要素等展开了深入研究。

---

❶ 陈宏愚. 技术商品交易和技术市场管理［J］. 科技管理研究，1986（1）.

1. 技术市场发展经验研究

我国技术市场发展的规模化和体系化，并不能掩盖其建设时间较短、经验相对缺乏，以及出现的各类问题。因此，迫切需要正确认识我国技术市场的发展状态，及时总结、归纳技术市场建设过程中的经验教训，从而为技术市场的后续发展提供坚实的理论基础。学者们的研究也很好地满足了这种现实需要。比如宋祖琪等对技术市场形态的研究，王河对技术合同法及其实施条例颁布后我国技术市场的发展状况和特点的研究，宋炳方对技术市场的现状与存在问题的研究，秦宛顺等对我国技术市场的形成发展和运行状况的研究，以及谢思全等对我国技术市场的发展历程进行的归纳与回顾，都对技术市场的进一步发展起到了重要的理论指导与实践推动作用。

2. 技术市场组织管理研究

在传统方式下，技术成果的研发和转移，主要依靠政府组织的技术攻关和技术交流。在我国技术市场蓬勃兴起后，传统的科技价值实现模式显然已不再适用。然而我国技术市场的制度化建设也处在不断完善时期，一时也难以满足各方面的需求。因此在这一阶段，对于技术市场的组织形式、管理方法和制度建设的理论研究发展很快。

（1）技术市场组织形式研究

在技术市场的组织形式研究中，姚昌瑞等（1995）对我国技术市场三种常见的设立形式，即技术交易会、散见于一些大专院校和科研院所的技术交易所和常设技术交易所进行了深入研究，分析了这几种技术交易方式的特点与存在的问题，指出"这三类形式各有其特点，尚不能互相代替，需要同时发展"，为这三类技术市场的发展提出了针对性对策❶。

万涛（1996）从技术交易的特征着手，从人员设置、基本设施、配套条件和运行机制等方面阐述了建立技术交易所的基本条件，并通过对上海技术交易所的实证研究，说明"技术交易所的建立，在科技与经济之间架起了坚实的桥梁，将有力地推动大中型企业进入技术市场，使企业成为技术市场的双向主体"❷。

周燕（1998）及时总结了浙江省杭州技术交易中心在实践中探索出的"一场多点、分步筹建"模式，通过依托技术信息库建立"主场"，以信息、政策、规划、贷款、项目评估和合同登记统一管理为前提，在相关科技开发与中介机构及科研单位设立"分场"，有利于在科研单位与企业这两大技术市场

---

❶ 姚昌瑞，唐宏力. 技术市场形式的研究［J］. 研究与发展管理，1995（2）.
❷ 万涛. 从技术交易的特征看技术交易所建设［J］. 情报杂志，1996（3）.

主体间建立桥梁与纽带，并提供更加有效的服务❶。

（2）技术市场管理方法研究

技术市场的管理涉及技术交易中的人员、资金、权利、信息等多个方面，因此理论研究呈现出多角度和多元化的特点。

廖勇（1992）对于我国技术市场的管理系统进行了深入剖析，指出技术市场管理组织的主要问题，是缺乏权威性的宏观管理机构和缺乏兼具综合服务与管理职能的微观管理层次，在管理活动中表现为缺乏计划性、协调性，行政色彩浓厚和缺乏监督，同时不健全的信息系统提高了技术交易成本，制约了技术交易的规模和水平❷。

陈立高（1992）就技术市场的信息系统建设提出了进一步的建议。他认为，数据库是技术市场信息系统的基础和核心。因此，技术市场管理部门、科技成果管理部门和科技情报服务部门，应该共同规划建设成果、需求、合同、统计、名录、文献、新闻、法规等8类数据库，为技术市场提供数据服务❸。

为规避技术市场中的风险，吴育纯（1990）对于技术市场中常用的预测方法，如市场需求预测法、调查预测法、趋势外推法、相关预测法、咨询预测法、政策规划预测法、理论分析预测法等进行了总结，目的是帮助科研单位面向生产准确选题，以提高技术成果商品率❹。

黄应军等（1997）对技术市场中的欺骗性经营行为进行了研究，认为其产生的主要原因包括市场主体追求不当利益、市场存在技术"空档"、缺乏科技知识、虚假的科技开发机构、地方保护主义等。为此，各管理部门应采取联合措施，通过加强行政管理、严格审查公司企业的设立、加强广告宣传管理、加强法规宣传等方式防治技术市场中的欺骗性经营行为。❺

（3）技术市场制度建设研究

技术市场的制度体系是维系其正常运转的基础，其重要性不言而喻。袁易明（1999）在回顾了东西方国家的技术创新历程后认为，发展中国家科技发展迟滞背后的深层次原因，是根本性的科技发展制度缺失，"在特定社会的给定资源禀赋和文化背景之下，体制就成为影响技术创新的主要因素"。而塑造产业化主体的市场体制、对知识与技术产权清楚界定的产权制度和分散风险的

❶ 周燕. 技术市场"一场多点"模式初探［J］. 中国信息导报，1998（1）.
❷ 廖勇. 重构我国技术市场管理系统［J］. 软科学，1992（3）.
❸ 陈立高. 论面向国内技术市场的数据库建设［J］. 情报理论与实践，1992（6）.
❹ 吴育纯. 试论技术市场预测方法［J］. 科技进步与对策，1990（3）.
❺ 黄应军，余鼎章，关铃，李庆祝. 技术市场中的欺骗性经营行为及其管理对策［J］. 研究与发展管理，1997（3）.

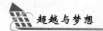

投资制度是技术创新和产业化的三大要求❶。

从制度建设的内容来看，法制建设无疑是技术市场的最高级制度建设。李晋生等（1998）全面分析了我国技术市场的发展历程及相关的法制建设，指出市场经济即为法制经济，社会主义市场经济体制的健全与完善必须依靠法律的规范调控。这也是建立竞争、约束、激励并存的技术市场机制的前提。法制建设对于技术市场的重要意义，具体表现在立法是发展技术市场的重要保障，普法宣传是发展技术市场的重要措施，执法检查是推动技术市场发展的重要手段。❷吕红兵（1991）则从科技法体系的构建标准出发，阐明了应依据科技活动的规律及其自身特性来塑造、填充科技法体系的观点，认为科技法体系应包括科技基本法、科技主体法和科技行为法三大部分，并建议制定统一的技术市场管理法，以便对技术市场主体、课题、管理机构和交易行为做出进一步的规范。❸傅正华（1994）对技术市场涉及的法律法规进行了梳理，得出"技术市场法律环境尚待进一步完善"的结论，提出应从明确科技成果继续开发的责任、调整技术商品的价格与价值相背离的状况、保障技术市场中介机构和中介人的法律地位、建立必要的技术市场法律支撑体系等方面着手，对技术市场法律环境进行完善，规范技术贸易活动。❹

此外，与技术市场发展相关的具体制度建设，也是理论研究的热点。如杨东海（1990）对我国技术贸易机构的建立、技术转让相关法规的制定等情况进行了总结，针对国际技术市场的发展特点，就我国如何参与国际市场的技术贸易提出了对策建议，强调国家必须建立系统的技术出口管理制度❺。在无形资产方面，李枝葱（1994）对无形资产的评估方法进行了阐述，指出这一评估是实现智力劳动价值、促进知识和技术成果商品化的需要，因此必须"不失时机地建立无形资产评估制度，开展评估业务服务❻；而郭民生（1994）则对我国的国有企业和科技、教育、国防等系统的无形资产及其流失情况进行了测算，从避免国有资产流失的角度阐述了解决无形资产评估的管理体系不健全、政策法规滞后等问题的必要性❼。

3. 技术市场组成要素研究

技术市场的组成要素包括市场主体、市场客体、市场中介和市场管理者，

❶ 袁易明. 科技产业化对体制的三大要求［J］. 经济研究参考，1999（96）.
❷ 李晋生，贾志力. 技术市场及其法制建设［J］. 高科技与产业化，1998（2）.
❸ 吕红兵. 再论科技法的体系［J］. 科技与法律，1991（4）.
❹ 傅正华. 完善技术市场法律环境的几点思考［J］. 江汉石油学院学报，1994（1）.
❺ 杨东海. 论国际技术市场的发展与我们的对策［J］. 科学学与科学技术管理，1990（8）.
❻ 李枝葱. 试论建立无形资产评估制度［J］. 科学管理研究，1994（3）.
❼ 郭民生. 建立无形资产评估管理制度防止国有无形资产流失［J］. 河南科技，1994（6）.

在社会主义市场经济逐步确立的过程中，技术市场的各要素经历了不同程度的功能调整和角色转变过程，获得了迅猛发展，相关的理论研究在这一时期集中涌现。

（1）技术市场主体研究

技术市场的主体包括供给主体与需求主体两类。我国技术市场中的自然人主体所占份额不大，具备法人性质的主体主要包括科研机构和企业，其中前者主要承担供给主体的功能，而后者则具备供给与需求主体的双重身份。

大学和科研院所是我国主要的科研机构，在技术市场中主要扮演技术商品供给主体的角色。但长期以来受限于科研体制，在科技成果转化和技术市场参与等方面仍然存在一些问题。许多学者对大学在技术市场中的作用与表现进行了研究。如陈少玲（1999）系统研究了高校科技成果转化难的原因及对策。❶倪耀忠（1992）具体分析了上海高校的科技成果转化情况。❷王家道等（1994）对机械电子部29所高等工科院校的科技成果在技术市场中的情况进行了调查研究，❸研究结果显示，大学在技术市场中遇到了一定的困难，具体体现为科技成果转化率还有待提高。其中，反映出一些共性的问题：第一，科研工作的传统观念尚未转变，科技成果转化的意识比较薄弱；第二，科技成果的成熟度与适用性较差，难以为企业提供直接的经济效益，而实现了转化的技术成果往往层次较低，效益不高；第三，缺乏成果转化资金，特别是中试阶段投入远远不足；第四，政策不健全，对利润分配、人员流动和待遇等问题难以解决；第五，信息体系不完善，对科技成果的交流与转化阻碍较大。针对大学在技术市场中遇到的问题，上述研究也提出了相应的对策，主要包括：完善市场机制，建立科技经济一体化体系；加强宏观管理和组织协调，建立高水平的科技推广队伍；加大科技投入，建立新的科技投入体系；确立企业科技开发的主体地位等。

除上述宏观对策以外，还有研究者针对具体的操作层面提出了一些建议。如张智良（1993）建议改革大学传统的"立题到成果鉴定"的科研管理模式，将其拓展为立题前的"信息开发"、立题后的"成果开发"及成果完成后的"产品开发"三个环节，从而使科研成果更加适应技术市场的需求。❹此外，在科技产业发展方面，丁小异（1992）认为"发展校办科技产业是改变科研成果转化的有效途径之一，即以校办产业为基础，科研成果为先导……实现科

❶ 陈少玲. 高校科技成果转化难的原因及对策［J］. 惠州大学学报（社会科学版），1999（1）.
❷ 倪耀忠. 高校科技成果转化的相关因素［J］. 上海高教研究，1992（4）.
❸ 王家道，马月凤. 高等工科院校科技成果在技术市场中现状调查［J］. 研究与发展管理，1994（3）.
❹ 张智良. 科技开发型管理模式的讨论［J］. 研究与发展管理，1993（2）.

研、生产、经贸一体化的模式"❶。赵西萍等（1992）研究了科技成果的转化模式，提出了高校科技成果转化的可能战略选择，认为"高等院校在发展科技产业中具有重要作用，校办科技产业在我国将得到更大发展"❷。同时，也有学者对大学兴办科技产业的无序扩大表示担忧。如宓洽群（1993）指出高校中过度化的"三产热""第二职业热"和"经商热"已经对大学培养人才、发展科学文化的主要功能造成了负面影响，"与确立社会主义市场经济体制的本意也是南辕北辙的"❸。

与大学的情况类似，科研院所在技术市场中也遇到了各类问题。葛耀良（1990）对全国范围内的研究所进行了整体研究，分析了科技体制改革后的机构、人员、经费、技术合同等情况，结果表明改革后这些科研机构的横向经费与技术收入大幅提高，同时与大中型企业的技术合同额迅速增长，在技术市场中逐步发挥出重要作用，但市场占有率仍不够突出，尚有广阔的发展空间。❹上述对于全国科研院所的研究结论，得到了具体实证研究的验证。如李萌等（1991）对黑龙江机械工业研究所的研究，显示其横向课题、推广应用率和成果效益均有明显提高。❺对于天津市工业系统独立科研所的调查则表明，研究所的建设布局与技术转化仍需要重点关注。❻对于科研院所在技术市场中如何发展的问题，高承平（1993）对商业系统科研所在体制改革后的情况进行了分析，认为"从单一的科研和技术开发的事业型，转化为目前的半事业半企业的过渡体制，最后发展到办成一个科研企业，这是商业科研所在改革浪潮中求生求发展的一条有效途径"❼。这为科研院所进入技术市场并谋求长远发展，提出了一条具有实践可操作性的道路。

企业是我国技术市场中最重要的需求主体。段云程（1991）的研究表明，我国技术市场供求关系中的主要矛盾是有效需求不足。由于技术进步动力不足、资金紧缺、自有技术力量分布不均、信息渠道不畅等原因，企业严重缺乏技术进步的强烈动机和实施能力。这是造成科技成果低转化率的重要原因。❽针对如何提升企业在技术市场中的活力这一问题，董玉翔等（1995）研究表

❶ 丁小异. 发展高校科技产业加速科研成果转化 [J]. 江苏高教, 1992 (0).
❷ 赵西萍, 周解律, 卫民堂. 科技成果转化模式及高校科技产业发展研究 [J]. 中山大学学报论丛, 1992 (4).
❸ 宓洽群. 警惕市场对于高校的误导 [J]. 科技导报, 1993 (3).
❹ 葛耀良. 研究所改革的态势分析 [J]. 科学学与科学技术管理, 1990 (5).
❺ 李萌, 姜洋. 关于科研体制改革提高科研单位综合效益的初步探讨 [J]. 机械工程师, 1991 (2).
❻ 关于加强工业系统独立科研所的建设问题 [J]. 科学学与科学技术管理, 1991 (3).
❼ 高承平. 商业科研所改革的必由之路 [J]. 商业科技, 1993 (12).
❽ 段云程. 技术市场的供需矛盾及成因分析 [J]. 科学管理研究, 1991 (3).

明大中型企业是市场上主要的技术买方，因此积极推动国有企业特别是大中型企业的参与，是抓住主要矛盾、促进技术市场发展的关键。同时，还必须通过内部改革强化激励机制，使企业成为技术市场的主力军。❶ 在技术市场上，企业同时也需要注意自己的双重身份。许跃辉（1992）指出，如果企业不能很好意识到自身在技术商品上，特别是在专有技术上的供给主体功能时，往往会造成技术的流失，从而在技术市场上处于不利的竞争地位。❷ 毛继祥等（1992）对我国科技型企业的特征、发展状况和发展经验进行了归纳总结，认为科技型企业是未来企业的主要发展方向之一，❸ 而加快发展科技型企业则能对企业技术供给功能起到有效的强化作用。

（2）技术市场客体研究

技术市场客体就是技术商品。关于其商品属性和特殊性的研究，在技术市场理论的萌芽期已基本完成。在这一阶段，对技术商品理论研究的主要目的，是为技术市场的管理提供理论基础。如吴焕新等（1990）研究了技术商品再生产的两种不同形式，即以推广现有技术成果为主的简单再生产和以新技术研发为主的扩大再生产，从技术再生产的角度来考察技术市场管理，核心就是如何"使科学技术尽快转化为现实的社会生产力"，因此"市场的设置就要能够容纳不同渠道和不同层次的技术成果"，"技术市场管理要适应不同所有制形式和不同地域不同层次生产力的要求"，"对技术市场的管理要与劳动力市场的管理联系起来"。❹ 另外，马信昌（1994）和袁学明（2000）对技术商品的评估进行了研究，分别从技术商品的评估内容❺和评估方法❻等方面对技术商品评估中存在的现实问题进行了剖析，并提出了相应的对策建议。

（3）技术市场中介研究

计划经济时代没有专门的技术中介机构，政府的宏观调控是技术转移的唯一渠道。因此，在经济体制改革的初期，技术市场发展的重要标志之一，就是技术中介的出现。因而，对于技术中介的理论研究也开始较早。1987年，全国第二届技术市场理论研讨会即对技术中介机构的建设、发展、功能、前景、经营模式、评价标准等方面的理论，进行了全面系统的研究与讨论❼。

---

❶ 董玉翔，李宝山. 企业是建立技术市场的主力军［J］. 经济工作通讯，1995（4）.

❷ 许跃辉. 略论企业在技术市场的经营［J］. 华东经济管理，1992（4）.

❸ 毛继祥，周伟强，盛世豪. 加快发展科技型企业是深化科技体制改革的核心［J］. 浙江经济，1992（10）.

❹ 吴焕新，周福. 技术商品再生产及其市场管理初探［J］. 安财经理论与实践，1990（5）.

❺ 马信昌. 技术商品与其作价评估［J］. 云南科技管理，1994（2）.

❻ 袁学明. 技术成果评估中的若干问题及对策［J］. 同济大学学报（社会科学版），2000（3）.

❼ 技术市场宏观管理与技术中介［A］. 第二届全国技术市场理论研讨会文选［C］. 北京：地震出版社，1988（10）.

随着技术市场体系的不断发展完善，对于技术中介的理论研究更加深入与细化。如刘兴义（1990）对技术中介相关的法律问题进行了研究，阐明了技术中介的法律地位和作用，对技术中介的主体资格、服务范围和组织体系进行了界定，强调需要通过政治制度与法律保护促进技术市场中介机构的健康发展❶。余让三等（1992）从健全发展技术中介主体的角度出发，研究了促进技术中介发展的金融对策，建议通过新增科技业流动资金贷款和改革银行固定资产贷款业务等方式对技术中介机构进行支持❷。杨福祥（1994）对深圳特区科技类中介组织的发展历程进行了研究，并对其现状进行了分析，指出科技类中介组织中普遍存在人员和经费不足、规模小、组织运作不规范、政府支持不够、政策法规不健全等问题，研究认为繁荣技术市场必须要重视解决中介问题❸。娄策群（1999）从技术创新源与技术创新体关系的角度对技术创新中介服务系统进行了论述，认为这一系统主要由信息服务、技术市场、咨询服务、技术开发与中试、生产力促进等子系统组成，其功能是降低技术创新的风险，提高技术创新的成功率，促进技术创新成果的扩散❹。

（4）技术市场管理者研究

政府在技术市场运行中究竟承担什么样的职责？有研究者认为，政府需要承担管理者的职责，政府的参与和干预对于科技本身的发展、科技转化为直接生产力和企业的技术进步，能够起到关键的作用。❺ 正如赵子华等（1998）对政府职能在科技成果转化中的作用研究中指出的，科技成果转化涉及政府计划、经济、科技、财政、金融等部门，政府的宏观管理与计划引导职能主要体现在为成果转化营造良好的内部和外部环境，逐步使企业成为科技成果转化的主体，广开资金渠道以加大支持成果转化的力度，发展和完善技术市场等方面。❻ 广西、济南、张家港等地在发展技术市场中取得的实践经验也表明，技术市场的快速发展离不开各级政府的政策扶持，技术市场的健康发展需要市场

---

❶ 刘兴义. 技术中介的几个法律问题 [J]. 法学杂志，1990 (3).

❷ 余让三，李佐良，谢丽楠，黄明天. 试论建立健全技术转让中介主体及金融对策 [J]. 银行与企业，1992 (7).

❸ 杨福祥. 繁荣技术市场要重视解决中介问题——关于加速发展深圳技术市场中介组织的调研报告 [J]. 特区经济，1994 (1).

❹ 娄策群. 我国技术创新中介服务系统及其优化 [J]. 适用技术市场，1999 (7).

❺ 罗伟. 计划·市场·政府的参与和干预 [J]. 科研管理，1990 (4).

❻ 赵子华，傅广天，王佳. 试论政府职能在科技成果转化中的作用 [J]. 黑龙江科技信息，1998 (4).

机制与政府行为的有机结合。❶❷❸

（5）技术市场组成要素的相互作用研究

技术市场的各要素不是孤立的存在，而是在技术市场体系下相互联系，共同组成了技术市场复杂的运行方式。刘郎（1992）对科学技术转化为生产力的障碍因素进行了分析，认为技术市场的各要素均存在一定的问题，主要体现为企业对科技成果的有效需求疲软，科技成果供给主体的有效供给能力不强，国家行政管理部门的宏观调控能力相对薄弱，技术经营机构的管理水平较低。❹针对这些障碍因素，程毅敏（1992）通过分析科技体制改革前后科技成果转化各主体的行为格局变化，对如何"根据科技成果转化的特点，创新观念，建立适应成果转化的运行机制"，推动技术市场各要素的协调发展提出了建议，指出必须通过法制建设，保护成果转让方、中介方、受让方的合法权益，强化法制及监督机构的权威，强调科技成果的买方和卖方应保护中介方，中介机构也要不断地扩展完善功能，以便形成三方相互依存、优势互补的协同发展关系。❺张婷姣等（1997）则以高校、技术交易场所与大中型企业为例，对技术成果转让方、中介方和受让方的协同发展提出了具体对策建议，包括"改善大中型企业内部环境，激发其成为技术市场双向主体的内趋力"；"完善高校科技成果转化制度，推动大中型企业的科技进步"；"加强技术交易场所的规范化管理，为企业进入技术市场创造良好的外部环境"；等等。❻

（三）我国技术市场理论发展的深入期

21世纪初，信息化与全球化的浪潮席卷全球，国内经济技术面临"全球化"的挑战，我国随即设定建设"创新型国家"的任务。在这一时期，我国社会主义市场经济体制基本确立，技术市场的制度建设和运行管理比较成熟，技术市场的理论研究主要集中在了运用现代经济学理论模型，对技术市场的功能作用和运行机制进行系统精确的分析，阐释技术市场的发展演化规律等方面。尤其是在这一时期，学术界重新阐释了技术转移理论，不仅仅是从国际技术转移的横向角度，而且从国内技术转移的纵向角度，赋予技术转移新的内涵。

---

❶ 任兆璋. 发展广西技术市场与政府宏观干预 [J]. 广西大学学报（哲学社会科学版），1994（6）.

❷ 潘广武，林博斌，吕英伟. 济南科技市场迅速崛起的几点启示 [J]. 科技信息，1998（12）.

❸ 潘为民. 张家港如何开创技术市场 [J]. 华东科技，1996（12）.

❹ 刘郎. 科学技术转化为生产力的障碍分析 [J]. 科学技术与辩证法，1992（2）.

❺ 程毅敏. 谈科技成果转化中各方的行为 [J]. 软科学，1992（3）.

❻ 张婷姣，周细刚. 谈高校、技术交易场所与大中型企业的协同发展 [J]. 科学管理研究，1997（2）.

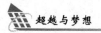

如果说，技术市场理论发展的前两个时期，是在科技成果转化的框架下的演变和发展，带有浓厚的计划经济色彩的话，那么，这一时期技术市场理论的演进就试图摆脱计划经济的思维模式，力图在技术转移的框架下，用市场经济的思维模式推进技术市场理论的发展，包括技术经营理论的引进和发展、专利技术商用化理论的研究，就具有明显的特征。

1. 技术市场运行机制及功能定位研究

技术市场最初的建立目的，就是发挥其对于科技资源的配置功能，促进经济与技术的发展进步。随着技术市场的不断成熟，其技术中介功能得到了充分发展，在信息揭示、价格发现、风险管理等方面起到了重要作用，因此对技术市场功能的理论研究也开始迅速兴起。

技术市场的最主要功能，就是在科技资源的配置中发挥中介作用。在这一阶段，对于技术中介的研究，已经从一般性的政策管理研究深入到中介运行机制的探讨。如刘勤福等（2008）研究了技术中介效率，对其内涵与外延进行了界定，在此基础上提出了包括交易费用效率、投入产出效率、社会经济发展、企业竞争力及技术市场影响等 5 个评价标准的技术中介效率评价体系齿轮模型❶。马运来（2008）通过 ADF 检验和因果检验，对科技中介与经济增长的互动关系进行了协整分析，结果表明科技中介对于其他机构科技成果转化的促进作用不显著，但科技中介发展与技术市场成交总额和 GDP 的因果关系显著，证明科技中介通过推动技术市场的整体进步，对经济增长发挥了重要的促进作用❷。朱永海等（2008）运用复杂网络理论的基本原理和方法，对技术市场和科技中介的网络特性进行了分析，认为理想的技术市场应当是科技中介占据重要地位、兼具稳定性与灵活性的"小世界网络"，同时根据复杂网络理论分析，为科技中介的发展提供了启示和对策❸。

技术市场的中介功能按照中介活动的不同特点，可以进一步划分为信息揭示、价格发现、风险管理等具体方面，下面对相关的理论研究成果进行简要的概括说明。

（1）技术市场的信息揭示功能研究

技术市场的信息揭示功能，是解决技术市场信息不对称情况的重要手段。刘和东（2008）对信息不对称情况下技术交易的逆向选择现象进行了研究，认为逆向选择将导致技术市场的萎缩甚至消失，以及社会福利受损，逆向选择

❶ 刘勤福，董正英. 技术中介效率评价研究［J］. 科技进步与对策，2008（6）.
❷ 马运来. 科技中介发展与经济增长协整分析［J］. 科技管理研究，2008（6）.
❸ 朱永海，陈雄辉，李昊. 基于复杂网络理论的科技中介问题［J］. 科技进步与对策，2008（3）.

的原因可以归结为技术的价值特性、信息的不完全性、技术交易双方的技术差距和技术评估成本等方面❶。

喻昕（2011）对于技术市场的信息不对称现象，从交易过程和技术商品的本质特性等两方面进行了探讨，对信息不对称的成因，包括外生性因素、投资者的信息搜集和处理成本、交易主体行为、信息传递过程的知识差等因素进行了深入分析，并提出了防范的政策建议❷。

为探索逆向选择的防范机制，夏轶群等（2009）对"有代价承诺"机制进行了研究，建立了相关的信号博弈模型并进行了算例论证，结果证明高质量技术卖方可以通过发出质量保证并承诺失约赔偿的信号，来实现市场的分离均衡，从而克服信息非对称障碍，改善技术市场的逆向选择问题。❸

谭建伟等（2012）以信息不对称下的声誉机制为切入点，构建了研究机构与技术的潜在使用企业进行技术交易的重复博弈模型，该模型表明在长期重复博弈（交易）的情况下，研究机构唯有提供高价值技术并建立声誉，才能保证实现最大化的长远利益。❹

（2）技术市场的价格发现功能研究

对技术市场的价格发现功能研究，主要集中在价格机制与定价模型方面。周望军等（2006）对技术要素价格形成机制进行了研究，认为技术要素价格主要由技术开发成本、技术转让成本、技术服务费、机会成本、新增利润的分成等几部分构成，同时受到风险、技术的生命周期、技术转让次数、技术的法律状态、技术的垄断程度、转让和支付方式等因素的影响。❺ 张江雪（2009）则对我国技术商品的价格水平及其结构进行了实证分析，结果表明，我国技术商品定价中还存在国内技术商品的交易价格偏低、技术商品价格管理不完善、技术商品交易的成本过高等问题，迫切需要通过加强对技术商品价格的宏观调控、完善技术评估机制、提升技术中介服务质量等方式，对我国技术商品价格机制进行完善。❻

针对技术商品的定价与评估方法，李雪凤等（2005）对技术资产价值评估的方法体系进行了系统的归纳，对于传统技术价值评估方法和新兴的实物期

❶ 刘和东. 技术市场中的逆向选择及其有效防范 [J]. 科技进步与对策, 2008 (7).

❷ 喻昕. 技术市场信息不对称问题研究 [J]. 情报科学, 2011 (4).

❸ 夏轶群, 陈俊芳. 防范技术交易逆向选择的有代价承诺信号机制 [J]. 工业工程与管理, 2009 (1).

❹ 谭建伟, 李攀艺. 基于重复博弈的技术交易效率研究 [J]. 重庆大学学报（社会科学版）, 2012 (5).

❺ 国家发改委价格司课题组, 周望军. 技术要素价格形成机制研究 [J]. 价格理论与实践, 2006 (11).

❻ 张江雪. 我国技术商品价格形成机制的实证研究 [J]. 中国物价, 2009 (3): 16 - 19.

权方法进行了比较分析。● 李振亚等（2010）对专利技术商品进行了深入研究，认为影响专利价值的主要因素是专利技术质量、市场价值、技术可替代性和专利保护强度，并据此构建了基于技术、市场、竞争、法律四大要素的专利价值评估模型，可以通过定量计算的方法对专利价值进行评估❷。唐春霞等（2009）研究了发明专利技术的市场作用及特征，认为具有垄断性和时间价值性的发明专利权与金融期权十分类似，因此参照带跳的期权定价模型建立了适合专利技术市场的发明专利权价值模型，并利用这一模型对彩电市场的液晶技术专利进行了价格的实证分析。❸

（3）技术市场的风险管理功能研究

技术转移过程中充满各种风险，而防范并降低此类风险是技术市场的重要功能之一。赵广凤等（2013）采用结构方程模型对技术转移中的风险因素进行了分类，通过调查数据对技术、企业吸收能力、技术供需双方的关系、技术竞争情报、外部宏观环境与技术转移风险的相关性开展了实证研究，揭示了技术转移风险的形成机理与防范方法。❹

张劼等（2009）对技术许可合约中的专利权人道德风险进行了研究，并建立了技术许可签订与执行过程的 4 阶段博弈模型，结果表明包含提成费的技术许可合约是防止专利权人道德风险发生的必要前提，而专利权人对后续技术开发的积极性则取决于新技术的开发状态和价值水平以及产品市场规模等因素。❺

除此之外，也有研究者专门针对大学与企业间技术合作的风险管理进行了研究。如张建新等（2010）认为在产学研合作中，合作者之间的性质差异、合作过程中的资源与信息的不对等、诚信危机以及对合作方式理解的偏差等因素均能导致风险的产生，其后果就是造成合作方产生误解甚至矛盾，导致合作不能实现最优化，并为降低合作风险提出了建立沟通和风险共担机制，完善管理机制与运行模式，加强技术转移的可持续性等对策❻。易文等（2007）则对大学与企业技术授权的风险进行了分析，认为授权合约是进行风险控制的有效手段，主要体现在签订企业的选择、分担风险的支付方式和信息不对称的适度

---

❶ 李雪凤，仝允桓. 技术价值评估方法的研究思路 [J]. 科技进步与对策，2005（10）：77 - 79.

❷ 李振亚，孟凡生，曹霞. 基于四要素的专利价值评估方法研究 [J]. 情报杂志，2010（8）.

❸ 唐春霞，卢海君. 发明专利权的价值及实例解析——基于带跳的期权定价模型分析 [J]. 重庆工学院学报（社会科学版），2009（5）.

❹ 赵广凤，刘秋生，李守伟. 技术转移风险因素分析 [J]. 科技管理研究，2013（3）.

❺ 张劼，李攀艺. 基于专利权人道德风险的技术许可合约研究 [J]. 重庆工学院学报（社会科学版），2009（9）.

❻ 张建新，孙树栋. 产学研合作过程中的风险研究 [J]. 经济纵横，2010（6）.

解决，特别是通过不同的支付方式，能够实现对研发者和企业的激励，从而起到防范道德风险、防止技术闲置和促进技术交易的作用。❶

2. 技术市场与科技创新价值链研究

科技创新价值链包括科技成果从研发、转移直至商品化并实现经济效益的全过程，揭示了知识、技术的流动、转化和增值效应，也反映出各创新主体的衔接、合作和价值传递关系。科技创新价值链主要由要素整合、科技研发、技术转移、商品生产与销售等环节组成，而技术市场在整个价值链条中发挥着关键的作用。相关的理论研究清楚地揭示了技术市场与其他要素市场协同发挥的资源配置作用，与科技研发的相互促进作用，在技术转移过程中的承接转化作用，以及与经济增长的相互推动作用。

（1）技术市场与其他要素市场关系研究

技术市场作为要素市场的重要组成部分，必然是与其他的要素市场协调一致，共同发挥对资源的配置作用。肖莺（2007）对技术与信息、产权、金融、人才要素之间的内在关系进行了深入分析，得出结论认为"技术市场的健康持续发展需要信息、产权、金融、人才等要素市场的协调配合"，必须"因地制宜地借助这些要素市场整合各类资源，提升技术在资源配置中的基础性作用"❷。

技术市场与人才市场存在密切的关联。袁兆亿（2008）对于人才与技术互动的要素市场进行了研究，特别是解析了经济增长内涵变化对要素市场资源配置偏好的影响，指出"在要素市场活动中，人才与技术互动的现象也越来越明显"，人才技术共生特性对相关要素市场的融合起到了巨大的促进作用，人才市场与技术市场正在逐步融入对方的部分功能，人才与技术的高效对接正在成为资源配置的关注点。❸ 在人力资源与技术市场的实证研究中，任中华（2008）对技术创新中的异质型人力资本与技术市场进行了跨省数据研究，结果表明，异质型人力资本和技术市场成交额与技术创新能力呈显著的正相关，特别是聚类分析表明，我国存在人力资本尚佳但技术市场发育不够完善的地区，其创新能力受到负面影响较大。这证明了技术市场和人力资源对于创新能力的协同作用。❹ 张林等（2010）选取1987—2007年科技活动人员总量和技

❶ 易文，徐渝，陈志刚. 基于合约管理的大学——企业技术授权风险控制［J］. 科学学与科学技术管理，2007（8）.

❷ 肖莺. 技术市场与其他生产要素市场协调发展对策——以江苏为例［J］. 科技成果纵横，2007（4）.

❸ 袁兆亿. 基于人才与技术互动的要素市场发展探析［J］. 管理观察，2008（23）.

❹ 任中华. 关于人力资本异质性、市场需求与技术创新数据的经验模型［J］. 商业文化（学术版），2008（2）.

术市场成交额数据，对我国人力资本与技术市场的关系进行了实证研究，研究结果表明，我国人力资本能够迅速和显著地影响技术市场的发展，而技术市场对人力资本的影响比较缓慢，影响强度也比较低。❶

在技术市场与资本市场的关系研究中，金雪军等（2004）分析了技术市场与资本市场进行对接的内涵与效应，认为这样的对接能够扩大科技融资渠道，促进中小高科技企业进行技术创新的能力，并为技术市场的发展提供激励机制，同时定量统计分析结果也表明资本市场的资金量每增加一个百分比，技术市场合同成交额将增加 1.09 个百分比，体现了资本市场对技术市场明显的带动效应。❷ 为进一步阐释资本市场与技术市场在微观操作层面上的相互联系，金雪军等（2004）对两个市场的对接模式进行了探讨，并设计了技术市场与资本市场对接的基本框架，在此框架下，资本市场通过企业创投、政府投资、银行贷款等形式满足技术供给方的融资需求，通过 IPO、科技贷款、风险投资等形式对技术需求方进行金融支持，还可以通过产权交易市场这一最直接的对接模式，提供技术转让、产权交易和股权融资等专业化非公开权益的资本交易服务。❸

（2）技术市场与科技研发关系研究

技术市场发展与科技创新是一种相互促进的关系。正如谭开明等（2009）对于技术市场与技术创新互动发展的机理分析所表明的那样，技术市场的降低风险和信息传递功能，可以提高技术供给与需求的意愿和数量，同时为创新成果提供更好的产业化环境，从而极大激励技术创新活动；另外，技术创新的发展直接增加了技术商品的供给量以及创新成果的市场化需求，同时也会间接增加对于技术商品的需求，从而极大促进技术市场的繁荣。❹

与此同时，相当多的实证研究也证实了这一观点。例如，刘和东（2006）对我国 1991—2003 年技术市场发展与自主创新能力的有关数据变量进行协整分析与因果关系检验，建立了两者之间的误差修正模型。结果揭示了自主创新能力与技术市场发展的长期动态均衡关系以及二者之间的显著双向因果关系。❺ 张江雪（2011）通过研究自主创新能力与衡量标准，建立了综合反映企业自主创新能力的评价指标体系，并结合技术市场发育程度指标体系，构建了技术市场促进企业自主创新能力提升的回归模型。该模型表明，在长期的时间

❶ 张林，卢志翔. 中国人力资本与知识市场的协整关系分析 [J]. 当代经济，2010（8）.
❷ 金雪军，郭娅，李江东. 论技术市场与资本市场的对接 [J]. 科学管理研究，2004（2）.
❸ 金雪军，刘汝姣. 技术市场与资本市场对接的模式分析及应用 [J]. 软科学，2004（5）.
❹ 谭开明，魏世红. 技术市场与技术创新互动发展的机理分析 [J]. 科技与管理，2009（3）.
❺ 刘和东. 中国技术市场与自主创新关系的实证研究 [J]. 科学学研究，2006（6）.

尺度上，技术市场的发展是促进企业自主创新的主要原因。❶ 刘欣等（2013）对科技研发活动与技术市场的相关性进行了研究，采用逐步回归方法和 AIC 准则，对 R&D 经费等六项变量进行了筛选。结果表明，R&D 经费和专利申请授权数等两个因素对技术市场成交额有显著影响，是科技研发活动中影响技术市场发展的关键因素。❷

（3）技术市场与经济增长关系研究

关于我国技术市场发展与经济增长的关系判断，经历了一个随时间演变的过程。起初，刘凤朝等（2006）通过格兰杰因果关系检验法和回归分析法，对 1987—2002 年中国经济增长与技术市场发展之间的关系进行了实证研究，结果表明，技术市场发展在一定程度上促进了我国经济的增长，但经济增长与技术市场发展之间不存在着明显的因果关系。❸ 后来，金为民（2009）以 1987—2007 年的统计数据为基础，对我国技术市场发展与经济增长的关系进行了重新研究，发现二者存在长期稳定的均衡关系和双向格兰杰因果关系，技术市场的发展滞后于总体经济发展的时间约为 5～6 年，而技术市场的发展大致需要 3 年的时间才会推动经济增长❹。此后的研究也验证了这一判断。如杨新玲（2011）对我国技术市场成交额与经济增长之间的长期关系（1987—2009 年）进行了实证研究，利用脉冲响应函数和方差分解分析了两者之间的联动关系，证明我国技术市场活跃性对经济增长具有明显的促进作用。❺ 而张优智（2011）根据 1987—2009 年的科技统计数据，对我国技术市场发展与经济增长之间的动态关系进行的研究表明二者之间存在长期均衡关系，经济增长对于技术市场拉动作用的滞后期为 2 年，而技术市场发展则要经过 4 年以上的滞后期才能形成对经济增长的推动作用。❻ 值得注意的是，上述研究采用了基本相同的方法对不同历史时段的数据进行分析，在经济增长与技术市场的关系方面能够反映出历史的演进规律。

3. 技术转移理论研究

技术转移这一概念随着改革开放传入我国，最早可追溯到 1978 年《世界经济》第 1 期发表的一篇名为《应当研究技术引进中的经济问题》的文章，文章转述了美国哈佛大学布鲁克斯（H. Brooks）的技术转移概念。但此后国

❶ 张江雪. 我国技术市场对企业自主创新能力的影响分析 ［J］. 中国科技财富, 2011 (5).

❷ 刘欣, 陈飞. R&D 活动与技术市场成交额的相关关系 ［J］. 当代经济, 2013 (2).

❸ 刘凤朝, 潘雄锋. 中国技术市场发展与经济增长关系的实证研究 ［J］. 科学学研究, 2006 (1).

❹ 金为民. 我国技术市场的发展与经济增长的协整分析 ［J］. 科学学与科学技术管理, 2009 (4).

❺ 杨新玲. 我国技术市场活跃程度与经济增长之间的关系 ［J］. 科协论坛 (下半月), 2011 (12).

❻ 张优智. 技术市场发展与经济增长的协整检验——基于 1987—2009 年的数据分析 ［J］. 大连理工大学学报 (社会科学版), 2011 (4).

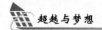

内对技术转移的研究主要局限于国际技术转移。

2000年左右，正值新一轮的政府机构改革，清理行政审批事项，清理地方性法规、部门规章和文件。北京的《北京市技术市场管理条例》原来是属于清理之列，差一点就被废止了。科技部的"技术合同认定登记制度"，也在清理之列。技术市场工作处于低谷期。技术市场的路到底怎么走？技术市场管理工作到底有没有干头？技术市场办有没有存在的必要？国外有没有技术市场，他们是怎么干的？国外的做法，能不能作为我们的"立足之本、生存之道"？这些问题困扰着实际工作者，也困扰着理论工作者！

2000年第3季度，为了使《北京市技术市场管理条例》免遭废止，时任北京技术市场管理办公室主任的林耕检索了一些国外资料，接触到了"技术转移"这个概念，顿时有"茅塞顿开"的感觉：国外原来搞的是技术转移，和我们现在的技术市场有相似之处。而后，恰逢中国技术市场管理促进中心的马彦民副主任，找到北京技术市场管理办公室的林耕，说科技部有一个课题"国家技术转移体系建设研究"，问其能否承担，林耕求之不得。于是，邀请北京信息科技大学的傅正华等，组成了一个理论工作者和实际工作者优势互补的研究团队一起做了这个课题。从此，对技术转移的研究，"一发不可收拾"，以至到了"痴迷"的程度，并取得了一系列研究成果。这些成果涉及技术转移概念的界定（傅正华、杨冰融，2005），技术转移在我国的发展阶段与特点（傅正华、雷李军，2006），技术转移的精细化（傅正华、杨冰融，2005），技术转移体系的功能定位（傅正华、林耕、李明亮，2005），技术转移的规制体系（林耕、傅正华、李明亮，2006），技术转移体系的建立与完善（傅正华、林耕、李明亮，2006），以及美国的技术转移（傅正华、林耕，2006）和美国技术转移的立法（林耕、傅正华，2005）等。❶ 从此，技术转移的研究不仅涉及国际技术转移，还更多地涉及国内技术转移，尤其是纵向科研课题产生的成果的转移。

我国技术市场作为技术转移的主要渠道，因此，我国技术市场的交易情况，构成了我国技术转移研究的最基础数据。刘志迎等（2012）在研究分析我国技术转移系统的协同性时，将全国技术合同成交数与成交额作为技术传播

---

❶ 傅正华，杨冰融. 对技术转移的不同界定［J］. 企业改革与管理，2005（10）；傅正华，雷李军. 建国以来我国技术转移的发展阶段及特点［J］. 华南理工大学学报（社会科学版），2006（12）；傅正华，杨冰融. 技术转移：由粗放到精细［J］. 科学管理研究，2005（6）；傅正华，林耕，李明亮. 我国技术转移体系的功能定位［J］. 企业改革与管理，2005（4）；林耕，傅正华，李明亮. 我国技术转移的规制体系［J］. 企业改革与管理，2005（12）；傅正华，林耕，李明亮. 建立和完善国家技术转移体系的建议［J］. 中国科技论坛，2006（2）；傅正华，林耕. 美国的技术转移［J］. 中国科技成果，2006（10）；林耕，傅正华. 美国技术转移立法给我们的启示［J］. 中国科技论坛，2005（4）.

子系统的序变量，与技术开发子系统、技术应用子系统和辅助子系统等，一道运用复合系统协同度模型进行分析。基于2000—2009年数据的实证研究表明，我国技术转移系统的协调发展程度不高，并呈现出相当的波动性，其中技术传播子系统（即技术市场），已成为制约我国技术转移系统协同演变的关键因素。❶

在区域技术转移的相关研究方面，刘璇等（2010）对北京和上海两地技术市场的技术合同成交数及成交额的流量与流向进行了比较分析，重点研究了它们对于周边的津冀和苏浙地区技术创新扩散的强度，并通过脉冲响应函数测算了技术创新扩散效应。结果表明，上海对周边地区的技术创新扩散强度及扩散效应都高于北京。❷ 刘凤朝等（2013）基于我国31个省市间2006—2010年双边技术合同成交数据，对我国区域间技术转移模式进行了综合考察，揭示出这一技术转移系统的网络特征与地理分布特征：如我国区域间技术转移网络的密度不断增大，反映出技术转移活动的日趋活跃；技术输出主要集中在少数区域，且集中程度上升；技术转移网络以北京为中心的"核心—边缘"结构逐步削弱；大宗技术转移以北京为核心向其他区域扩散，受地理距离的约束较小等。❸

在国际技术转移的相关研究方面，傅正华等（2012）对北京技术市场2001—2010年国际技术贸易情况进行了分析，结果表明北京技术出口合同成交额占全国的比重达到2/3以上，其中20%左右的项目却占据40%～60%的交易额，充分体现了北京较强的研发能力与国际技术贸易的枢纽地位。❹ 而韩晶（2012）则对本土技术转移与国际技术转移进行了比较研究，采用技术合同成交额代表国内技术转移渠道，采用实际利用外资总额和国外技术引进合同额代表国际技术转移，并运用空间计量方法研究了技术转移与技术效率增长之间的关系，结果表明外商直接投资对技术效率的影响作用最为显著，但已经出现减缓的趋势，而国内技术市场对技术效率的影响力迅速提升，2008年已经超过了国外技术直接引进的影响力，说明今后更应关注国内技术市场在技术转

❶ 刘志迎，谭敏. 纵向视角下中国技术转移系统演变的协同度研究——基于复合系统协同度模型的测度［J］. 科学学研究，2012（4）.

❷ 刘璇，刘军. 区域技术创新扩散强度与效应研究——以京津冀和长三角地区为例［J］. 经济问题，2010（9）.

❸ 刘凤朝，马荣康. 区域间技术转移的网络结构及空间分布特征研究——基于我国2006—2010省际技术市场成交合同的分析［J］. 科学学研究，2013（4）.

❹ 傅正华，李明亮，刘军，张若然. 北京国际技术贸易发展现状及对策研究［J］. 科技进步与对策，2012（14）.

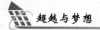
移中的促进作用。❶

如果说，此前技术市场理论研究仍然沿袭着计划经济的思维模式的话，那么，技术转移理论的研究则完全跳出这一固有的思维模式，完全从市场经济规律入手，来探讨技术商品和技术要素的交易和流动。应该说，这是技术市场理论研究的一次质变、一次飞跃。此后，技术经营理论、专利技术商用化理论的研究和探讨，就是这一飞跃的延续和发展。

4. 技术经营理论的引进和发展❷

技术经营（Management of Technology，简称 MOT）是技术创新的基本环节，也是我国技术转移中的薄弱环节。技术经营理论将企业价值链中包括经营、人事、信息、营销、开发、采购、生产、物流、售后服务等业务过程中涉及的全部技术环节进行系统经营，是把"研发力和经营力有机地结合起来，使其实现良性互动，以其达到实现提高企业和国家竞争力的目的的一门学科"❸。技术经营这一概念最早出现于"二战"之后，在 20 世纪 90 年代得到迅速发展，目前，在美国等技术发达国家，技术经营已经成为相对成熟的学科，并得到广泛应用。至 2002 年，美国有 200 所大学和研究生院开设技术经营专业课程，平均每年向社会提供近万名技术经营人才。❹ 相比之下，我国技术经营的研究和应用都起步较晚。2005 年，刘海波博士撰写的我国第一本关于技术经营的研究著作《技术经营论》出版。之后，越来越多的学者和决策者开始关注技术经营的研究和应用，并取得了一定的进展。

技术经营的模式可分为低级和高级模式。其中，低级模式包括资产评估、技术交易、技术信贷和抵押、技术包装等形式。高级模式可分为三种，第一种形式是开拓市场，即买进技术、开发新产品。第二种形式是技术创意，即有了新的技术，如何建立新的市场。第三种形式是技术实施的路线图，主要针对企业有了技术之后如何运用。路线图与前两者互相包含，相互穿插。

技术经营兴起的原因是为了解决研发活动中存在的死亡之谷问题，即"很多研究成果没办法走向市场，被埋没在从基础研究到商品化的途中"，❺ 其主要目标是为了保障科技成果商业化过程的顺利实施。随着科技创新的快速发展，科技成果及其知识产权在生产要素中的主导作用越来越重要，传统的依赖

❶ 韩晶. 本土技术转移与国际技术转移效应的比较——基于省际数据的空间计量分析 [J]. 经济社会体制比较，2012 (1).
❷ 本节内容主要来自于：董丽丽，张耘. 国际技术转移新趋势与中国技术转移战略对策研究 [J]. 科技进步与对策，2013 (14)：99–102.
❸ 刘海波. 技术经营的政策环境研究 [J]. 中国软科学，2006 (12)：27–35.
❹ 早稻田大学商学院. MOT 入门 [C]. 东京：日本能率协会，2002：10.
❺ 刘海波. 技术经营：一种新兴的创新模式 [J]. 财贸经济，2004 (5)：38–41.

资源、资本、劳力的工业化模式逐步向依赖知识、人才、信息的创新发展模式转变，并推动知识经济与经济全球化的发展。这种发展范式的重大转变，使得科技成果及其知识产权的"知本"，也可以像"资本"一样，在市场中运作。发明、专利等知识产品正逐步代替实体技术产品，成为技术转移产业链条中的核心要素。一种新型技术经营模式也随之兴起，即知识产权运营公司，不同于以往技术经营的一般形式，其以发明和专利为核心产品，致力于打造以发明和专利为核心的产业链，新近兴起的高智发明公司就是其中的典型代表。

与传统公司最大的不同在于，高智发明公司并不从事任何实际产品的生产，而是专注于发明投资业务。围绕发明这一核心，高智发明公司的组织结构主要包括四个单元：（1）专利购置部，主要职能为从第三方获取专利；（2）创新部，负责内部的创新研发；（3）投资者关系部，负责管理投资事宜；（4）商业化部，负责专利资产的开发。此外，还有两个部门，研究部和知识产权运营部，它们为上述四个部门提供业务支持，帮助公司分析如何从事专利购买、开发和商业化等。❶

按照高智发明公司自己的话说，这四个单元的内容可概括为创造、收购、合作以及全球公益。❷ 通过这四个单元，高智发明公司形成了"从战略层面进行专利与发明投资策划——专利购买与专利研发——专利集成——专利转让与商品化"一整套针对发明的产业链。其主要通过三股专利基金来进行商业运营，即"发明科学基金""发明投资基金"和"发明开发基金"。其中，发明科学基金主要用于内部技术研发，是一个以公司研究成果为主，在获得知识产权后自产自销，获得利润的一股资金。发明投资基金主要用于外部专利购买，其资金主要来源于机构投资者与个人，包括像微软、英特尔、思科、谷歌等国际知名企业都是高智发明的投资人。发明开发基金主要用于国际创意合作，是一支以部分美国大学基金为主要投资人、专注于发明开发投资的基金。

自 2003 年开始专注于发明投资业务以来，高智发明在不到 10 年的时间逐步成长为全球最大的专业从事发明投资的公司，管理的投资基金总额大约 50 亿美元。公司宣称，"已经从专利许可项目中获得将近 20 亿美元的收益。近年来，高智发明的投资业务还拓展到澳大利亚—新西兰、加拿大、爱尔兰、新加坡、中国、印度、日本、韩国等国家"❸。

技术经营的核心思想是将技术作为企业的竞争优势，要求依照技术的特点

❶ EWING. The Intellectual Ventures IP Portfolio in the United States：Patent & Published Applications ［R］. 2nd Edition, 2010.

❷ Myhrvold, Nathan. The Big Idea ［J］. Harvard Business Review, 2010（4）：40－50.

❸ 袁晓东，孟奇勋. 揭秘高智发明的商业运营之道 ［J］. 电子知识产权，2011（06）：19－25.

来组织资源和制定企业发展战略。在全球化的大背景下，企业面临的挑战不仅是如何在企业内部研发出需要的全部技术，还包括如何快速获取外部技术资源，以实现有效整合。企业实施技术经营需要具备三个要素：首席技术官（CTO）、购买与研发（A&D）、技术路线图（TRM）。其中，首席技术官是企业进行技术经营的组织保障；购买与研发从对技术的研究开发扩展到技术并购等外部技术源；技术路线图为技术开发战略提供信息基础、对话框架及决策依据。

高校和科研院所是我国技术创新的主要力量，同时也是技术经营体系中企业获取外部技术资源的重要创新源头。然而，目前高校和科研院所科技人员的成果和企业需求还有距离。这就要求科研院所认清自身在技术创新和技术经营中扮演的重要角色，从项目立项开始，从研发的每个环节将企业需求和科技成果市场化作为一项主要考量因素，使研发与市场需求有效对接。同时，建立相应的科技成果转化机制和激励机制，出台相应政策引导科研成果转化，从而真正将科技优势转化为经济优势。此外，高校和科研院所是高智发明等国际技术经营公司专利收购的主要对象，必须对此采取相应措施和政策进行防范，以防我国关键技术外流。

政府主要负责构建技术经营的社会环境和政治环境，加强监督管理，引导技术经营的激励政策，制定知识产权发展战略。特别是针对高智发明等知识产权经营公司对我国专利的收购，国家需要建立重大技术、知识产权向境外出口、转让的审查机制，这是保障我国经济、技术安全的一个重要措施。同时，抓紧制定并实施国家知识产权战略，从知识产权的创造、管理、保护、运用等各个方面采取措施，支持形成核心技术自主知识产权和具有国际竞争力的优势产业。继而完善自主知识产权保护和运用的政策措施，提高知识产权宏观管理水平，加强知识产权信息服务系统建设，促进自主创新成果的知识产权化、商品化、产业化。

5. 专利技术商用化理论❶

王玉民等人编著的《专利商用化的策略与应用》对专利商用和专利商用化做了一个比较明确的界定。专利商用是指"在市场经济环境中专利的市场价值实现路径的总和，……专利商用不是专利流通的专有概念，也不是专利技术应用的特有含义，而是专利的流通、实施以及其他一切现有或将来可能出现的、能达到其市场价值实现目的的所有形式的统称"。"专利商用一词，突出了专利在市场中运作的商业特性，强调了专利在市场中获利的价值理念，还概

---

❶ 本节内容主要来自于王玉民，马维野主编. 专利商用化的策略与应用［M］. 科学出版社，2007.

括了专利市场价值实现的现有的以及未来可能出现的各种路径。"❶专利商用化（Patent Commercialization）则是"专利权人通过专利商用实现其经济价值的过程，……专利技术产品化、商品化、产业化是商用化的一种，专利资本化、专利商品化以及专利技术标准化、专利标准产业化等，也是专利商用化的表现形式"❷。并认为这一概念需要适应科技进步与经济发展而逐步演化、不断扩展。

专利技术商用化包括多种多样的类型，仅仅按照专利商品的属性进行分类，就可以概括为以下6种类型：

① 专利资本化，即专利资产的实现。这是以专利的资产属性所蕴含的资产价值为依据，在市场中变现资本或进行资本的市场运作。涉及的社会主体行为包括专利拥有、专利资产评估、专利购买、专利经营、专利交叉许可等。表现的产业形式为各类专利产业化经营性中介机构，如无形资产评估、技术交易市场等。属于专利资产的市场运用，如技术入股、信贷抵押等。

② 专利商品化，即专利的商品实现。这是以专利的资产属性所蕴含的资产价值为依据，但是以自身为商品在市场中的交易运作。属于专利权属在市场中的传播扩散交易行为。

③ 专利技术产业化，即专利价值的实现。这是指以专利的技术属性所蕴含的市场运作价值，通过对专利技术的产品化、商品化、产业化，获取远多于专利资产原值的高收益的实现过程。表现的运作形式为专利技术属性的开发、产品创意以及产品化商品化过程。涉及的产业包括技术创新中介以及产品开发经营的企业，这属于专利技术的市场运用。

④ 专利技术经营化，即专利价值的挖掘。这是指以专利的技术属性为依据进行商品概念创意，并提出商品概念、商品化所必需的技术群和技术实施路线图的创意，以专利创意所蕴含的市场价值为企业生产提供服务的获利过程。表现的产业形式为以专利创意与专利技术挖掘为主的技术经营业。这属于专利技术再创造的市场运用。

⑤ 专利制度的商用化，或称专利标准化，即专利价值的垄断。这是指以专利的制度属性所蕴含的竞争性规范作用，通过专利技术支撑的技术标准、产品品牌等并进一步专利技术标准的产业化、构成市场竞争的技术壁垒，获取远多于专利产品价值的高收益并控制市场格局的专利运用过程。表现的运作形式为技术应用型产业集团、企业联盟、国际型贸易区，甚至国家政府等。这属于专利制度的市场运用。

---

❶ 王玉民，马维野. 专利商用化的策略与应用［M］. 科学出版社，2007：73.
❷ 王玉民，马维野. 专利商用化的策略与应用［M］. 科学出版社，2007：74.

⑥ 专利信息商用化，即专利信息的市场运用和经营。这是指以专利的信息属性所蕴含的稀缺使用价值，通过创意性活动产出基于专利的有利于市场竞争的无形资产，获取专利资产、专利技术、专利标准之外的额外价值过程，属于价值再造经营活动。表现的产业形式为基于信息的现代服务业。这属于专利信息的市场运用。

综上所述，专利商用化表现为专利经营，包括专利权经营（专利许可、专利联盟、专利转让、专利权质押、专利公关、专利与标准结合）和专利技术经营。专利技术经营是技术经营的一种基本形式，尤其是专利技术的挖掘式经营；专利实施，包括专利权人自行实施、专利权人许可他人实施、专利强制许可实施、专利先行实施等，专利信息经营，专利标准化与标准产业化等。

专利商用化的主体是企业。如果说市场是战场的话，在"知识为主"的今天，专利就是企业竞争的锐利武器，是企业抢占市场、获取利益的重要根据。在经济全球化的加速进程中，企业仅仅依靠研制出的技术成果还不足以拥有市场竞争优势，只有将技术成果取得专利保护才能最终形成自己独特的竞争优势。"三流企业卖苦力，二流企业卖产品、一流企业卖技术、超级企业卖标准"，这正是当今激烈市场竞争的写照。"技术专利化、专利标准化、标准国际化"，这已经成为杰出企业的共识，谁掌握了标准的制定权，谁就掌握了竞争的主动权，谁的专利技术成为标准，谁就有了话语权。专利是一个企业技术储备与综合实力的体现，是企业的核心竞争力。

政府在专利商用化的进程中居于主导地位。从国家层面讲，专利商用化应以维护和提高国家整体利益、服务于国家发展战略为出发点，以大幅提高我国自主创新能力和国家产业竞争力的积极姿态，推动经济增长方式向创新驱动型转变，为我国走新型工业化道路，实现"专利兴业"和建设创新型国家多做贡献。政府的主导作用体现在：第一，突出专利商用化的战略地位，利用各种形式、手段和政策推动本国专利的使用，突破国外技术壁垒，最大限度地追求本国利益；第二，建立专门化的知识产权司法制度，协调政府部门之间的相关行动，强化知识产权的国际保护；第三，把专利商用化与自主创新战略紧紧结合起来，加强原始创新、加强集成创新、积极引进国外先进技术进行消化吸收再创新；第四，将专利商用化与知识产权保护和标准战略结合起来；第五，逐步完善专利商用化实施的环境条件，在国家创新体系和区域创新体系的框架内推进专利技术商用化；第六，系统培养专利商用化人才，将"干中学"与学校系统培养紧密结合起来。

中共十八大提出"实施创新驱动发展战略"，"深化科技体制改革，推动科技和经济紧密结合，加快建设国家创新体系，着力构建以企业为主体、市场为导向、产学研相结合的技术创新体系"，为技术市场理论研究指明了新方向。尤其是十八届三中全会通过的《中共中央关于全面深化改革若干重大问题的决定》，以较大的篇幅提及深化科技体制改革：

"建立健全鼓励原始创新、集成创新、引进消化吸收再创新的体制机制，健全技术创新市场导向机制，发挥市场对技术研发方向、路线选择、要素价格、各类创新要素配置的导向作用。建立产学研协同创新机制，强化企业在技术创新中的主体地位，发挥大型企业创新骨干作用，激发中小企业创新活力，推进应用型技术研发机构市场化、企业化改革，建设国家创新体系。

"加强知识产权运用和保护，健全技术创新激励机制，探索建立知识产权法院。打破行政主导和部门分割，建立主要由市场决定技术创新项目和经费分配、评价成果的机制。发展技术市场，健全技术转移机制，改善科技型中小企业融资条件，完善风险投资机制，创新商业模式，促进科技成果资本化、产业化。

"整合科技规划和资源，完善政府对基础性、战略性、前沿性科学研究和共性技术研究的支持机制。国家重大科研基础设施依照规定应该开放的一律对社会开放。建立创新调查制度和创新报告制度，构建公开透明的国家科研资源管理和项目评价机制。"

其核心是充分发挥市场配置科技资源的决定性作用。这就为探索技术市场配置科技资源的机制、途径、方法提出了新的要求。

第二章　我国技术市场发展的成就

一、推动了科技体制改革的进程，使中国与世界同步进入了知识经济时代

技术市场引发了社会观念的深刻变革，极大激发了各个创新主体投身创新活动的积极性，成为我国科技体制改革的突破口，推动了我国科技体制改革的进程，使中国与世界同步进入了知识经济时代。

1985 年 3 月，《中共中央关于科学技术体制改革的决定》（以下简称《决定》）颁布。《决定》用大量的篇幅提到开拓技术市场，促使科技成果商品化。

> 当前科学技术体制改革的主要内容是：在运行机制方面，要改革拨款制度，开拓技术市场，克服单纯依靠行政手段管理科学技术工作，国家包得过多、统得过死的弊病；在对国家重点项目实行计划管理的同时，运用经济杠杆和市场调节，使科学技术机构具有自我发展的能力和自动为经济建设服务的活力。在组织结构方面，要改变过多的研究机构与企业相分离，研究、设计、教育、生产脱节，军民分割、部门分割、地区分割的状况；大力加强企业的技术吸收与开发能力和技术成果转化为生产能力的中间环节，促进研究机构、设计机构、高等学校、企业之间的协作和联合，并使各方面的科学技术力量形成合理的纵深配置。在人事制度方面，要克服"左"的影响，扭转对科学技术人员限制过多、人才不能合理流动、智力劳动得不到应有尊重的局面，造成人才辈出、人尽其才的良好环境。
>
> 促进技术成果的商品化，开拓技术市场，以适应社会主义商品经济的发展。
>
> 科学技术主要是人类智力劳动的产物，应当充分认识和评价智力劳动所创造的价值。随着科学技术的发展，技术在社会商品价值创造中所起的作用越来越大，越来越多的技术已经成为独立存在的知识形态商品，新的知识产业已经出现。技术市场是我国社会主义商品市场的重要组成部分。
>
> 应当通过开拓技术市场，疏通技术成果流向生产的渠道，改变单

38

纯采用行政手段无偿转让成果的做法。科学技术系统运行机制的这一改变，有利于把研究机构和生产单位的经济利益联系起来，有利于促进竞争，使生产对科学技术的要求迅速成为研究的课题，研究的成果及时应用于生产。

要注重解决技术成果的配套、商品化生产和经济效益等方面的问题，以提供适合技术市场需要的技术商品。要积极发展技术成果转让、技术承包、技术咨询、技术服务等多种形式的技术贸易活动。要改变鄙薄经营工作的错误观念，培养善于运用技术成果开发产业的人才和善于经营技术商品的人才，并且适当发展技术商品的经营机构。技术市场的发展，从根本上说，取决于买方的需求，必须从各方面采取措施，激励企业采用新技术的积极性，增强企业购买技术成果的经济实力。

要制定有关的法规和制度，保障买、卖、中介三方的合法权益。国家通过专利法和其他相应的法规，对知识产权实行保护，并且运用关税和行政手段有限度地保护国内的技术市场。技术成果的市场价格，由交易双方议定，国家不加限制。转让技术成果的收入，近期一律免税。新产品可在一定期限内享受减免税收的优惠。持有技术成果的单位可以采取技术入股的方式与企业进行联营。技术开发机构和企业转让技术成果的收入，可提取一部分奖励直接从事开发工作的人员。

科学技术人员在完成本职工作和不侵犯本单位技术权益、经济利益的前提下，可以业余从事技术工作和咨询服务，收入归己；利用本单位技术成果、内部技术资料和设备，应经本单位同意，并上交部分收入。

具有推广应用价值但不宜成为商品或不宜实行有偿转让的技术成果，由国家和社会有关部门组织交流和推广，并酌情给以奖励。

企业在充分依靠社会上的科学技术力量的同时，应当积极充实和增强自身的技术开发能力，并且切实发挥熟练技术工人的骨干作用，广泛开展群众性的技术革新活动。大型骨干企业还要逐步健全自己的技术开发部门或研究机构。有条件的中小企业也可配备必要的技术开发力量。企业的技术开发工作要特别重视新产品试制、中间试验、生产性试验以及解决工业化生产中的质量、可靠性、经济性、成品率等一系列工艺和设备问题。企业可以按规定把技术开发费用分期摊入成本，也可以向银行申请技术开发贷款。有特殊需要的，可以按照国家规定在税前利润中提取适当的技术开发资金。应当把依靠技术进步增

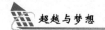

加经济效益作为考核企业的重要指标。

国防科研机构应当建立军民结合的新体制，在保证完成国防任务的同时，面向经济建设，加速军用技术成果向民用的转移，大力开展民用产品的开发研究。

30 多年的改革开放，从根本上讲，就是改革旧的落后观念和机制。技术市场的开拓发展，使技术作为商品在市场中流通、交换，改变了科技与经济社会发展相脱离的局面，在科技工作领域形成了以市场为导向的技术研发和要素流通体制，增强了广大科技人员的商品意识、市场意识和创新、创业精神，提高了全民族依靠科技进步振兴经济的意识和观念，调动了科研单位和科技人员自发地参与创新活动的积极性。实践证明，中国技术市场的开拓与发展，使我国科技工作的面貌发生了极为深刻的变化。

技术市场的发展奠定了我国科技体制改革的基础，促进了各项改革措施的深化。技术市场的发展把经济杠杆和市场竞争机制引入科技领域，为科技拨款制度改革、科研院所转制、推进产学研结合等各项科技体制改革措施和科技资源的优化配置创造了条件。

以开放技术市场作为突破口，我国改革了科技拨款制度，实行"稳住一头，放开一片"的政策，推进应用型科研院所转制，有力地推进科研人员进入经济建设的主战场，加快了科技与经济结合的步伐。转制后的科研机构，在技术市场的政策扶持下，加强了与大学特别是与企业的合作研究开发活动。一个以企业为主体、"产学研"结合的新型产业化模式和机制，在我国科技体制改革过程中逐步形成，成为我国推进自主创新和建设创新型国家的一股主要力量。

技术市场的发展，打破了过去国家财政单一的科技投入结构和格局，为增加企业的 R&D 投入提供了重要的渠道，为实现产学研的结合提供了根本保证。随着技术成果商品化和技术市场规模的迅速扩大，大学、研究院与企业之间产学研合作的技术开发合同不断增多，产学研合作的委托开发合同大幅度增加。大学、科研机构和研发型企业，通过技术市场获得大量的经费。

由于开放技术市场，企业增强了通过市场配置科技资源的自主性。随着技术成果商品化和技术市场规模的迅速扩大，企业日益成为技术市场的交易主体和技术创新的主体。企业购买技术合同成交额占技术合同总成交额的比重，从20 世纪 80 年代中期的 50%上升到 2007 年的 82%。企业技术创新能力的提高，带动了输出技术的大幅提高。2003 年，企业输出技术超过科研院所跃居第一位。2006 年，企业输出技术超过吸纳技术，占技术合同总成交额的比重，从1991 年的 13%上升到 2007 年的 86%。企业在我国技术市场中发挥着越来越重要的作用。

我国技术市场的开放，一方面使得技术能够像商品一样进行交换，像资产一样用于创业，使得智力劳动比体力劳动更能够创造财富，使得知识和技术创新能够改变个人和企业的命运。从而使各类创新主体改变了观念，投身创新活动的热情被极大地激发，有效提升了我国整体的技术创新能力和技术吸收能力。另一方面，随着技术市场与国际市场的接轨，世界新技术革命的成果顺利地通过技术市场与我国的经济和科技相互渗透、相互作用，极大地缩短了我国与发达国家的技术差距，从而使我国把握了世界新技术革命的浪潮。

二、加速了科技成果向现实生产力的转化，日益显现科技对经济发展的支撑作用

在各地、各部门的共同努力下，我国技术市场建设取得重要进展。技术市场在促进科技资源优化配置，加速知识流动和技术转移，促进科技成果转化，激励企业技术创新，推动科技与经济相结合等方面的功能得到进一步发挥，科技对经济发展的支撑作用日益显现。在电子信息、先进制造、新材料、新能源、生物医药等领域，每年约有20余万项次科技成果通过技术市场进行转移和集成，大量科技资源利用市场机制转化为现实生产力，形成了大量国内外领先水平和自主知识产权的高新技术产品，催生了大批科技型中小企业，加速了我国高新技术产业化进程。实践证明，技术市场成为科技成果转化的主渠道，加速科技成果转化和产业化进程。

科技对经济发展的支撑作用，在北京等技术市场较为发达的地区表现得尤为突出。这种支撑作用，主要表现在实现技术交易增加值占地区生产总值的比重方面。2003年，北京实现技术交易增加值占地区生产总值的比重为3.5%。经过5年的发展，到2008年，这一比重一跃为9.2%，之后一直稳定在9%左右。（详见图2-1）❶就全国范围来讲，实现技术交易增加值占国内生产总值的比重也逐年上升（详见表2-1）。❷

表2-1 2003—2014年技术合同成交额与国内生产总值的比较

项 目	2003年	2004年	2005年	2006年	2007年	2008年
国内生产总值（GDP）（亿元）	135822.76	159878.34	184937.37	216314.43	265810.31	314045.43
技术合同成交额（亿元）	1084.67	1334.36	1551.36	1818.18	2226.53	2665.23
技术合同成交额/国内生产总值（%）	0.93	0.98	0.85	0.87	0.9	0.89

❶ 数据来源：《2014年北京技术市场统计年报》。
❷ 数据来源：《2015年全国技术市场统计年度报告》。

续表

	2009年	2010年	2011年	2012年	2013年	2014年
国内生产总值（GDP）（亿元）	340902.81	401512.80	473104.05	519470.10	568845.21	636462.70
技术合同成交额（亿元）	3039.01	3906.58	4763.56	6437.07	7469.13	8577.18
技术合同成交额/国内生产总值（%）	0.89	0.97	1.01	1.24	1.31	1.35

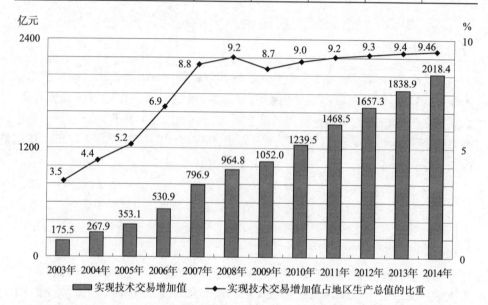

图2-1 2003—2014年北京地区实现技术交易增加值及其占地区生产总值的比重

就全国范围来说，技术合同成交额（实现技术交易增加值）占国内生产总值的比重虽然还不尽如人意，但总的趋势仍呈上升态势。

三、推进了企业为主体、市场为导向、产学研相结合的技术创新体系的建设

1985年颁布的《中共中央关于科学技术体制改革的决定》就已明确提出：要"调整科学技术系统的组织结构，鼓励研究、教育、设计机构与生产单位的联合，强化企业的技术吸收和开发能力"。经过近30年的发展，以企业为主体、市场为导向、产学研相结合的技术创新体系已经初步建成，技术市场在推进这一体系的建设中功不可没。正是技术市场的蓬勃发展，给企业带来了无限的生机和活力，企业在技术市场中大显身手，已经有替代高等院校和科研机构成为技术市场的主力军的趋势。

2014 年，企业作为技术创新主体在技术交易中的作用依然明显，技术输出方的主导地位更加凸显，输出技术合同成交额占全国的 87.6%，吸纳技术合同成交额占全国的 77.1%（详见图 2－2）。❶

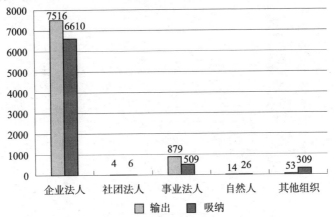

图 2－2　2014 年技术交易双方主体构成（单位：亿元）

2014 年，企业输出技术保持快速增长势头，共签订技术合同 191654 项，成交额 7516.3 亿元，增长 16.8%，占全国技术合同成交总金额的 87.6%。其中，内资企业作为技术输出主体地位更加凸显，交易总量居首位，共输出技术 176003 项，成交额 6117 亿元，占企业输出技术总额的 81.4%，占全国技术合同成交总额的 71.3%（详见图 2－3、图 2－4）。❷

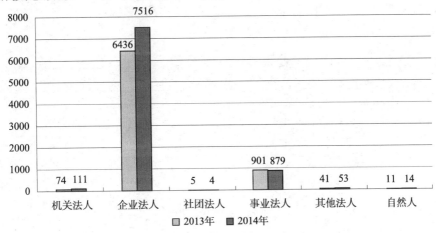

图 2－3　2013—2014 年技术卖方构成对比（单位：亿元）

❶　数据来源：《2015 年全国技术市场统计年度报告》。
❷　数据来源：《2015 年全国技术市场统计年度报告》。

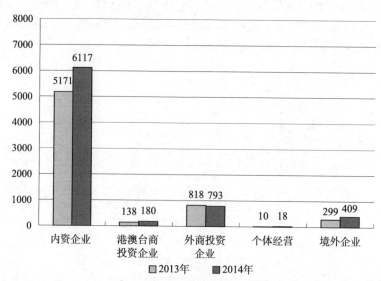

图 2 – 4　2013—2014 年企业法人机构输出技术构成对比（单位：亿元）

数据来源：《2015 年全国技术市场统计年度报告》。

　　企业法人机构作为技术需求主体的地位依然稳固。2014 年，共吸纳各类技术合同 209049 项，成交额 6609.6 亿元，占全国技术合同总成交额的 77.1%。其中，内资企业技术吸纳需求旺盛，吸纳技术合同 190183 项，成交额 5216.8 亿元，占企业吸纳技术成交额的 78.9%（详见图 2 –5、图 2 –6）❶。

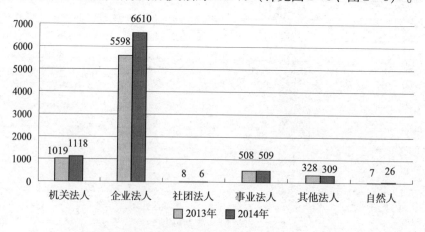

图 2 – 5　2013—2014 年技术买方构成（单位：亿元）

---

　❶ 数据来源：《2015 年全国技术市场统计年度报告》。

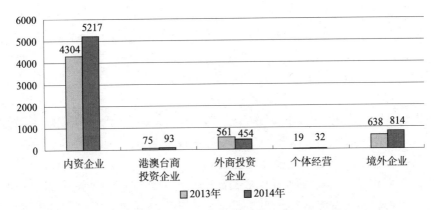

图 2 - 6　2013—2014 年企业法人机构吸纳技术构成（单位：亿元）

四、扶植了科技中介机构的建设，引导和带动了高技术服务业的发展

技术市场经过 30 多年的发展，促进我国建立起以需求为导向、以信息化手段为支撑、产学研相结合、跨区域的新型技术转移体系，引导和带动了高技术服务业的发展。

技术转移体系的稳步发展，使其协同工作机制初步建立并发挥成效，加速了技术转移，推动了科技成果转化，支撑了企业创新和产业升级，支撑了企业创新和成果转化。目前，我国共有各类技术交易和服务机构近 2 万家。有技术产权交易机构近 40 家，提供信息、交流、展览、洽谈、技术融资等服务活动，促进技术产权与金融资本相结合；有创新驿站站点 83 家，协同工作模式对技术转移的促进作用已逐渐显现；有各级常设技术交易市场近 200 家，从事技术开发、转让、咨询、服务等技术交易与经营活动。

（1）国家技术转移示范机构示范效应初步显现

2008 年，为贯彻落实科技部、教育部、中科院共同组织实施的"国家技术转移促进行动"，组织实施了国家技术转移机构示范工作。通过培育一批服务能力强、技术转移模式突出、信誉良好、行为规范的国家技术转移示范机构，引导其在促进技术转移和高新技术产业发展中发挥示范引领作用，带动本地区、本行业技术转移机构服务能力的提升，促进区域经济协调发展。截至 2015 年年底，全国共认定国家技术转移示范机构总数达到 453 家。2011 年仅前两批示范机构促成技术交易就达 750 亿元。

（2）中国创新驿站站点逐渐兴起

基于我国国情并借鉴欧盟创新驿站的工作模式，科技部火炬中心历时 3 年完成了网络系统开发、标准化质量管理体系制定、中国创新驿站国家站点建设等工作。2010 年 8 月，北京、天津、黑龙江、上海、浙江、安徽、湖北、深圳、四川、广东共 10 个省市启动了中国创新服务网络（中国创新驿站）试点工作。目前，已建立国家级创新驿站站点 32 家。2012 年，开展了第二批中国创新驿站试点遴选工作，创新驿站总数已达到 83 家。2011 年，"中国创新驿站"各站点与 818 个大学、科研院所、企业及服务机构建立了合作伙伴关系，累计走访企业 6690 家（次），调研企业需求 4819 项，整合共享创新资源信息 8814 条，开展协同合作 772 次，完成服务项目 876 项，各项工作初见成效。

（3）技术产权交易机构多元化发展

1999 年以来，为解决高新技术企业产权置换和中小型科技企业融资难等问题，技术产权交易市场兴起并发展。2005 年，科技部发布《关于加快发展技术市场的意见》，明确提出"积极发展技术产权交易市场"；2006 年，国家发改委、科技部等部门联合发布了《建立和完善知识产权交易市场的指导意见》。文件的出台极大地推动了我国技术产权市场的发展与完善。目前，全国技术产权交易机构发展到近 40 家，成为技术、金融、产业资本连接的桥梁和迅速配置资源的重要市场平台，加速了科技型中小企业产权（股权）流动，拓宽了投融资渠道，有力地推进了技术转移和高新技术产业化。

技术产权交易机构由全额拨款事业单位、差额拨款事业单位、股份制企业等组成，既有联合产权交易机构，也有联合产权交易机构中下设的技术产权交易机构以及独立技术产权交易机构。不同的组织构架决定了各类机构运行机制的多样性。科技系统领导下的技术产权交易机构采用非营利的运行机制，成为科技与资本对接的公共服务平台；股份制性质的技术产权交易市场，采用股东利益最大化的运行机制；国资委大力发展的产权市场，均保留了技术产权交易业务，运营机制也各不相同，如上海、北京、天津、重庆四家技术产权交易机构为公益性与营利性并存。

（4）常设技术交易市场稳固发展

常设技术交易机构作为科技中介服务机构的重要组成部分。以需求为导向，发挥综合服务优势，通过整合信息、仪器、评估、投融资等相关平台和要素资源，以知识产权运营和管理、企业发展战略分析与规划、技术诊断与需求挖掘为主要服务内容，为技术转移提供全过程服务。据对中国技术交易所、深圳市南方国际技术交易市场、北方技术交易市场、江苏技术市场等 10 家常设技术交易市场的统计，2011 年共促成技术转移项目 23762 项，成交金额 55 亿元。

（5）全国性技术转移公共服务平台平稳运行

2005 年年底，结合国家科技成果转化基础条件平台建设，建立了面向社会、辐射全国的"中国技术交易信息服务平台"。该项目按照国家科技基础条件平台项目"整合、共享、完善、提高"的总体要求，进行了分步开发与实施，通过加强顶层设计和总体协调，合理分工，完成了平台资源的保存与整合，实现了资源信息化与汇交，建立了完善的组织结构及标准化的规范和相关制度。初步实现了跨区域、跨部门的资源整合，探索了一站式技术交易全过程服务模式，建立了以需求为导向，为中小企业技术创新提供服务的支撑系统。2010 年，该项目顺利通过了验收。实践证明，技术市场网络化、信息化建设取得实效，为推动建设全国统一大市场提供了技术和网络支撑。

（6）区域技术转移联盟发展迅速

为整合创新资源，促进各类创新主体的有效互动，探索建立区域和专业技术转移联盟，通过集成联盟内创新资源优势，促进技术转移，北京技术转移服务联盟、环渤海技术转移联盟、长三角科技中介战略联盟、珠三角技术转移联盟、西北技术转移联盟、东北技术转移联盟、广西技术转移联盟、济南都市圈技术转移联盟、武汉城市圈技术转移服务联盟、深港澳台技术转移联盟、上海技术转移服务联盟、农产品深加工技术转移联盟等相继成立。

目前，全国已建立各类技术转移联盟 20 余个，为构建区域产业链提供了重要的科技支撑，有力推动了区域经济的发展。2010 年，上海技术转移服务联盟解决企业需求 2937 项，服务企业 10635 家（次），促成技术转移项目 2117 项，成交金额 14 亿元。截至 2011 年年底，北京技术转移服务联盟开展技术转移服务项目 1.05 余万项，成交金额 196.9 亿元；推动成员单位开展技术转移服务项目 6500 项，成交额达 59.9 亿元；开展培训、项目对接会、展会等各类活动上百次，服务企业上千家。

第三章　我国技术市场发展现状与问题

一、我国技术市场发展现状

2001—2014 年，全国技术合同成交数由 22.97 万项增加到 29.70 万项；技术合同成交数呈缓慢增长态势❶（详见图 3 - 1）。

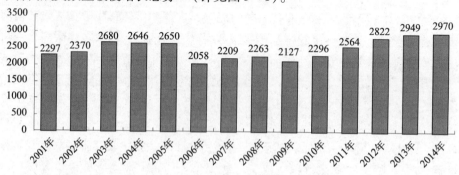

图 3 - 1　2001—2014 年全国技术合同成交数增长趋势（单位：百项）

2001—2014 年，全国技术合同成交额由 783 亿元增加到 8577 亿元；技术合同成交额呈快速增长态势❷（详见图 3 -2）。

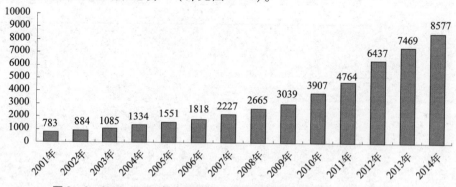

图 3 - 2　2001—2014 年全国技术合同成交额增长趋势（单位：亿元）

---

❶ 数据来源：《全国技术市场统计年报》。
❷ 数据来源：《全国技术市场统计年报》。

2014 年技术合同平均额达 289 万元，较 2000 年的 27 万元增长 10 倍❶
（详见图 3 – 3）。

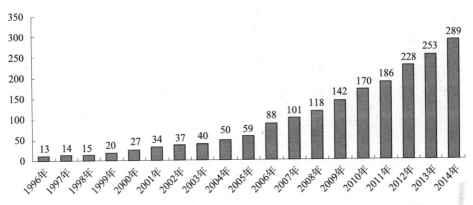

图 3 – 3　1996—2014 年全国技术合同额平均值增长趋势（单位：万元）

尤其值得一提的是，2014 年全国技术合同额占国内生产总值的比例达 1.35%，
比 2013 年增长 0.04 个百分点，较 2001 年增长近一倍❷（详见图 3 – 4）。

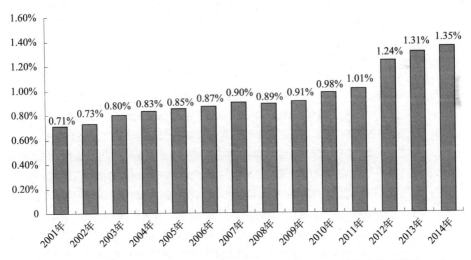

图 3 – 4　2001—2014 年全国技术合同额占国内生产总值比重增长趋势（单位:%）

但是，2001—2014 年，全国技术转让合同成交额的绝对值虽呈增长态势，
所占比例却有下降趋势❸（详见图 3 –5）。

---

❶　数据来源：《全国技术市场统计年报》。
❷　数据来源：《全国技术市场统计年报》。
❸　数据来源：《全国技术市场统计年报》。

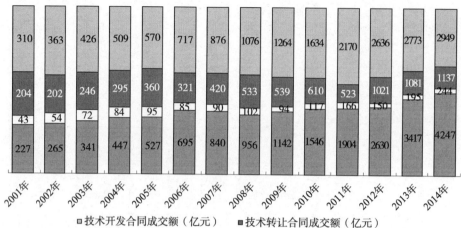

图 3 - 5   2001—2014 年全国技术合同类别构成态势（单位：亿元）

2006—2014 年，全国技术合同技术领域构成呈如下发展趋势：电子信息领域技术合同成交额绝对值呈增长态势，所占比例呈下降态势；先进制造领域技术合同成交额绝对值呈增长态势，所占比例呈增长态势；新能源领域技术合同成交额绝对值呈增长态势，所占比例呈增长态势；现代交通领域技术合同成交额绝对值呈增长态势，所占比例呈较快增长态势❶（详见图 3 -6）。

图 3 - 6   2006—2014 年全国技术合同成交额技术领域构成趋势

---

❶   数据来源：《全国技术市场统计年报》。

二、国内外技术转移比较研究

（一）美国技术转移体系

1. 美国通过立法形式建立联邦技术转移机构

《技术创新法》要求联邦主要的实验室建立研究和技术应用办公室 ORTA，同时根据《联邦技术转移法》建立了联邦实验室联盟 FLC。

《国家技术转移和促进法》则明确要求联邦机构每年给 FLC 提供拨款。

《独立机构拨款法》建议由 NASA 成立国家技术转移中心 NTTC。《美国技术优先法》扩充了其职权。根据《国家航空和空间法》，NASA 还分别建立了6 个区域技术转移中心作为 NTTC 的区域分支机构。

《1993 财年国家国防授权法》要求国防部建立技术转移办公室。

通过上述立法，基本建立起以国家技术转移中心和联邦实验室联盟为龙头，实验室研究和技术应用办公室为依托，部门技术转移办公室为辅助的联邦政府技术转移机构框架。

2. 美国技术转移体系的特点

第一，在技术转移管理机构方面，形成结构合理、层次分明的管理机构体系。并且从法律上赋予其权责，有利于管理工作的有序开展。政府职能清晰，重点工作定位是扫除一切影响政府资助项目技术转移的制度障碍，推动实施和监督政府下属机构的技术转移工作，协调大学、科研机构同企业的技术转移合作等 3 个方面。

第二，在法律体系建设方面，法律专门化特征明显。一部法律主要解决技术转移中一个部门或一个领域的问题。法律之间衔接性较好，不同法律之间不存在相互矛盾、重叠交叉的问题。法律体系系统性较强，涉及技术转移的各种主要问题都在法律层面给予回答。对一些重点领域给予着重关注，特别是小企业创新问题、技术信息扩散问题、合作研发协议授权问题等。

第三，在技术转移机制体系建设方面，具体的机制类型丰富多样。不同机构都能找到合适途径。强调通过协议来约束机制的实施，所有机制最终都要通过协议等方式来实施。转移对象不仅包括直接的技术成果，还包括信息、设备、方法、人才、资金甚至是承诺等。

3. 启示与借鉴

第一，加强立法推动技术转移，强化不同机构的职能定位。

第二，强化基层技术转移机构的建设，构建利益共同体，以鼓励各类技术转移参与主体，积极开展技术转移机制的探索与尝试。

第三，增加推动技术转移的财政引导资金投入等。

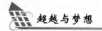

（二）英国知识产权商业化服务标准

2011 年 3 月，英国标准协会（BSI）发布"BS 8538"——2011 知识产权商业化服务标准，旨在明确面向发明人的知识产权服务组织的道德准则和行为规范。

该标准明确的知识产权服务商的道德准则包括：诚信和资质；费用、成本和资金公开透明；确保信息的机密性和公开性；利益和冲突声明以及投诉处理机制。

服务提供程序包括：与发明人签署初步合约；不公开协议（NDA）或机密规定；创意评估以及提供建议或服务的商业协议。

（三）日本技术转移体系

1998 年 2 月，日本颁布《促进大学等的技术成果向民间事业转移法》（简称 TLO 法），明确了技术转移各方的职责。

TLO 是日本大学技术转移的专业机构。TLO 法规定，TLO 承担大学的技术及研究成果向企业转让，其主要业务内容是：对大学的各项研究成果进行发掘、评价、筛选，然后代表大学对此项成果进行专利申请；向企业进行成果介绍；通过各种谈判把成果转让给企业；实施利润的回馈；向企业提供经营管理、技术指导和技术研发的支持；帮助企业解决资金问题以及一切可以使技术顺利转移为商品的服务等。

该法规定：TLO 分为两种类型，即"承认 TLO"和"认定 TLO"。

"承认 TLO"的相关规定是：制定的实施计划要经过文部科学大臣和经济产业大臣的批准。可以得到国家的支持。转让的项目在实施过程中，可以向"中小企业基盘整备基金"申请发行公司债券及贷款的担保申请，并且可以获得助成率为 2/3 的辅助金，最高不超过 3 亿日元。作为《中小企业投资育成有限公司法》的特例，即使注册资金超过了法定的 3 亿日元的限度，在公司设立初期也可以向中小企业投资育成有限公司提出让其持有该公司股份的申请。可以获得减免专利费、手续费等的优惠政策，但每年要向文部科学大臣和经济产业大臣提交计划实施情况报告。

"认定 TLO"的相关规定是：可免交专利费和手续费，需要通过主管大臣的认可，但不享受财政补贴和贷款担保（详见表 3–1）。

实行审核准入制度。审核准入制度是日本较有特色的制度之一。通过政府部门审核，提升技术转让成果、技术转移机构等的质量，保障技术转移战略的科学性。在国家层面上，建立"科学技术会议制度"和"产业技术审议会制度"。实行严格的"专利审查制度"，为提升专利的质量和技术先进性。后补助评审制度，提升财税、补助等制度的执行效率。TLO 组织审批制度，只有通过政府机构的审核才能参与其他制度的实践。

表 3 - 1　现行《TLO 法》及相关法令对 TLO 的支持概况

TLO	主管	支援措施			
承认 TLO（《TLO 法》第 4 条）	文部科学大臣、经济产业大臣	辅助金、债务保证、信息提供（《TLO 法》第 6 条）	《中小企业投资育成有限公司法》特例（《TLO 法》第 8 条）	国有设施的无偿使用（《产业技术力强化法》第 25 条）	专利费用 1/2 左右（《产业活力再生法》32 条）
认定 TLO（《TLO 法》第 12、13 条）	主管大臣				免交专利费（《TLO 法》12 条）

日本技术转移体系的特点：

① 管理机构、法律、制度和机制都带有浓厚的政府色彩。

② 强调机构—法律—制度—机制的匹配性。

③ 既与国际接轨，又突出特色的独树一帜的体系结构。

④ 重点突出的任务部署。

启示与借鉴：

① 合理有效发挥政府在技术转移制度体系中的作用。根据具体情况，确定是发挥政府的主导作用还是引导作用，同时要确保政府权力不被滥用。

② 制度的设计既要严谨更要突出实用性。多倾听具体实践者的意见并吸收企业等机构参与制度的设计。

③ 制度设计时要与国际接轨，符合国际惯例和市场法则。鼓励民间积极开展技术转移制度创新。

④ 加强制度实施的跟踪检查和评估。对于实施过程中存在的不足，依据具体情况进行修订、调整、补充，必要的时候甚至要有废除制度的勇气。

（四）德国技术转移机构

在德国，一方面拥有技术实力雄厚的大学和研究机构，另一方面有着世界知名的大型和小型工业企业。对于这样的一个国家而言，深入研究探讨技术转移过程中可能存在的挑战和应对办法，具有特别重要的意义。多年来，促进公共研究机构与私人企业之间的交流合作，一直是德国各级政府的重要议题。同时，很多工科院校，在没有依靠政府支持的情况下，已经建立起自己的技术转移机构。[1]

为了更加清晰地说明，如何改善和促进国家创新系统内部的技术转移，在

----

[1]　Henning Kroll：《2014 国际技术创新体系研讨会》演讲稿摘要。德国弗劳恩霍夫协会系统创新研究所高级研究员。

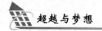

为 BRCSS 进行的研究，分析了 6 种不同类型的德国技术转移机构。

这些研究也再一次表明，技术转移不是一种一维化的线性活动，而是需要不同的方法来应对来自经济方面的各种挑战。从连接普通大学和中小企业的创新中心、挖掘大学研究成果转移潜力的相关机构，到最新出台的促进顶级企业和一流大学交流合作的创新政策，我们的研究不仅揭示了技术转移过程中可能存在的各种挑战，同时也给出了一些行之有效的解决办法。

在此提出 4 条关于技术转移机构的关键性政策要素：

① 企业化的运行应当机制，应当成为技术转移机构的一个基本原则。这些机构的 CEO，应当具备能力使之采取商业化的运作方式。

② 使这些机构脱离其公共规制下的原生组织的制度框架，往往能够使其更加高效地运转。

③ 应当建立起一套明晰的利益分配机制，以明确这些机构的管理者和其原生组织，如何对机构的营业收益进行合理分配。

④ 树立品牌并进行广泛的营销宣传，能够帮助这些机构提高其在工业企业界的知名度。

（五）美国 AUTM 技术转移调查报告与指标

自 1991 年开始，美国大学技术经理人协会（AUTM）得到了美国国会的授权，定期发布技术转移调查报告。最新的调查结果显示，虽然 2009 年经济大幅衰退，但是大学技术转移收益仍然保持强劲上升。AUTM 主席阿什利·J·史蒂文斯（Ashley. J. Stevens）说："大学报告的数据显示，即使在全球金融危机中期，大学科技商业化依旧兴盛。大多数新兴公司都位于许可证所有机构所在的州，这正好说明了《拜·杜法案》对地方经济发展仍有较大的影响力。"2009 年，研究支出 539 亿美元；专利申请总数 18214 件；转让总数 5328 项，其中许可证贸易 4374 项，交易生效 954 项；许可证收入 23 亿美元，比 2008 年上升 32.5%；引入 658 个新产品；缘于大学科研成果成立了新公司 596 家。

AUTM 通过设计较为科学合理的评价指标体系，量化指标为技术转移相关利益群体，提供科学合理的评价体系。其量化指标有以下几种：一是投入指标，包括研究支出总额、研发支出额的联邦政府渠道、产业渠道和其他渠道等。二是创造知识产权指标，包括发明披露数、专利申请数、专利授权数等。三是产出指标，包括许可/期权数、许可/期权协议数、许可费收入额、股权数、股权套现额、新办公司数、新产品数等。四是技术转移机构指标，包括技术转移办公室数、技术转移全职工作人员数等。指标中共有 30 多个与技术转移相关的变量信息。其中，研究支出是影响研究过程的基本因素，大多数大学使用这个变量来评估技术转移活动的效率（详见表 3 - 2）。

表 3 – 2　AUTM 技术转移评价指标体系

序号	1 级指标	2 级指标	备注
1	研发支出总额 TOTAL RESEARCH EXPENDITURES		
1.1		研发支出额：联邦政府渠道 RESEARCH EXPENDITURES： FEDERAL GOVT. SOURCES	
1.2		研发支出额：产业界渠道 RESEARCH　EXPENDITURES： INDUSTRIAL SOURCES：	
1.3		研发支出额：其他渠道	
2	发明披露数 INVENTION DISCLOSURES		
3	专利申请数 PATENT APPLICATIONS		
3.1		美国专利新申请数	
3.2		美国专利申请累积数	
3.3		非美国专利新申请数	
4	美国专利授权数 U. S. PATENTS ISSUED		
5	专利许可/期权数 LICENSES/OPTIONS		
5.1		专利许可数 LICENSES	
5.1.1		独占许可数 EXCLUSIVE LICENSE	
5.1.2		非独占许可数 NON – EXCLUSIVE LICENSE	
5.2		专利期权数 OPTIONS	
5.3		有效专利许可/期权数 ACTIVE LICENSES/OPTIONS	
6	专利许可协议数 LICENSE/OPTION AGREEMENTS		

续表

序号	1级指标	2级指标	备注
7	许可费收入额 LICENSE INCOME RECEIVED		
7.1		许可费收入额	
7.2		专利使用费收入额	
7.3		许可产品的预计销售收入额	
7.4		向其他机构支付的许可费收入额	
8	股权收益数		
9	创办公司数 STARTUP COMPANIES FORMED		
9.1		新创办公司数	
9.2		仍在运营创办公司数 STARTUPS STILL OPERATING	
9.3		公司产品销售额	
9.4		公司全职员工数	
10	新产品数 NEW COMMERCIAL PRODUCTS		
11	法律事务费用数		
11.1		法律事务支出额	
11.2		法律事务费用补偿额	
12	技术转移办公室数		
13	技术许可员工数		
13.1		技术许可全职员工数	
13.2		技术许可半全职员工数	
13.3		其他全职员工数	

资料来源：美国大学技术经理人协会：《美国许可活动调查（2012 财年)》，2013 年 12 月 10 日发布。

（六）国际注册技术转移经理师执业认证

由世界四大技术转移组织（AUTM，Praxis UNICCO，ASTP，KCA）联合认证、考核、颁发的注册国际技术转移经理师考试（Registered Technology Transfer Professionals，RTTP），是国际技术转移行业内权威的执业认证考试，在世界 60 个国家和地区技术转移机构通行有效。

每年各国超过 2 万名技术转移经理人参加这一考试。自 2002 年推出至 2013 年年底，仅有 177 人获准通过考试。

RTTP 的宗旨是：提供该计划的培训，使申请人得到了挑战，增加他们的知识和技能，从而提高信誉，追求卓越。申请人通过认证考试后可有以下益处：一是作为一个行业专家获得国际执业认可；二是建立行业内的信誉；三是实行统一的执业方法、标准与认证；四是方便在全球范围内联系专业人士。

2013 年 11 月，中国的张晓宇先生，通过了 RTTP 注册国际技术转移经理师考试。

（七）美国 AUTM 技术转移从业人员培训基本课程

美国大学技术经理人协会（AUTM）为技术转移从业人员进行系统的培训，值得我们借鉴。归纳起来，有以下基本课程及要点❶：

（1）技术转移基本原理操作实务与案例；

（2）技术转移组织运营工作程序与案例；

（3）技术转移从业人员管理与职业发展机会；

（4）技术经营基本方法与案例；

（5）发明披露评估方法与案例；

（6）专利质量评估方法与案例；

（7）专利基本知识与申请步骤及方法；

（8）研究市场寻找客户的方法；

（9）技术合作的谈判；

（10）技术合同签订管理要点剖析与案例；

（11）利用政府资助的方法；

（12）创办新企业和技术成果产业化及案例；

（13）风险投资的评估与决策方法及案例；

（14）开放式创新的方法与案例；

（15）处理各方经济利益的方法与案例；

（16）技术转移法律与影响；

（17）专利组合评估营销方法与案例；

（18）社会媒体战略实施与评价；

（19）技术出口管制法规/方法与案例；

（20）国外知识产权概述/专利申请方法与案例。

（八）美国技术经理人职责与任务

在美国和加拿大许可贸易工作者协会的倡议下，建立了（Certified Licensing Professional，CLP）计划。CLP 的任务是为公众服务，建立许可专业人士的认证标准，使获得执业许可的专业人员表现出持续的竞争力。2014 年 4 月，在发布的《CLP 考生手册和学习指南》中，归纳了技术许可执业人员（即技

---

❶　资料来源：http://www.autm.net/Careers_ and_ Training.htm.

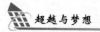

术经理人）的职责与任务❶。

1. 知识产权战略制定与实施

（1）根据本组织的发展战略，制定知识产权战略，确定发展需求、资源需求、许可机会与任务，实现本组织的经济或商业目标。

（2）通过详细的组合分析，完成制定知识产权战略后，进行知识产权的差距分析，以便利用现有资产和/或确定资源的需求，实现知识产权战略。

（3）研究和评估本组织的重要作用、流程和结构，以优化对知识产权资源的投入。

（4）通过强调知识产权开发和商业化的影响，阐明动态有序的知识产权价值，以便为所有的利益相关方带来更大的利益。

2. 知识产权保护与优化组合

（1）通过实施保护知识产权的战略，建立知识产权组合，以支持和推进本组织的目标。

（2）使用适当的方法，分析本组织现有和潜在的智慧资本情况，确定值得保护的知识产权现实需要或未来需求。

（3）通过评估相关的法律因素、商业机会和现有资源，确定值得保护的发明，优化知识产权组合。

（4）通过评估相关的法律因素、商业机会和现有资源，选择适当的国内和国外知识产权保护的机制。

（5）运作选定的机制，制定和实施适当的知识产权保护策略，构建和维持知识产权组合。

（6）通过采用适当的法律和具体操作，管理知识产权组合，维持或提高知识产权组合的价值。

3. 商业机会评估与开发

（1）使用适当的分析工具，细分知识产权组合，确定本组织知识产权的最佳用途。

（2）使用适当的分析工具，评估那些有潜力的知识产权细分内容，识别所有可以进行许可的资产。

（3）使用适当的方法，识别商业机会，有针对性地选择被许可方。

（4）通过商业和法律方面的分析，评估他人的权利，以优化商业回报。

（5）针对现有市场的情况，确定与本组织需要相一致的知识产权的现实需求，选择并且获得他人知识产权所有权。

（6）制定一项包括知识产权内容的商业计划书，以便实现既定目标。

---

❶ 资料来源：美国 CLP 公司：2014 年美国《CLP 考生手册和学习指南》，2014 年 4 月。

（7）按照与许可策略、商业计划相一致的原则，拟定许可协议的基本条款，建立一个初始的协议框架。

4. 技术评估

（1）采用源自适当目的的输入信息，进行知识产权评估，而且目的与总体商业战略相一致，从而实现既定的商业目标。

（2）采用相关的经营原则明确评估的背景，以便选择最合适的方法，并且需要强调必要的勤勉程度。

（3）根据拟议的许可策略，识别影响价值的各种因素，从而确定合适的价格。

（4）选择最合适的方法，使用公认的评估原则，以进行评估和开发一系列的价值。

（5）应当用简洁明了的语言编写一份评估报告，明确说明所需目的的价值，和/或证明知识产权的报价的合理性。

5. 技术营销

（1）应当将采用适当价值主张的许可方案，取得本组织内部的共识，以确立许可协议的基础。

（2）应当说明适当的营销策略，清晰地阐明知识产权的价值主张。营销策略包括根据评估商业机会、市场因素和知识产权总体状况而制定的长远战略、营销计划和促销方案，以期实现许可的最佳回报。

（3）应当落实营销计划，定期评估实施的效果，评估应对动态营销格局的工作进展。

6. 协议研究和起草

（1）为了实现本组织的目标、许可协议的条款和条件，需要由跨职能部门的团队来参与。

（2）应当检查合同的适用范围，使之符合所有法律、政策和管理的要求，以完成一份可以执行和可以强制实施的合同。

（3）准备好将涉及关键议题的条款草案，以便加快合同的谈判进程。

（4）为了在所有适用司法管辖区域按照各方的意图运作，许可协议或者其他类协议，应当基于语言表达清晰的最终条款草案来起草。

7. 谈判

（1）通过识别和预测各方的利益、谈判的需要和期望，以及可能争议的焦点，以便奠定谈判的基础。

（2）通过探索相关的机会，为顺利完成交易，找到可接受的替代品，确定一个能达成谈判协议的最佳选择方案（BATNA）。

（3）指派合适的人选进入谈判团队，确认各自的角色和责任，制定谈判

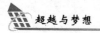

策略和战术，确定谈判时间框架以及其他因素，以便进行有效的谈判。

（4）通过实施谈判的策略和战术，并且记录各种变化对条款草案的影响，以及在可以接受范围内的应对措施，妥善管理谈判的进程，有效地推进和结束谈判。

（5）将最终协议同各方的认识和理解进行比较，核定最终的协议文本，确保其与所协商的条款和条件的一致性。

（6）通过向本组织传递这项协议的价值，确认其相对于许可策略和目标的可接受性，获得本组织对最终条款和条件的批准。

8. 合同管理

（1）为了使各方履行持续的义务，确保遵守协议，应当对已经签署的协议进行审核。

（2）应当明确交接点、其他人员、文件要求和问责流程，来完成正在履行的职责，以便保证遵守协议，避免造成冲突和违约。

（3）将许可协议以及关于主要功能和义务的书面概要，输入到一个适当的归档检索系统中，以方便备查。

三、我国技术市场存在的问题

30 多年来，我国技术市场取得了巨大成就，为经济社会发展做出了重大贡献。但是，毋庸讳言，技术市场配置科技资源的决定性作用未能充分发挥，计划经济条件下的科技资源配置方式仍然留下了深深的印记。这在很大程度上要归咎于技术交易市场化程度不够、活跃程度不够。因此，在未来几年里，技术市场的主要工作就应该是进一步活跃技术交易，充分发挥技术市场在配置科技资源中的决定性作用。尤其是要促进高校和科研机构的技术转移，释放蕴藏在高校和科研机构中的巨大能量。

（一）技术市场主体的积极性未充分激活

技术市场主体存在着以下几个方面的问题。

1. 高校科研机构技术转移问题

高等学校（尤其是研究型大学）是国家科技创新的基础和生力军，科研机构在国家科技创新中发挥着骨干和引领作用。高校及科研机构（以下简称高校科研机构）是财政支持科技创新的重点投入单位，多年持续并逐年增长的财政投入，使这些机构的科研能力大大提高，除了提供基础类研究成果之外，还产生了大量应用类技术成果。但是，高校科研机构技术转移现状却很难令人满意，存在着诸多问题。

（1）高校科研机构技术交易的规模增长缓慢

2001—2008 年，高校技术合同成交数由 29553 项减少到 29454 项，占全国技术合同成交数的比重由 12.87% 增长到 13.01%，平均占比为 13.14%。高校技术合同成交额由 86.40 亿元增加到 116.55 亿元，年平均增长速度达 8.45%，远低于全国 19.32% 的增长速度；占全国技术合同成交额的比重由 11.04% 下降到 4.37%，平均占比为 7.28%。

2011 年，全国技术合同成交数 256428 项，成交额 4764 亿元，高校技术合同成交额 248 亿元，仅占 5.2%，平均每项合同成交额 50 万元，仅相当于全国平均每项合同成交额的四分之一。高校技术合同成交额排名中，浙江大学以 11.3 亿元位居首位，其他依次为重庆大学、东南大学、四川大学、武汉理工大学、东北大学、天津大学、南京航空航天大学、北京航空航天大学和中国地质大学（武汉）。去年前十名中的华南理工大学、华中农业大学、南京理工大学的技术交易额均有所下降，其中，清华大学技术合同成交额仅 2.49 亿元，竟然跌出了排名前 20 位。

2001—2014 年，高校技术合同成交数由 29553 项增加到 54364 项，占全国技术合同成交数的比重由 12.87% 增长到 13.01%。高校技术合同成交额由 86.40 亿元增加到 315.14 亿元，占全国技术合同成交额的比重由 11.04% 下降到 3.67%（详见图 3-7）。

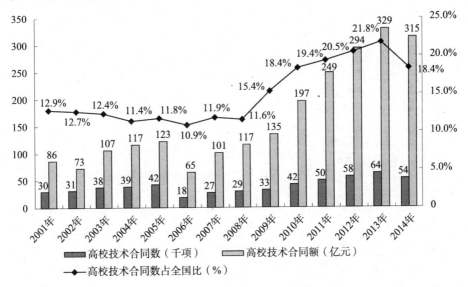

图 3-7　2001—2014 年全国高校技术交易趋势

2014 年，高校技术卖方机构 606 家，较上年减少 79 家。高校技术合同成交额排名中，东北大学跃居第 1 名，华中科技大学、中国地质大学（武汉）分别排第 2 名、第 3 名，浙江大学继续退居第 5 名，清华大学上升至第 14 名。

2001—2008 年，全国科研机构技术合同成交数由 56753 项减少到 44742 项，占全国技术合同成交数的比重由 24.71% 下降到 19.77%，平均占比为

21.70%。科研机构技术合同成交额由 181.64 亿元减少到 147.38 亿元，占全国技术合同成交额的比重由 23.21% 下降到 5.53%，平均占比为 13.85%。

2011 年，科研机构共签订技术合同 31666 项，成交额 260 亿元，占全国技术合同成交额的比重为 5.5%。

2001—2014 年，全国科研机构技术合同成交数由 56753 项减少到 29328 项，占全国技术合同成交数的比重由 24.7% 下降到 9.8%。科研机构技术合同成交额由 181.64 亿元增加到 458.8 亿元，占全国技术合同成交额的比重由 23.21% 下降到 5.4%（详见图 3-8）。

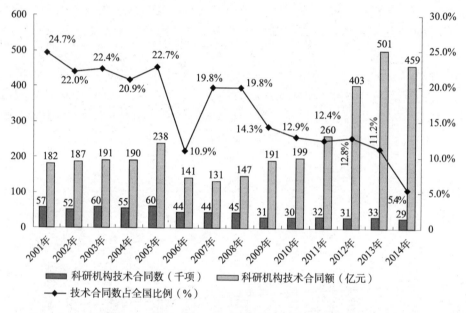

图 3-8   2001—2014 年全国科研机构技术交易趋势

（2）高校科研机构专利技术转让合同偏少，专利技术转让实施率偏低

2006—2008 年，全国科研机构专利技术转让合同由 47 项增加到 121 项，增长 1 倍多，累计 300 项，占全国技术合同总项数的比重为 0.05%；成交额由 1.44 亿元增加到 6.08 亿元，增长 3 倍多，累计 9.58 亿元，占全国技术合同成交总额的比重为 0.14%。

2006—2011 年，全国高校专利技术转让合同数由 53 项增加到 615 项，增长 10 倍多，累计 2060 项，占全国技术合同总项数的比重为 0.06%；成交额由 0.24 亿元增加到 3.20 亿元，增长 12 倍多，累计 23.2 亿元，占全国技术合同成交总额的比重为 0.04%。

截至 2007 年年底，中科院共计有效专利（在维持中）8488 件，占全部授权专利的 55.05%；失效专利 6701 件，占全部授权专利的 43.46%；放弃专利

6543 件，占全部授权专利的 42.43%；有 158 件专利终止专利权，占全部授权专利的 1.02%；其中，已转让专利技术 225 项，占全部授权专利的 1.46%，专利技术转让平均实施率 1.46%。

2001—2009 年，北京高校专利技术转让平均实施率为 2.26%（详见图 3 - 9）。

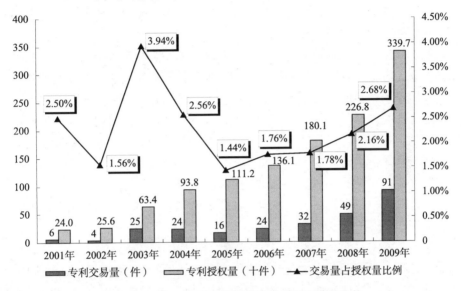

图 3 - 9 2001—2009 年北京高校专利技术转让趋势

根据教育部科技发展中心的调查，在 87 所被调查的高校中，有 50 所（占被调查高校的 57.5%）未实施的专利占 90% 以上；粗略估计，高校整体未利用的专利占 82% 左右。

（3）高校、科研机构投入产出比例的偏低

全国 30 所重点高校投入产出的比较。2006—2008 年，全国 30 所重点高校研发经费（R&D）共计 5800935 万元，研发课题 211400 项，专利申请 31925 件，专利授权 16493 件，技术转让合同成交数 1167 项，技术转让合同成交额 71777.05 万元。经测算，高校获政府 R&D 投入与技术服务的投入产出比为 100∶1.24。

北京地区高校、科研机构、企业投入产出的比较。2001—2007 年，北京地区高校和科研机构，获得政府科技经费与技术服务的投入产出比为 100∶20.6。其中，高校获得政府科技经费与技术服务的投入产出比为 100∶22.8；科研机构获得政府科技经费与技术服务的投入产出比为 100∶20.2。企业获政府科技经费与技术服务的投入产出比为 100∶1220.0。

数据表明，以国家科技经费投入与技术服务产出的投入产出比较来看，企业的投入产出比，是高校科研机构的 60 倍左右。在社会科技服务方面，高校、

科研机构蕴藏着极为巨大的研发服务发展空间。

相关统计和调研表明，国家战略需求与高校科研机构实际贡献存在三大不匹配：一是大量公共财政投入形成的技术成果，与其实际应用并产生的社会经济效益不匹配；二是高校科研机构创新的动力与活力，与其科研能力与创新潜力不匹配；三是目前高校科研机构在国家创新体系中发挥的作用，与国家创新驱动发展战略的要求不匹配。

究其原因，在于高校、科研院所技术转移的积极性尚未调动起来。高校技术转移缺乏考核指标，认为高校不应该从事科技成果产业化。高校教师和科研人员完成科研项目的主要目的是为了出论文、评职称，较少关注技术转移和为企业服务。技术转移机构责权利不明确，部分高校、科研机构只负责本机构专利技术的申请、保护等管理工作，在对专利实施效果进行后续跟踪和利用专利技术的转移扩散，为高校、科研机构提供增值服务方面能力不足、人员缺乏。加之政出多门，使得高校、科研机构科研成果作价入股在产权界定、评估作价、收益分配、审批程序、股权退出、企业上市等环节存在诸多政策性障碍。

2. 中小企业活跃程度不高

全国技术交易额大于 1000 万的技术合同所占比重高，产业处于绝对集中状态。这样，不仅会造成大企业实力增强和市场份额不断增加，同时也限制了小企业的发展，造成小企业活跃度不高的问题。对于技术交易产业的发展而言，不利于企业的自由进出，不利于形成更好的竞争环境，会限制产业的深入发展。事实上，技术交易产业需要一批有活力的高科技小微企业参与其中，它们不仅是以技术交易为主营业务的产业主体之一，而且具有较大的灵活性和适应性，对技术交易产业的发展具有不可忽视的作用。

3. 科技创新主体相互脱节

政府部门只管投资，不管收益；高校与科研院所只管研发，不管产业化；而企业只能管科技成果的产业化，对技术的投资和研发方向都无法制约。更为严重的是，对科研人员来说，由于不能分享科技成果产业化的收益，只管拿钱干活，他们对科技成果产业化的积极性并不高。最终导致政府、科研院所、企业和科研人员似乎都该对科技成果的产业化负责，但又都不负责。

我国自主创新和科技成果产业化存在着重大制度障碍。一方面，由于传统计划经济体制的延续，科研人员积极性不高，科研项目开花多结果少，产出数量严重不足；另一方面，由于缺乏全国性技术交易平台，科研单位寻找买家成功率很低，造成大量科技资源浪费。国家对科研投入巨大，投入产出数量失衡。高校、科研院所的科研项目经费 70% 以上来自政府，为了得到政府资助，他们更多是对政府负责而非对市场负责。科研项目的结题，多是由政府主管部门组织学术专家验收，科研项目的立项、研制和结题全过程都与产业化主体企业相脱离。同时，由于缺乏技术交易发现、培育、评估体系，高校和科研机构的技术供给潜力得不到深入挖掘。

4. 各地产学研协同创新程度发展不平衡

2006—2014年，全国企业吸纳高校科研机构技术合同成交数由44900项增加到54340项，技术合同成交额由136.7亿元增加到509.6亿元，呈较快增长态势（详见图3-10、图3-11）。

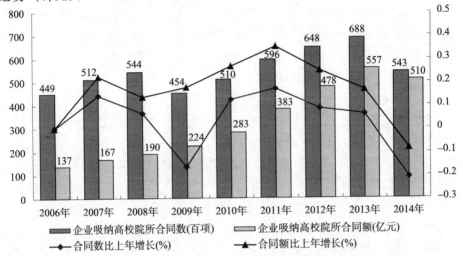

图 3-10 2006—2014年全国企业吸纳高校科研机构技术合同趋势

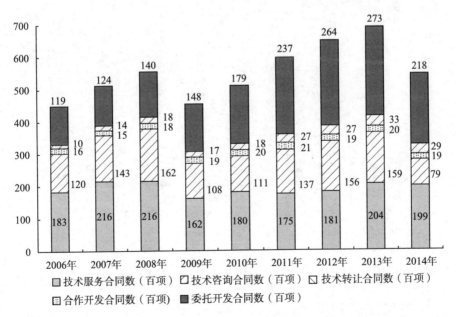

图 3-11 2006—2014年全国企业吸纳高校科研机构技术合同数趋势

全国产学研协同创新程度趋势呈现出以下特点：①全国企业吸纳高校科研机构技术合同数缓慢增长，技术合同额较快增长；②委托开发合同数较快增长，技术转让合同数缓慢增长；③企业吸纳高校技术合同数较快增长，吸纳科研机构技术合同数缓慢下降；④各省市企业吸纳高校科研机构技术合同数排名前 10 位的是：江苏省、浙江省、广东省、北京市、上海市、辽宁省、山东省、河北省、四川省、天津市；其中江苏省遥遥领先。

数据显示，产学研协同创新机制还未最终形成，企业、高校、科研机构之间各自为政的状况还未得到根本改变。产学研协同创新各地区发展极不平衡，产学研协同创新程度与经济发达程度基本呈正相关关系。

（二）技术市场客体的管理未充分放开

1. 科技计划项目成果技术交易额占比下降

全国各级政府科技计划项目成果通过技术市场转移的规模有所扩大，但占全国技术合同成交额的比重呈下降态势。

2001—至 2014 年，全国各级政府科技计划项目成果产出技术合同通过技术市场转移的成交数，由 33302 项增加到 41239 项，占全国技术合同成交数的比重由 14.50% 下降到 13.88%。科技计划项目产出技术合同成交额由 145.99 亿元增加到 1331.83 亿元，占全国技术合同成交额的比重由 18.65% 下降到 15.33%（详见图 3-12）。

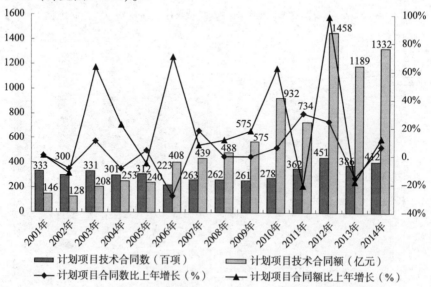

图 3-12 2001—2014 年全国政府科技计划项目技术交易趋势

与此同时，2001—2014 年，全国各级政府科技计划项目成果产出技术合同通过技术市场转移的成交特点有：一是国家级项目技术合同成交额缓慢增长；二是部门级项目技术合同成交额稳步增长；三是省、自治区、直辖市及计划单列市项目技术合同成交额快速增长；四是地、市、县项目技术合同成交额较快增长（详见图 3 - 13）。

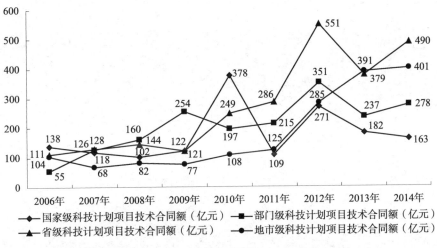

图 3 - 13　2006—2014 年全国各级政府科技计划项目技术交易趋势

2. 知识产权交易状况令人担忧

2006—2014 年，全国技术合同成交数知识产权构成的趋势，专利技术合同数占全国技术合同数的比重呈缓慢增长态势；其他知识产权类合同数占比呈较快增长态势；技术秘密合同数占比呈缓慢增长态势；未涉及知识产权合同数占比呈快速增长态势（详见图 3 - 14）。

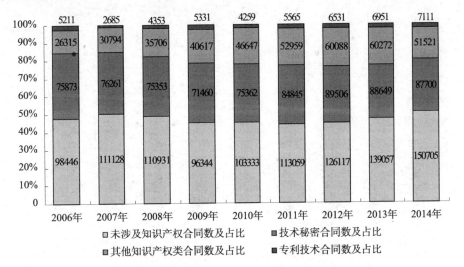

图 3 - 14　2006—2014 年全国技术合同成交数知识产权构成趋势（单位：项、%）

2006—2014 年，全国技术合同成交额知识产权构成的趋势。专利技术合同额占全国技术合同额的比重呈缓慢增长态势；其他知识产权类合同额占比呈缓慢下降态势；技术秘密合同额占比呈较快下降态势；未涉及知识产权合同额占比呈较快增长态势（详见图 3－15）。

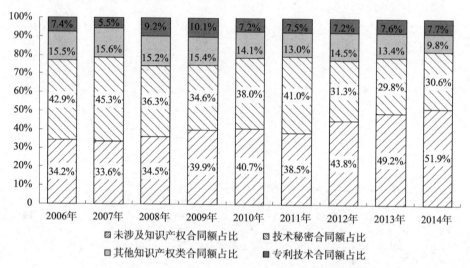

图 3－15　2006—2014 年全国技术合同成交额知识产权构成趋势

2006—2014 年，全国专利技术转让合同规模呈缓慢增长态势。专利技术转让合同数由 1145 项增加到 3577 项，占全国技术合同总数的比重由 0.56% 增长到 1.20%；专利技术转让合同额由 67.62 亿元增加到 229.56 亿元，占全国技术合同总额的比重由 3.72% 下降到 2.68%（详见图 3－16）。

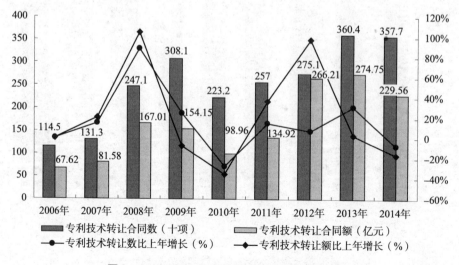

图 3－16　2006—2014 年全国专利技术转让趋势

（三）技术市场服务的水平较低

1. 技术服务能力欠缺

当前，技术服务的需求日益高端化、综合化、国际化，而技术服务的提供则是低端化、单一化、一般化。技术卖方与买方项目对接成本较高，成功率较低。正规经营且有能力的技术转移机构不多。国家技术转移示范机构的示范作用不强，市场化技术转移机构生存能力堪忧。

2. 技术转移队伍人才匮乏

技术转移从业人员素质低、能力差，缺乏专业技能培训，高端人才极度匮乏。截至 2013 年年底，国家技术转移示范机构共有从业人员总数 29462 人，其中获得技术经纪人资格的有 1821 人，占机构从业总人数的 6.18%。

（四）技术市场的法律政策体系不完善

经过 30 多年的历程，我国技术市场法律规范的基本框架虽已建构，但由于关于技术市场的法律规定过于原则、规范之间相互矛盾冲突、立法层次过低、立法滞后、缺乏灵活性等问题，严重影响了对技术市场相关社会关系的法律调控，同时也影响了国家创新体系的创新效率。其存在的问题可从立法、执法、司法几个方面加以分析。

1. 技术市场的立法

我国现行立法体制是"一元二级多层次多分支"的结构体系。所谓"一元"是指我国立法是在统一宪法下、统一由最高权力机关规范的活动，即只有一个立法核心，是一个统一体系。所谓"二级"是指根据宪法规定，我国立法分为中央和地方两部分，地方立法从属于中央立法。所谓"多层次"是指无论中央立法还是地方立法中又都存在不同层级的立法。所谓"多分支"是指在权力机关的立法之外，还存在行政机关的立法、特别行政区的立法、经济特区的立法等。对于技术市场的立法，同样在我国现行立法体制之下，在现有技术市场法律规范的问题上可以主要从法律形式、规范内容及法律效力这几个方面进行分析。

（1）在法律形式上

① 立法层次低，缺乏全国性技术市场的基本法

在我国，技术作为一种特殊商品进入市场已经有 30 多年的历史了。在这期间，全国各地出台了不少地方性的技术市场条例，如《北京市技术市场条例》《上海市技术市场条例》等 60 余部地方性法规，但因各地情况不同，规范各地具体的地方性技术市场条例各有不同，也不完善。尽管我国已经颁布和实施了《科学技术进步法》与《促进科技成果转化法》，但由于在国家层面上立法的缺位，导致各地的技术市场监管不统一、交易行为不规范，技术交易双方的权益无法得到有效保护，增加了技术交易的风险成本。

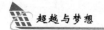

② 涉及技术市场的法律条款分散、杂乱，缺乏统一体系

在我国目前调整技术市场的法律体系中，有关技术市场的规定分散于《合同法》《科学技术进步法》《促进科技成果转化法》以及大量的地方性法规与部门规章中。比如《合同法》具体规定了技术合同、技术转让合同及技术咨询与服务合同，《科学技术进步法》第 27 条规定："国家培育和发展技术市场，鼓励创办从事技术评估、技术经纪等活动的中介服务机构，引导建立社会化、专业化和网络化的技术交易服务体系，推动科学技术成果的推广和应用。技术交易活动应当遵循自愿、平等、互利有偿和诚实信用的原则。"由于我国现行技术市场的立法总体上比较零散，也由于政出多门，这些部门规章与地方性规范部分条款之间出现效力重叠问题，缺乏全国统一的立法规划，没有形成体系的基础法和配套法规，不能为技术市场的实际执法提供统一的法律依据，一定程度上还影响了技术市场的发展，不利于新技术的推广与应用，也妨碍了技术创新的积极性。

③ 法律用语不规范

在我国有关技术市场的立法中，由于立法者对科技规律和科技术语以及法律术语的了解不够与立法技术上的欠缺，在一定程度上存在用语不规范的问题。例如："经常使用""应该""不适当"等模糊不清的语言出现在法律条文中。如 1996 年 5 月 15 日通过的《促进科技成果转化法》（下同）第十四条规定："国家设立的研究开发机构、高等院校所取得的具有实用价值的职务科技成果，本单位未能适时地实施转化的，科技成果完成人和参加人在不变更职务科技成果权属的前提下，可以根据与本单位的协议进行该项科技成果的转化，并享有协议规定的权益。该单位对上述科技成果转化活动应当予以支持。"该条款中的"适时地"就体现了法律用语的不规范。

（2）在法律规范内容上

由于对技术市场中的一些基本问题缺乏法律规范，制约了技术市场的发展。从涉及技术市场的法律规范的内容上看，主要存在以下的问题：

① 部分条款规定宽泛、原则，缺乏明确性

我国规范的技术市场法律法规规定过于原则，缺乏明确性而不便实施。在技术市场的法律法规中，有大量的行为规范停留在口号、纲领、政策的层面上，有的则只有行为模式而无法律后果。在《促进科技成果转化法》与《合同法》中，仅仅是对技术成果转化的基本原则、技术市场中技术交易活动的范围、技术中介机构的义务和相关责任、技术合同的类型等做出规定。如2007 年 12 月 29 日通过的《科学技术进步法》（下同）第 3 条第 2 款规定："全社会都应当尊重劳动、尊重知识、尊重人才、尊重创造。"该条款就属于"口号式"的规定，使得该条款无法具体实施，也就仅仅停留在口号的层面。

再如《促进科技成果转化法》第 7 条规定："国家通过制定政策措施，提倡和鼓励采用先进技术、工艺和装备，不断改进、限制使用或者淘汰落后技术、工艺和装备。"该条款就以鼓励与倡导性的形式对先进技术做出规范，所有这些对技术市场进行规范的法条，多数仅进行了原则性、倡导性的规定，导致这些条款规定过于宽泛、笼统，从而缺乏明确、细致的规范。

另外关于"优惠"的规定，多是原则性、概括性的，至于由哪些部门具体来负责实施、落实优惠措施，则无明确、强制性的规定。如信贷方面的优惠规定，执行、遵守的部门是金融单位，而金融机构是垂直管理，对于地方上的事务不愿自觉地、充分地实施，并且又不能强制其履行，在不配合履行时，又难以追究其责任。缺乏操作性主要表现是义务（职责）主体不明确，义务内容不明确，或者仅有实体性规定、缺乏程序性规定等。

② 技术市场基本内容规范缺失，出现空白

《促进科技成果转化法》对"科技成果转化"予以法律定义。在我国已有的、有效的法律中只是规定了技术市场中的某些行为如技术转让、技术咨询等，或技术市场的某一阶段如科技成果转化做出了明确的法律规定。但是对于技术商品的产权界定、对技术市场中技术商品交易行为的规范、技术市场的交易目的、如何对技术市场交易全过程进行监管等，涉及技术市场的基本内容均没有明确的法律规定，出现法律调整的空白区，从而造成目前技术市场的一些虚假技术交易、侵犯知识产权现象等日益突出；多数技术交易机构单打独斗很难形成互动，导致无序现象突出；技术市场过度自由化所带来的技术安全、危机管理和信用体系也存在重大隐患。

③ 技术转移法律规范的缺失

技术转移是技术市场活动的重要内容，也是技术市场的主要表现形式。技术转移在不同地区与国家的进行，推动了技术市场的发展。技术的输出与技术的输入，是技术转移的主要表现形式。一个国家对于高技术的出口，无论是出于经济的、政治的还是军事的目的，一般都采取限制政策。2013 年 3 月深圳市人大常委会颁布《深圳经济特区技术转移条例》，深圳市虽对技术转移颁布地方性法规，但该条例并未对限制进口和出口的技术做出明确规定。而所有这些都需要法律法规做出统一、明确、具体的规范，从而在技术转移的种类选择、内容选择、渠道选择上适时调整自己的技术引进和技术出口。做到本国的先进技术，始终掌握在自己手中而不流向国外，同时也应限制外国的某项技术对国内基础行业带来冲击与安全危害。只有法律做出明确规定，才能保证我国在国际技术市场发展中不断壮大自己的技术实力，以实现从技术输入国地位向技术输出国的地位转变。

④ 技术交易服务中介的法规缺失

为技术交易提供技术信息、技术论证、技术评估、技术经纪、技术产权交易、技术招标代理等服务，是我国技术交易中介服务机构的主要职责，在技术市场中起着重要的作用。在现有规范技术市场的法律体系中，技术交易服务中介组织主要是通过《科学技术进步法》《促进科技成果转化法》中的部分条款以及部门规章等做出规范规定。如《科学技术进步法》第 27 条规定："国家培育和发展技术市场，鼓励创办从事技术评估、技术经纪等活动的中介服务机构，引导建立社会化、专业化和网络化的技术交易服务体系，推动科学技术成果的推广和应用。技术交易活动应当遵循自愿、平等、互利有偿和诚实信用的原则。"该法仅从原则性方面规定了国家鼓励创办技术中介服务机构和建立多方位的技术交易服务体系。仅有可数的法律条款，与迅猛发展的各类中介组织形成严重的不协调，使得中介组织的发展缺乏有序法律的规范。例如，在技术价值评估方面，科技部火炬中心调研显示近年来，我国从技术市场向发达国家输出技术增势显著，主要集中在电子、新能源、数字音视频、通信、软件著作权等。由于现行规范科技中介组织的法律规范缺失，也没有自主价格评估体系与管制规则，输出技术的价格基本上都是国外评估机构在操作，而我国的评估机构就丧失了话语权。造成这种境况出现的原因固然有很多，但中介组织法律规范的缺失是其中的一个重要因素。

现行规范仅仅提出了发展技术交易服务中介机构的原则、完善中介服务类别，由于我国没有建立技术咨询、评估和技术经纪人等相关服务中介组织的法律规范，客观上对技术交易服务中介组织缺乏完备的法规和统一的管理部门，因而只有实施有序法律监督管理，才能保证技术交易服务中介组织健康快速发展。

（3）在法律效力上

① 某些法律条款滞后

随着经济、社会的发展，技术市场自身发展过程中出现了一些新情况和新问题。技术交易主体、技术交易内容以及技术交易方式，与前几年相比，有了较大变化：出现了技术承包、技术入股、技术招投标、涉外技术交易、技术产权交易、网络电子技术交易等形式；中介服务薄弱、信息渠道不畅、交易手段落后、执法力度不强等问题也亟待解决。比如，目前我国已有 40 多家技术产权交易机构，但是技术产权交易的法律地位在现行法律中却没有明确规定。由于对这些新情况缺乏有效指引并缺乏适度的超前性，导致调整上有空白，存在落后、迟滞现象。技术市场发展过程中的新情况、新问题需要立法予以规范。

由于科技发展变动以及在社会中的应用，产生了许多新的社会关系需要法律调整。随着原子能技术、信息技术、生物工程技术、海洋技术等的发展，产生了相应的社会关系需要科技法的调整。如核污染的处理，国家信息安全，基因安全的保护，海底资源的勘探与开发等都需要法律的调整与规范，为高新技术产业的发展提供法律支撑和有效控制。发达国家的立法机关，近年来就非常重视高科技领域的立法问题，而我国在这样一些高新技术的研究及高新技术产业的发展方面，却缺乏相关立法，使得这些方面出现了法律调控的空白。

②法规之间矛盾冲突现象严重

在我国涉及技术市场法规、规章的制定者众多。除全国人大常委会制定的法律以外，科技部、财政部、国家工商管理局等各部、委、局具有立法权的机构，均可在其职权范围内对技术市场有关的社会关系做出规范性规定。这些大量的政策文件与条例，由于制定者不同，其关注的侧重点也各有不同，导致相互冲突、效力重叠等问题。主要表现为地方性法规之间存在冲突、部门规章之间存在冲突、地方性法规与部门规章之间存在冲突等。

如仅就技术市场条例的适用范围而言，《北京市技术市场条例》第2条规定："自然人、法人和其他组织在本市行政区域内从事技术开发、技术转让、技术咨询、技术服务等技术交易活动以及其他与技术市场相关的活动，适用本条例。"《上海市技术市场条例》第2条规定："公民、法人和其他组织在本市从事技术交易和技术交易服务，适用本条例。技术交易包括技术开发、技术转让、技术咨询、技术服务等交易活动。技术交易服务包括技术交易场所服务、技术交易经纪服务、技术交易咨询服务、技术评估服务、技术信息服务等。"这两个条款均是规范其适用范围，但《北京市技术市场条例》明显比《上海市技术市场条例》的适用范围更广一些，主要表现为：第一，主体上自然人比公民的范围更大，如同样一个外国人，他在北京可以进行技术交易活动，但在上海则不可以；第二，在客体上，"技术交易活动及与技术市场相关的活动"比"技术交易和技术交易服务"的范围更广。而对于适用范围，《广州市技术市场管理规定》第2条则规定："凡在本市行政区域内从事技术贸易活动的单位和个人均应遵守本规定。"这些不同的技术市场地方性法规对适用范围做出了不尽相同的规定，造成同一人或同一行为，在不同的地方会导致不同的法律后果，这种各个法规之间的矛盾冲突不利于规范技术交易行为，严重影响了我国技术市场法律体系的整体性，同时也加大了公众适用法律的难度，还影响了政府的公信力。

③缺失责任追究条款

任何一种法律规范的行为模式，尤其是应为模式和勿为模式，都应该有其相应的违法后果的规定。否则，法律规则就是不完整的，是模糊不清的，最终将使人们无所适从。以《科学技术进步法》为基础的法规体系中，法律责任的设定较少，仅仅规定了关于挪用、贪污、克扣科技经费和虚报科技成果、科技项目的法律责任，其他与科技有关的违法责任都没有涉及。科技法没有涉及科技人员基于社会各种诱发因素而出现的冲破科技道德、伦理界限的违规行为应当承担的法律责任问题。

对违反技术商品交易原则的处分、对因技术市场活动行为不当导致道德缺失，造成环境破坏等问题，调整力度不够，缺失法律上的责任追究条款，缺乏严格可操作的法律规范，缺乏法律约束，导致在政府对技术市场的宏观管理和规划、计划、组织协调等问题上，出现的道德失范，有的地方使用不适当的行政干预组织技术市场活动，有的地方在技术合同登记上弄虚作假等情况时有发生。

法律责任不明，难以起到真正地促进与保障技术市场发展的法律作用。例如，《自然科学奖励条例》及其"说明"，对重大科技成果规定了奖励办法，并且有具体规定，算得上比较详尽。但是，如果奖励委员会、评审专家和工作人员不按规定"认真负责""秉公办事"而徇私评奖怎么办？该条例对此则没有做出处罚规定。这样的"条例"作为法律规定，是有严重缺陷的。近年来，反映强烈的对评奖中弄虚作假的控诉时有发生，也就不足为怪。必要的责任追究机制是保障法律权威性和强制性的要求，因此要靠国家强制力才能保证实施并明确违法的行政责任，制定行政制裁的办法。要建设创新型国家，大力推进科技创新，就要强化技术市场立法中关于法律责任的规定。

2. 技术市场的执法

执法在法制建设中具有十分重要的作用，如果法律不能得到有效执行，就失去了其存在的价值和意义。美国当代法学家博登海默也指出："如果包含在法律规则部分中的'应然'内容仍停留在纸上，而并不对人的行为产生影响，那么法律只是一种深化，而非现实。"执法，是法律实施的重要组成部分和基本实现方式。执法有广义和狭义之分。广义的执法，是指一切执行和适用法律的活动，包括国家行政机关和法律授权、委托的社会组织及其公职人员，以及司法机关及其公职人员，依照法定职权和程序贯彻实施法律的活动。狭义的执法，专指国家行政机关和法律授权、委托的社会组织及其公职人员依法行使管理职权，履行职责，实施法律的行为，即"行政执法"。

我国技术市场的执法上存在以下主要问题：一是管理部门乱，职责不清；二是缺乏对技术市场的监管；三是执法队伍素质参差不齐。

3. 技术市场的司法

司法，又称法的适用，是指国家司法机关依据法定职权和程序，具体应用法律处理案件的专门活动。司法的目的，是保证法律规范的实施和法律的实现。从我国技术市场的司法过程中看，主要存在的问题有以下几点。

（1）法律适用不统一

在司法实践中，随着逐年上升的技术贸易纠纷的增多，由于规范技术市场的法律数量少，所调整的技术市场关系面比较窄，大量的技术市场法律关系由行政法规和部门规章调整，如科技园区的管理规范等，则完全由地方立法调节，还有一些科技社会关系如科技项目规划等，靠政策调节。技术市场的地方性法规在不同地域间的法律规范差异性大，导致各地对技术市场监管不统一、交易行为不规范，使得在司法实践中民众对适用法律的无所适从。各地方标准不统一，法律适用的不统一，导致跨区域的技术交易纠纷不能得到很好的解决，技术交易人的权益无法得到有效保护，增加了技术交易的风险成本，影响了技术市场的进一步规范与发展。

（2）滥用限制性条款

《最高人民法院关于审理技术合同纠纷案件适用法律若干问题的解释》｛法释【2004】20 号｝第 10 条的具体规定"非法垄断技术、妨碍技术进步"可被概括成以下 6 种情形，即限制后续改进技术、限制技术来源、限制技术合理实施、不合理搭售、不合理限制物资采购、限制知识产权有效性质疑。在 2004 年 4 月 6 日修订通过的《对外贸易法》第 30 条，又增加了一项新的禁止事项，即强制性的一揽子许可。尽管在现实的技术交易实践中，技术转让合同中的限制性做法远远不止上述 7 类，但由于在我国的相关合同立法中，都不存在兜底性条款，因此，现行立法所认可的"非法垄断技术、妨碍技术进步"的行为大致表现为这 7 类，在限制范围上较为有限。在这些合同被认定为无效后，会出现如下的具体法律后果：双方返还财产、不能返还时折价赔偿，并依一方或双方过错的具体情况来承担赔偿责任。很显然，这里的法律后果主要是补偿性的民事赔偿责任，至于是否会同时引发相关的行政责任甚至是刑事责任，现行法的规定基本上是空白。因而，从法律责任的设定来看，我国法律的惩罚力度不够。

让与方为了保持技术上的垄断地位，有可能利用受让方对先进技术的迫切需要，滥用知识产权垄断地位，将不合法的限制性条款强加给受让方，使得双方的权利义务处于不平等的地位。这样不仅给受让方带来巨大的风险，而且也严重阻碍了技术市场的发展。

（3）技术合同存在不确定风险

由于技术具有秘密性、知识性和时间性的特点，技术转让合同与普通的货物买卖合同相比存在更大的风险。如何降低技术转让双方的风险，以保证技术转让合同顺利的签订和履行，应是研究技术转让合同考虑的重点问题。我国法律对技术转让合同中出现的风险及其责任的承担没有做出规定，仅仅是对技术开发合同出现的风险及其责任做出了较为笼统的规定，即"没有约定或者约定不明确，风险责任由当事人合理分担"。当技术转让合同中出现风险时，司法实践中会援引技术开发合同中有关风险责任的规定来处理，或者根据违约责任条款追究当事人的违约责任，或者引用不可抗力条款免除当事人的民事责任。这样的处理原则，在解决技术转让合同纠纷问题上显得过于牵强，违背了公平、正义的原则，从长期来看不利于技术转让交易的发展。

（4）技术交易纠纷解决难

在我国改革开放的初期，由于在职务与非职务的问题上界限不清，加上对技术商品、技术市场、技术成果的权益问题缺乏法律上的科学规范，以及司法机关工作人员在司法实践上的经验不足，导致因转让技术成果而引发的许多冤假错案。全国出现的类似的司法案件多达上百起，涉案人员达上千人，这在客观上严重挫伤了科研人员的积极性。因而，对技术成果的权属从法律上给予明确的界定，对技术市场的发展同样起着重要的作用。

科技类的官司难打。技术合同一旦发生纠纷，因专业性强更复杂，解决起来旷日持久，少则一年，多则三五年，往往占用太多的时间和精力。特别是进入诉讼程序后，情况更甚，即使最后胜诉，也得不偿失。

复合型人才缺乏。通过对司法人员进行科技和法律知识的综合系统培训，增强司法工作人员的科技意识，提高业务素质和办案水平，培养懂技术、懂法律的复合型高素质的司法人才，为技术市场的发展提高司法支持和法律保障。

综上所述，我国技术市场法律规范中存在诸多问题。在十八大的报告中提出实施科技创新战略，在加快实施科技创新实施过程中将会遇到上述问题。因此，构建我国技术市场法律法规体系，是市场经济发展的要求，迫在眉睫。

（五）技术市场管理缺位且作用未充分发挥

1. 技术市场管理与监管问题

技术市场管理是一项综合性的管理工作，涉及工商、财政、税务、审计、物价、银行、海关等多部门。在政府各部门对各类科研机构和科技创新活动实施的管理行为中，由于缺乏规范技术行政管理行为的法律规范，使得无法可依或法律依据不足的现象相当普遍。如《北京市技术市场条例》第6条规定："市科学技术行政部门是本市技术市场的主管部门，北京技术市场管理办公室在市科学技术行政部门的领导下，具体负责技术市场的管理、监督工作。区、县科学技术行政部门按照管理权限负责本行政区域内的技术市场管理工作。"第7条规定："市工商行政管理、技术监督、外经贸、财政、税务、物价、统计、审计、知识产权等部门，应当依据国家有关法律、法规和本条例的规定，按照各自的职责协同做好技术市场管理工作，在财政、税收等方面扶持技术市场的发展。"该条例规定了技术市场的管理监督部门与协同管理部门，但因科学技术行政部门与各协同管理部门均属同级别的行政部门，且缺乏相应的行政权，并不能真正发挥监督职责。同时，各个具有行政处罚权的部门均依据各自的，缺乏明确的管理权限的划分，可能出现政出多门、相互矛盾的现象；也可能出现"铁路警察各管一段"的现象，造成技术市场的管理脱节。

技术市场管理涉及多部门，但现行法律对大量与技术市场活动有关的利益关系缺乏相应的法律调整，对违反技术商品交易原则的处分、对因技术市场活动行为不当导致道德缺失，造成环境破坏等需要规范的技术市场内容，在法律、法规中还没有具体规定，从而出现立法上明显的空白或漏洞，造成法律体系上不完备。

技术市场是一种过程，也是一种活动，更是一个系统。对技术商品、技术转移等给予法律规范，对其活动进行系统管理，对技术商品交易交换的过程加以规范，才能使技术市场得以顺畅运行。

技术市场管理监督体系创新乏力。就国家层面上看，技术市场管理监督体系缺位，不仅没有技术市场管理执法队伍，而且没有相应的法律法规赋予其管理监督权限，管理监督体系处于严重缺位状态。管理监督体系应不断探索创新，寻找新的服务和管理的方式、方法。

（1）管理部门乱，职责不清

我国现行技术市场管理体制，是由科学技术部（简称科技部）直属的火炬高技术产业开发中心及地方各级科学技术厅、局中设技术市场管理办公室，负责对技术市场进行归口监管。同时，技术市场行政执法，是各级技术市场管理机关依照法律、法规、规章赋予的职权所进行的技术市场管理，并对违法行为进行处罚的具体行为。由于技术市场行政执法对象，是各类技术贸易机构及其从业人员的经济活动，而这一对象是一个综合体，因而具有复杂性；同时技术市场管理是个综合管理的过程，对违法行为可视情节给予警告、罚款、吊销许可证等行政处罚措施。

因为财政、工商、税收等多部门具有行政执法权，又由于法律未明确界定各部门之间具体的职责分工、权利、义务，所以各管理部门或过分行政干预，或放任自流。加之各技术市场管理机构之间的配合不完善、分工不明确，导致政策法规变样走形，违法的行为得不到有效制止，很容易造成各部门之间互相推诿、扯皮，形成"谁都该管"或"谁都不管"的局面，不利于对技术市场的管理。

（2）缺乏对技术市场的监管

政府对技术市场的统筹和监管出现严重缺位。1998 年之后，科技部撤销了科技成果管理司，随后又把中国技术市场管理促进中心与其他机构合并，技术市场统筹管理逐渐弱化。主要体现在：技术市场的监管体系不健全，一些虚假技术、侵犯知识产权现象等日益突出；多数技术交易机构单打独斗很难形成互动，导致无序现象突出；技术市场过度自由化所带来的技术安全、危机管理和信用体系也存在重大隐患。科技部对技术市场的监管，与国务院其他部门对要素市场的监管相比，存在着不小的差距。尤其是，科技部对技术市场监管机构的缺位，直接影响到监管的效率和效果（详见表3-3）。

表3-3 国务院要素市场管理机构设置情况

机构类型	单位名称	设立部门名称	行政级别
国务院组成部门	人力资源与社会保障部	人力资源市场司	司局级
	住房和城乡建设部	房地产市场监管司	司局级
	农业部	市场与经济信息司	司局级
	商务部	市场体系建设司	司局级
	文化部	文化市场司	司局级
	中国人民银行	金融市场司	司局级
	工业和信息化部	电信管理局市场管理处	处级
	国家发展和改革委	经济体制综合改革司产业与市场体制处	处级
	国土资源部	土地利用管理司市场处	处级
	交通运输部	公路局建设市场监管处 水运局建设市场监管处	处级
	国家旅游局	旅游促进与国际合作司市场调研处	处级
	水利部	建设与管理司市场监管处	处级
国务院直属机构	国家工商行政管理总局	市场规范管理司	司局级
	国家知识产权局	专利管理司市场管理处	处级
	国家广播电视电影总局	电影管理局市场管理处	处级
国务院直属事业单位	中国证券监督管理委员会	市场监管部	司局级

（3）执法队伍素质参差不齐

在我国技术市场的执法、执法的监督检查和法律人才的培养上存在一些缺陷。在现有的技术市场的法律规范中，有的应该规定负责实施的主管部门而没有明确规定，有的虽然规定了负责实施的主管部门却没有及时组建符合要求的执法队伍，但由于技术市场管理人员、行政执法人员队伍数量不够，整体素质偏低，各级行政管理部门依法行政的能力较弱。同时，因缺乏法律意识，也没有受过专门技术市场方面的法律法规培训，导致执法人员办案效率低下，执法队伍素质参差不齐，从而存在有法不依、执法不严、执法不到位的现象。技术市场职业道德缺失，是指当事人在技术市场的活动中，不恰当地行使权力，不履行自己应尽的义务的一种行为。技术市场的法制建设，迫切需要一批既懂科技又懂法律的复合型人才。

2. 技术市场信息化建设问题

全国技术交易庞大的信息数据未能充分利用，对大数据的挖掘缺乏必要的技术支撑。信息网络服务体系在提供基本信息、统计、登记等服务的同时，需要不断增加新的功能。

3. 技术交易制度尚不完善

目前，对技术创新和技术转移的鼓励政策体系中，缺乏对技术买方的鼓励政策。现行优惠政策大多是以技术成果和技术卖方为主，虽然强化企业技术创新主体的地位，但是忽略了科技成果产业化的末端。因此，技术市场政策体系应该注重核心政策的深化，由促进、鼓励技术卖方转向鼓励技术买方积极购买技术成果。

4. 技术市场的决定性作用尚未充分发挥

目前，技术市场的发展在一定程度上依靠优惠政策支持。优惠政策大多是以技术成果和技术卖方为主，缺乏对技术买方的优惠政策。因此，没有形成技术需求拉动技术供给、技术买方市场拉动技术卖方市场的有效机制。市场的基础性作用发挥不明显，技术市场的科技成果多种渠道发现机制仍未建立，科技产品价值的多种因素评价机制仍然缺位，科技成果的多种途径培育方式需要深入探索，以政府为主导的多种主体促进科技成果转化机制有待完善。

技术市场与资本等要素市场的有机结合不充分，多层次多元化的科技投融资市场体系缺失。技术市场与人才市场的融合，尚未提到议事日程。技术产权交易市场尚未真正形成。

导致市场决定性作用尚未充分发挥的因素是多方面的。市场的诚信机制尚未建立，科技创新成果供需矛盾依然突出，是两个重要原因。技术市场存在较大的信息不对称性和较高的交易成本，需要较为完备的市场诚信机制作为基础。但是，目前技术市场仍未建立系统性的市场诚信机制。技术交易诚信基本上靠技术交易相关主体的自律、行业协会治理、技术交易管理部门执法三个途径来实现。但是，由于技术交易主体的经济人趋利属性，加之技术商品的信息不完备性和其属性显现的长期性，使得主体机会主义泛滥，自律的作用非常有限。行业协会要么是松散的自发组织，要么是政府的派生机构，使得行业协会治理也形同虚设。此外，技术交易管理部门对技术交易进行监督和管理，于法无据。

科技成果产业化链条大致可分为四个阶段，即科技研发阶段、成果转化阶段、市场导入阶段和产业化阶段。从表面看来，技术市场处于科技成果转化和市场导入阶段，实际上，技术市场与科技研发和产业化阶段紧密相连、环环相

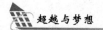

扣，其前端和后端环节直接关系到科技成果转化的效果。技术交易产业与其前端的供给产业之间的对接，仍处于较为初级的自发阶段，还未能形成有意识、有目标的技术搜寻和供给机制。再加之技术交易信息系统没能覆盖和吸引大多数技术生产，这难以全面反映实际的技术情况。这些都造成技术市场中，科技成果供给与需求不符，供需矛盾突出。

5. 缺乏专门的技术市场研究队伍

由于缺乏专门的技术市场研究机构和相应的研究队伍，技术市场理论研究处于自发状态。理论界尚未对技术市场实践进行深入的总结和概括，导致政府和产业界对技术市场的本质和功能的认识不清晰，对技术市场的发育和规律探索仍处于初级阶段（技术市场不太成熟），对技术商品属性的特殊性认识不充分，对技术市场发展动力和运行特殊性的认识不足。

第四章　我国技术市场发展的机遇与挑战

我国技术市场经过 30 多年的发展，已经进入新的发展机遇期，这种机遇来自两个方面。一是国际科技发展呈现出一种新的趋势，第六次科技革命已经初现端倪，新科技革命必将给我国技术市场发展带来新的活力，是技术市场源源不断发展的不竭动力；二是党的十八届三中全会做出的全面深化改革的决定，进一步明确了我国经济社会发展的战略目标，这为我国技术市场的发展带来新的机遇。与此同时，我国技术市场的发展也面临着严峻的挑战。这些挑战有来自观念方面的，也有来自体制、机制方面的，国际技术转移的新发展也给我国技术市场的发展提出新的挑战。

一、我国技术市场发展面临的机遇

（一）新科技革命将给技术市场的发展带来新的活力

科学革命是能够引发人类思想观念和生活观念深刻变化的科学巨变；技术革命是引发人类生产方式和生活方式深刻变化的技术巨变。上述两者的影响率和覆盖率都应超过 50%。产业革命一般是指由于重大的科技突破，国民经济的产业结构发生重大变化，进而使经济社会各方面出现崭新面貌。

在已经过去的 500 年里，世界上先后发生了五次科技革命，包括两次科学革命和三次技术革命，推动了世界现代化的前四次浪潮。第一次科技革命大概在 16 世纪和 17 世纪，它的标志就是近代科学的诞生，这次科技革命代表性的人物和学科是哥白尼、伽利略、牛顿力学等。第二次科技革命在 18 世纪中后期，标志是蒸汽机与机械革命。第三次科技革命是在 19 世纪中后期，标志是内燃机与电力革命，出现了内燃机、电机、电讯技术。第四次科技革命是在 19 世纪中后期至 20 世纪中叶，以进化论、相对论、量子论等为代表。第五次科技革命是在 20 世纪中后期，以电子计算机的发明、信息网络为标志，表现为电子技术、计算机、半导体、自动化乃至信息网络的产生。目前，人类正面临着第六次科技革命，这次革命必将给人类带来比以往科技革命更加深刻的影响。

历史表明，如果错失了机遇，发展速度可能就受到制约。苏联忽视了第五次科技革命，科技发展遇到了瓶颈；葡萄牙忽视了第一次和第二次技术革命，降级为一个中等发达国家；印度和中国则错失了第一、第二、第三、第四次科

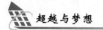
技革命，印度沦为殖民地，中国在新中国成立前则是一个半殖民地半封建的社会。

专家预计，第六次科技革命将发生在以下五大领域，并引发相关的新的产业变革。第一，新能源。鉴于人类自身生存和发展正面临较大的资源制约，新动力能源革命是人类满足自身生存和发展的必然要求。与一百多年前煤炭、石油等化石能源的崛起时代有所不同，这场新能源革命将会转变整个能源利用方式，以可再生能源重构人类使用能源的创新体系，继而催生一轮以能源为主导的全球新技术、新产业变革。第二，新材料。随着科学技术发展，人们在传统材料的基础上，根据现代科技的研究成果，开发出新材料。21世纪科技发展的主要方向之一是新材料的研制和应用。新材料的研究，是人类对物质性质认识和应用向更深层次的进军，它的应用极大地改变生产、生活及国防等领域，可以带来一系列新的产业。第三，新一代信息技术。无处不在的信息网络、惠及大众以及低功耗、低成本、易使用、高可信、自治管理和个性化将成为未来几十年发展信息技术的主旋律。"瘦客户端""下一代 Web 应用""IPTV""云计算""主数据管理""IP 呼叫中心""Web 挖掘"等7项信息技术是未来5年的主要发展趋势。第四，生物技术。生物技术是当今世界高技术发展最快的领域之一。未来的重点是生物医药、生物农业、生物能源、生物制造、生物环保五大领域。第五，低碳技术。低碳技术是应对全球气候变暖，改变大气环境，并且决定未来由谁控制制高点的重要技术，是涉及电力、交通、建筑、冶金、化工、石化等部门以及在可再生能源、煤的清洁高效利用、油气资源和煤层气的勘探开发、二氧化碳捕获与埋存等领域开发的有效控制温室气体排放的新技术。❶

中国科学院院长白春礼指出，基本科学问题、能源与资源领域、信息网络领域、先进材料和制造领域、农业领域和人口健康领域将有可能成为新科技革命的突破口。在基本科学问题上，关于宇宙演化、物质结构、意识本质的探索有可能获得重大突破。"揭开暗物质、暗能量之谜，将是人类认识宇宙的又一重大飞跃，引发新的物理学革命。"科学家对量子世界的探索已从"观测时代"走向"调控时代"，将在量子计算、量子通信、量子网络、量子仿真等领域实现变革性突破，成为解决人类对能源、环境、信息等需求的重要手段。而探索智力的本质、了解人类的大脑和认知功能等基础科学问题，一旦获得突破将极大深化人类对自身和自然的认识，引起信息与智能科技新的革命。能源与资源领域，将迎来后化石能源时代和资源高效、可循环利用时代。在可再生能源和安全、可靠、清洁的核能逐步代替化石能源的过程中有可能获得突破。在

---

❶ 牟红. 科技革命对产业结构的影响分析［J］. 理论与现代化，2013（3）：125－128.

信息网络领域，信息技术和产业正在进入一个转折期，2020 年前后可能出现重大的技术变革。"集成电路正在逐步进入'后摩尔时代'，计算机逐步进入'后 PC 时代'，互联网进入'后 IP 时代'是不可避免的发展过程，云计算的兴起是信息技术应用模式的一场变革。"先进材料和制造领域，未来 30 ～ 50 年，能源、信息、环境、人口健康、重大工程等对材料和制造的需求将持续增长，先进材料和制造的全球化、绿色化、智能化将加速发展，制造过程的清洁、高效、环境友好日益成为世界各国追求的主要目标。而其中的智能制造，即从分子层面设计、制造和创造新材料，与直接数字化制造结合，将产生爆炸性的经济影响。农业领域，农业要进入生态高效、可持续发展的时代，就要求在生物多样性演化过程及其机理，高效抗逆、生态农业育种科学基础与方法，营养、土壤、水、光、温与植物相互作用的机理和控制方法，食品结构合理演化等问题上取得突破。人口健康领域，控制人口增长，提高人口质量，保证食品、生命和生态安全，就要求通过疾病早期预测诊断与干预、干细胞与再生医学等研发，攻克影响健康的重大疾病，将预防关口前移，走一条低成本普惠的健康道路。❶

更有专家预测，第六次科技革命，从科学角度看，可能是一次"新生物学革命"；从技术角度看，可能是一次"创生和再生革命"；从产业角度看，可能是一次"仿生和再生革命"；从文明角度看，可能是一次"再生和永生革命"。❷ 这次科技革命极有可能发生在信息、生命和空间科技领域。第六次科技革命将以生命科学为基础，融合信息科技和纳米科技，"制造一个生命"，生物体与机器（技术）的组合，创造新的生命形式和新的物种，即某种意义上的"永生"。由于生命科学、信息科学、纳米科学、仿生工程和机器人的结合，信息转换器、人格信息包、两性智能人、人体再生和互联网的结合，人类将获得三种新的"生存形式"：网络人、仿生人、再生人。肉体不可永生，但人体可以再生。地球将成为人类文明的摇篮和发源地，人类最终可能会走向太空，宇宙可能是人类高级文明的更大舞台。❸

无论是五大领域的变革也好，六大领域的突破也好，还是"新生物学革命""创生和再生革命""仿生和再生革命""再生和永生革命"也罢，上述任何一个领域的突破性原始创新，都会为新科学体系的建立打开空间，引发新的科学革命；而上述任何一个领域的重大技术突破，都将引起相关领域技术井

---

❶ 白春礼. 新科技革命可能在六大领域首先突破［J］. 中国科技信息，2013（2）：18.

❷ 田心. 第六次科技革命的科学猜想——《思想者》杂志访《第六次科技革命的战略机遇》主编何传启［J］. 决策与信息，2012（6）：17 - 19.

❸ 田心. 第六次科技革命的科学猜想——《思想者》杂志访《第六次科技革命的战略机遇》主编何传启［J］. 决策与信息，2012（6）：17 - 19.

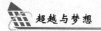

喷式的增长，引发新的产业革命，为世界经济增长注入新的活力，引发新的社会变革，加速现代化和可持续发展进程，从而给技术市场的发展带来新的活力。

我国在过去的十多年里，紧紧跟踪世界科技发展的前沿，取得了巨大成就，研发投入 2011 年达 8610 亿元，居世界第 2 位；队伍规模快速扩大，科技人力资源总量和研发人员总量已居世界首位。2010 年，国际科技论文（SCI）被引用数上升至第 7 位；国际专利（PCT）申请量居世界第 4 位。❶ 一批专家学者业已瞄准世界科技发展的最前沿，抓住科技革命的机遇，在新的科技革命中一显身手。中国科学院研究制定了《支撑服务国家战略性新兴产业科技行动计划行动方案》，抢占科技前沿。国家顶尖科技机构掌舵人也曾多次论及新科技革命，并充分地认识到，能否抓住科技革命的机遇，已成为一个国家兴衰的关键。谁抓住了科技革命的机遇，谁就将发展的主动权掌握在自己手里。放眼未来，中国如果要继续抓住和用好战略机遇期，必须做好应对的充分准备，顶层设计，统筹谋划，把科技摆在优先发展的战略位置，把科技作为经济发展的内生动力。要加快产业结构调整和升级的步伐，大力培育和发展战略性新兴产业，实现从制造大国向制造强国转变。战略机遇的产业基础要突出战略重点，加快关键核心技术的重大突破和集成创新。还要超前部署战略先导研究，加强前沿领域布局。同时要加强重要基础研究和交叉前沿研究布局，在物质科学、生命科学、信息科学、地球科学等可能出现革命性突破的前沿领域方向，在科学原理层面取得原创性突破，厚实发展基础，增强发展后劲。❷

所有这些都预示着我们已经做好迎接新科技革命的准备，在新科技革命到来之际，必将迎来中国科技发展的第二个春天，也将迎来中国技术市场发展的第二个春天。

（二）经济转型催生了国内与国际技术转移的新需求

改革开放 30 多年来，我国经济社会持续快速发展，在提升综合国力和改善人民生活方面取得了举世瞩目的成就。但是由于沿袭了粗放型经济扩张发展模式，导致投资与消费失衡、经济增长与资源环境承载能力失衡、内外需求失衡、区域城乡发展失衡等问题。再加上受到国际金融危机的冲击，我国经济的粗放扩张和失衡问题更加突出。面对新的形势和挑战，党的十八大报告明确要求："要适应国内外经济形势新变化，加快形成新的经济发展方式，把推动发展的立足点转到提高质量和效益上来。"

---

❶ 白春礼. 新一轮科技革命将推动中国跨越式发展［J］. 中国高校科技，2012（11）：80.
❷ 白春礼. 新一轮科技革命将推动中国跨越式发展［J］. 中国高校科技，2012（11）：80.

加快转变我国当前经济的增长和扩张的方式已经刻不容缓。转变经济发展方式，最重要的是实现"三个转变"，即在需求结构上，促进经济增长由主要依靠投资、出口拉动向依靠消费、投资、出口协调拉动转变；在产业结构上，由主要依靠第二产业带动向依靠第一、第二、第三产业协同带动转变；在要素投入上，由主要依靠增加物质资源消耗向主要依靠科技进步、劳动者素质提高、管理创新转变。

经济增长方式转变的要义在于转变增长的驱动力量，就是将资源驱动尤其是投资驱动的增长，转变为技术进步和效率提高驱动的增长，尤其是技术进步驱动的增长。因此，一方面，要强化经济转型中的技术先导作用，通过对龙头骨干企业、科技型企业的技术支持服务，加快技术型企业的发展，利用新技术降低传统产业污染排放、提高传统产业生产效率，满足市场经济体制下企业市场竞争力提高的需求。在经济转型中，凸显技术在经济转型中的关键性作用。未来的经济发展应该以绿色、环保、智能及可持续为特征，发挥技术的关键性作用，强化科技创新、产品创新、品牌创新，以技术优势提高对外经贸竞争力。另一方面，新兴产业、高科技产业是经济转型的重要发展方向。在新兴产业、高科技产业的发展中，科技力量具有重要的地位，是确保高新产业生存发展的基础与关键。

就全球范围而言，世界经济发展出现了两个主要特征，即经济全球化和经济信息化的突起。经济全球化是对全球资源和市场追逐的结果，经济信息化则是信息技术突飞猛进使然，世界经济发展的新特征表明，世界经济将转向以商务电子化为代表的新经济。新经济在经济全球化和信息技术革命的带动下，将发展成以生命科学技术、新能源技术、新材料技术、空间技术、海洋技术、环境技术和管理技术等七大高科技产业为支撑的龙头经济。

从上述分析来看，经济转型对科技的依赖和需求程度比以往任何时期都要高，这种客观形势必然催生国内与国际技术转移的新需求，不进行技术创新，不引进先进的技术，企业在经济转型的浪潮中将无立足之地。

（三）创新型国家建设进程加快为技术市场发展提出了新要求

把科技创新作为基本战略，大幅度提高科技创新能力，形成日益强大的竞争优势，国际学术界把这一类国家称之为创新型国家。目前世界上公认的创新型国家有 20 个左右，包括美国、日本、芬兰、韩国等。这些国家的共同特征是：创新综合指数明显高于其他国家，科技进步贡献率在 70% 以上，研发投入占 GDP 的比例一般在 2% 以上，对外技术依存度指标一般在 30% 以下。此外，这些国家所获得的三方专利（美国、欧洲和日本授权的专利）数占世界数量的绝大多数。我国科技创新能力较弱，根据有关研究报告，2004 年我国科技创新能力在 49 个主要国家（占世界 GDP 的 92%）中位居第 24 位，处于

中等水平。❶

因此，党中央、国务院做出建设创新型国家的决策，这是事关社会主义现代化建设全局的重大战略决策。建设创新型国家，核心就是把增强自主创新能力作为发展科学技术的战略基点，走中国特色自主创新道路，推动科学技术的跨越式发展；就是把增强自主创新能力作为调整产业结构、转变增长方式的中心环节，建设资源节约型、环境友好型社会，推动国民经济又好又快发展；就是把增强自主创新能力作为国家战略，贯穿到现代化建设的各个方面，激发全民族的创新精神，培养高水平创新人才，形成有利于自主创新的体制机制，大力推进理论创新、制度创新、科技创新，不断巩固和发展中国特色社会主义伟大事业。

到 2020 年，我们要达到的目标是：基本建成适应社会主义市场经济体制、符合科技发展规律的中国特色国家创新体系，原始创新能力明显提高，集成创新、引进消化吸收再创新能力大幅增强，关键领域科学研究实现原创性重大突破，战略性高技术领域技术研发实现跨越式发展，若干领域创新成果进入世界前列；创新环境更加优化，创新效益大幅提高，创新人才竞相涌现，全民科学素质普遍提高，科技支撑引领经济社会发展能力大幅提升，进入创新型国家行列。

具体地讲，我国建设创新型国家的四个关键性指标都应该有较大幅度的提高，即研发投入占 GDP 的比重从 2006 年年底的 1.35%，争取到 2020 年达到 2.5%；科技进步的贡献率从 2006 年的 30% 提到 2020 年的 60%；我国对外技术依存度从 2006 年的 50% 降低到 2020 年的 30%；专利授权和论文的引用数，要从现在的世界第 20 位，争取到 2020 年达到前 5 位。❷

建设创新型国家战略决策，对科学技术的发展提出了较高的要求，或者说，创新型国家的建设关键是科学技术发展水平的提高，尤其是自主创新能力的提高。因此，从某种意义上说，创新型国家的建设，也对技术市场提出新的要求，大量的创新成果要通过技术市场流通、转移，进而转化为现实的生产力，以降低对外技术的依存度、提高科技进步的贡献率。

（四）全面建成小康社会的战略目标为技术市场的发展提供了新的机遇

中共十八大报告提出，要确保到 2020 年实现全面建成小康社会宏伟目标的实现，这是人类历史上最为艰巨和宏大的社会进步工程。经济社会结构迅速

---

❶ 新华社. 什么是创新型国家 [EB/OL]. 中央政府门户网站：http://www.gov.cn/node_111402/006-01/09/.

❷ 陶富源. 发展核心竞争力与建设创新型国家 [J]. 阜阳师范学院学报（社会科学版），2011(1)：1-8.

变化，各方面矛盾凸显，劳动、土地和资本等传统生产要素对经济增长的边际贡献率将出现递减趋势。也就是说，在今后十多年中，要想保持7%的经济增长率，仅仅靠传统生产要素投入的增加已经不可能了。这种不可能包括两个方面：一是随着经济规模的扩大，7%的绝对量随之扩大，传统生产要素投入的增长量是无论如何不能达到这样的增长率的。因为以传统生产要素为主的传统产业发展到一定规模有一个质的限制；二是随着经济规模的扩大，能源资源、生态环境的压力增大，不能支持这样的增长率。据测算，如果继续保持40%的投资率，要如期实现翻两番的目标，那么科技贡献率必须由2009年的39%提高到60%。❶ 由此可见，全面建成小康社会的关键是科技自主创新，只有在进行自主创新的基础上，才能完成全面建成小康社会的战略任务。

因此，全面建成小康社会的战略目标，必然要求科学技术的蓬勃发展，尤其是科技自主创新能力的全面提升，产出大量先进适用的技术成果，以及技术成果的大量转移和扩散，这就给技术市场的发展带来了新的机遇。

二、我国技术市场发展面临的挑战

我国技术市场的发展既有难得的机遇，也面临着严峻的挑战。体制、机制、观念等来自内部的挑战，国外技术转移发展新趋势等来自外部的挑战，都需要我们认真对待。面对这些挑战，如果不能清醒地认识、科学地应对，我们就会错失机遇。尤其是面对前所未有的新科技革命和全球产业变革的新机遇，我们抓住了就是机遇，抓不住就是挑战。❷

（一）现有管理体制限制了技术市场的深层发展

来自体制的挑战，是我国技术市场发展所面临的最大挑战。回顾技术市场30多年的发展历史，技术市场管理体制几经变更。就国家层面来说，最初由国家科委、国家经委、国防科工委牵头，由13个部委组成的"全国技术市场工作协调指导小组"；1986年国家科委批准成立"中国技术市场开发中心"《技术合同法》颁布实施，中心变更为"中国技术市场管理促进中心"；1988年4月，国务院撤销非常设机构"全国技术市场工作协调指导小组"，撤销科技部成果司技术市场处，决定将中国技术市场管理促进中心作为"国家科委技术市场管理办公室"行使全国技术市场行政管理职能；1998年，国务院机构改革实行政事分离，国家科委技术市场管理办公室印章上交科技部综合计划司；2006年，中国技术市场管理促进中心、科技型中小企业创新基金与火炬

---

❶　陶富源. 发展核心竞争力与建设创新型国家 [J]. 阜阳师范学院学报（社会科学版），2011（1）：1 – 8.

❷　王志刚. 健全技术创新市场导向机制 [J]. 求实，2013（23）：18 – 22.

中心合并，技术市场处作为火炬中心的下属机构行使对技术市场的监管职责。可以看出，国家层面的技术市场管理机构的权限和权威性呈萎缩趋势。随着国家科委技术市场管理办公室印章上交，各省、市、自治区的技术市场的管理职能挂靠在科委（科技局）的成果市场处，北京成为保留技术市场管理办公室为数不多的几个地区之一。

这种局面的形成，有着深刻的背景。但最根本的原因来自对市场经济的误解。即认为市场经济条件下，技术的流通和交易应完全由自由市场进行调节，而无须监管，因而弱化技术市场的监管机构。殊不知，技术商品有着与一般商品不同的特点，即"公共物品和外部性"。而正是这些特点，往往导致市场失灵，需要政府的干预。但目前火炬中心下属的技术市场处，由于"名不正言不顺"，因此无能是从规格上，还是从规模上，都无法完全担负起对全国技术市场进行监管的职责；无法对技术市场的发展进行全面规划和顶层设计。所能做的只是一些具体而琐碎的工作，只是在原有的框架体系内修修补补，而无法高屋建瓴地引领技术市场的发展方向。我国技术市场健康稳定的发展，迫切需要设立类似于证监会、银监会那样的权威机构，来担当起对全国技术市场监管的职责。

（二）技术市场的发展存在着机制性缺陷

体制上的局限性，导致技术市场的发展存在着机制性的缺陷。技术商品的转移、扩散极为不畅，高校和科研机构科技成果被大量闲置、科技成果无法顺畅地通过公开市场流转进入经济领域实现其使用价值。技术市场发展机制上的障碍来自以下几个方面。❶

一是审批复杂。高校和科研机构产出的科技成果均按照国有有形资产进行管理，根据《中央级事业单位国有资产处置管理暂行办法》（财教〔2008〕495 号）规定，中央级事业单位处置单位价值或批量价值在 800 万元以上的国有资产，经主管部门审核后报财政部审批；一次性处置单位价值或批量价值在 800 万元以下的国有资产，由财政部授权主管部门进行审批。转让科技成果需要层层报批，程序烦琐、周期长，这不仅消磨了科技成果持有单位和科技人员的积极性，也使高新技术成果在漫长的报批过程中逐步失去市场竞争力。

二是激励不足。科技成果使用价值的实现过程是一个相当复杂的过程，需要科技工作者付出超人的智慧和艰辛的劳动。但目前对科研人员和实现科技成果使用价值的人员的奖励力度较小，激励作用有限。从中关村示范区股权和分

---

❶ 郭书贵. 用机制创新再掀技术交易新热潮〔EB/OL〕. 中国科技网 http：//www. wokeji. com/shouye/guonei/201311/t20131114_ 583846. shtml，2013 - 11 - 14.

红激励试点实践看，在已批复的市属单位激励方案中，采取科技成果收益分成方式的高校和科研院所，奖励比例一般在 20%～30%，最高为 50%。此外，财政部、科技部发布的《中关村示范区企业股权和分红激励实施办法》（财企［2010］8 号）规定，高校和科研院所科技成果入股的奖励比例范围为 20%～30%，相比教育部"原则上不超过 50%"的规定，有所收紧。由于科技成果转化的奖励比例较低，一些科研团队和人员往往通过签订技术开发、技术咨询合同，或者通过私下交易的方式来实现科技成果的使用价值。科研团队和高校、科研院所的利益都不易得到保障。

三是很多现有的科技成果的使用价值很难实现。由于科研项目立项的市场化导向不足，很多研发机构在科研项目立项时，更多地瞄向了高、精、尖，瞄向了国际领先或填补国内空白，而对市场的实际需求把握得并不精准，导致生产出来的科技成果与市场脱节，使用价值难以实现。

市场活跃的前提条件是买卖双方有着强烈的交易需求。科技界普遍认为，美国在技术转移方面效率较高，这得益于美国完善的市场机制。推动美国技术转移快速发展的另一个重要因素，是《拜杜法案》（Bayh – Dole Act）的颁布和实施。美国《拜杜法案》规定：大学对政府资助获得的研发成果拥有自主知识产权，大学可以通过专有或非专有的方式进行技术转移，技术转移的收入必须在科研人员和科研机构之间进行分配。这一规定，极大地激发了科研机构和科技人员推动技术转移的积极性。而我国，复杂的审批程序和有效激励不足，科研机构和科技人员技术转移的积极性并没有充分发挥出来。

一场酝酿已久的以创新驱动战略为指引的经济与科技体制改革，使中国技术市场发展面临前所未有的机遇。但机遇稍纵即逝，必须克服技术市场发展中的机制缺陷，才能把握机遇，迎来技术市场发展的春天。

（三）技术市场发展仍然存在着观念性障碍

技术市场的发轫得益于观念上的解放，即确立技术的商品属性，技术成果及其技术要素作为商品，能够在市场上平等的交易。技术市场要想向深层发展，需要继续解放思想，突破观念上的障碍。这种观念上的障碍来自两个方面，一是计划经济思维模式仍然根深蒂固，二是自由放任、缺乏有效监管和过度自由化的"市场万能"的思维模式。

人们经常强调的是"科技成果转化率"或"科技成果转化"，而不是"技术转移"。专家认为"科技成果转化率"其实是"来自计划经济时代的概念"。柳卸林认为，之所以仍在强调"科技成果转化率"，是由两个因素促成的：一是很多项目在立项时没有考虑项目的商业化前景，或者一开始觉得有商业化价值，但在项目实施之后发现没有商业化价值；二是一些项目尽管有商业化前景，但大学、研究所没有动力去推行，致使转化率低。❶ 刘澄认为，"美国、德国等发达国家并不存在科技成果转化方面的问题"，因为他们的科技成果本身就是面向市场的，科研成果研发出来就直接面向生产线，否则对于作为科研投资主体的企业来说，资金就"打水漂"了。我国对"科技成果转化率"的强调，恰恰说明我们的科研不是面向市场的。"我们的科研依靠国家拨经费，所以会特别强调要转化。"❷

上述状况表明，"计划经济思维模式"仍然在顽固地支配着我们，影响着我们的行为方式，尤其是支配着科技管理者的思维方式。与这种思维模式相伴的是政府对科技活动统得过多，统得过死，这就导致科技活动主体产生"政策依赖症"，对优惠政策、资金扶持政策的期望越来越高，指望国家和政府出台更多的、优惠幅度更高的优惠政策和资金扶持政策，似乎没有了政策支持就无法生存，从而忽视市场和法律的作用。这不免造成国家科技计划管理与市场严重脱节，市场配置科技资源的作用无从谈起。

十八届三中全会做出的《中共中央关于全面深化改革若干重大问题的决定》提出："建立健全鼓励原始创新、集成创新、引进消化吸收再创新的体制机制，健全技术创新市场导向机制，发挥市场对技术研发方向、路线选择、要素价格、各类创新要素配置的导向作用。""要打破行政主导和部门分割，建立主要由市场决定技术创新项目和经费分配、评价成果的机制。发展技术市场，健全技术转移机制，改善科技型中小企业融资条件，完善风险投资机制，创新商业模式，促进科技成果资本化、产业化。"而技术市场的现状与《中共中央关于全面深化改革若干重大问题的决定》的要求，还有不小的差距。

这只是问题的一个方面，问题的另一个方面是，在技术市场交易规模已达数千亿元、全球化竞争不断加剧的新形势下，技术市场缺乏有效监管和过度自由化的问题日益严重。专家认为，对近两年我国大宗技术合同交易的分析显示，境外和外资企业正利用我国技术市场的无监管状态，大量收购我国的科技成果和科技资源。目前，我国技术市场中的各种行为急需规范，技术转移中的知识产权保护、利益分配、国家公共财政投入的科研项目转化问题都需明确。❸ 这种过度自由化和缺乏有效监管、放任自流，其实质就是"市场万能"的观念在作祟。

"计划经济思维模式"和"市场万能"思维模式，这是两个极端。前者固

❶ 倪思洁. "科技成果转化率"咋衡量［N］中国科学报，2014 - 1 - 9④.
❷ 倪思洁. "科技成果转化率"咋衡量［N］中国科学报，2014 - 1 - 9④.
❸ 胡亮. 亟须理顺技术市场行政管理关系——访国务院发展研究中心技术经济研究部副部长李志军［N］. 中国经济时报，2013 - 11 - 29.

守计划经济时代的一些做法，政府扮演了包打天下的角色，什么都要管，其结果什么都管不到位；后者相信市场是万能的，以为市场会解决一切问题。但问题是，市场往往面临着失灵的风险。两者都对技术市场的健康稳定发展和技术市场在优化配置科技资源中的基础性作用形成严峻挑战。

（四）国际技术转移给技术市场发展提出了新挑战

随着经济全球化进程的不断加快，国际技术转移不断出现新的趋势。[1]

第一，开放式创新成为必然趋势。随着资金、人才、技术、信息等要素在全球范围内的快速流动，技术转移全球化进程进一步加快，以跨国公司、研发机构与政府为主体的国际技术转移成为技术转移的主要形式。同时，国际技术转移运营方式逐步体系化，并与多种形式的国际经济合作相互渗透，同时逐步形成全球技术战略、技术转移、技术产业化、技术人才培养一体化的网络结构。

第二，国际技术转移进入技术经营时代。随着"封闭式创新"到"开放式创新"的转变，一种新型的技术转移模式也随之兴起，即技术经营（Management of Technology）。技术经营的初衷是为了解决科研成果的商品化和市场化问题，这一直是各国技术转移中的难点。解决科研成果商品化这一难题需要两大因素的支撑，一是充足的资金，用以支撑基础研发的漫长过程，二是懂得经营和技术的高端人才团队，以便为技术研发到转化为产品并投入市场的整个过程提供指导和服务。由此，技术经营开始兴起，其通过在企业中设立首席技术官来为企业制定技术发展战略规划，同时将科技研发人员、技术战略家、企业家、投资人及律师、职业经理人等各领域人才联合成复合型工作网络，从而降低技术转移风险，实现技术利润的最大化。

第三，大型与超大型专利技术投资与经营公司兴起。技术经营的一个重要特点是鼓励企业积极利用外部资源，即通过购买和联合开发等方式获取战略性技术。在这种背景下，一些公司开始购买专利，之后通过专利授权和专利诉讼获取利润。因此也被形象地称为"专利海盗"。随着技术经营日益成熟和普遍化，专业从事发明与专利交易的大型和超大型公司开始兴起。据统计，专利投资公司中的代表阿卡西亚研究公司 2010 年累计专利授权近千次，仅其中的 31 项专利授权费就超过 13 亿美元。与此同时，专利投资与经营公司的规模也空前庞大，近年来兴起的美国高智发明公司目前拥有 3 万 ~6 万件专利，在美国排名第五，在世界排名第十五。其利用约 1300 家"空壳"公司，投资业务遍布美国、澳大利亚 - 新西兰、加拿大、爱尔兰、新加坡、中国、印度、日本、

---

❶ 董丽丽，张耘. 国际技术转移新趋势与中国技术转移战略对策研究［J］. 科技进步与对策，2013（14）：99 - 102.

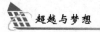

韩国等国家。

第四，技术专利与技术标准日趋融合，技术垄断形势更为严峻。发明和专利作为商品能够为企业带来巨额利润。因此，各个企业甚至各个国家，争相通过专利标准化的方式，巩固和提升自身在尖端技术领域的领先地位。"以专利为基础创立技术标准，进而引导产业发展，谋求超额利润，成为发达国家和领先企业的竞争利器。"通过制定各种行业技术标准，美国等技术发达国家对技术欠发达国家，不仅在技术转移领域设置各种限制，同时，借助技术标准进一步构筑贸易壁垒，牢牢掌控全球技术经济竞争的主动权，这对技术发展中国家来说非常不利。

第五，专利和知识产权保护等相关法律法规日渐成熟。专利交易之所以能够在美国等技术发达国家迅速兴起和盈利，其中非常重要的原因是这些国家已经形成专利与知识产权保护的相关法律和制度。当代技术转移中，知识产权制度赋予了科学技术成果以商业价值，并将之纳入经济发展运行机制，专利保护与知识产权制度与国际贸易的结合越来越密切，各国纷纷将二者作为强化贸易竞争的手段，专利和知识产权已成为技术与贸易摩擦的焦点。在此种形势下，各国皆采取了强硬的法律保护措施，主要包括两方面：一方面，产权制度逐步健全、趋向成熟；另一方面，知识产权对象不断完备、范围扩大。特别是专利法律技术体系日渐成熟，专利法、知识产权制度的国际准则逐步完善，产权保护日益广泛、严格和国际化。

国际技术转移的这些新趋势，对我国技术市场的发展提出了新的挑战。尤其是，美国高智发明公司所代表的国际技术经营新趋势所带来的挑战更为严峻：一是造成我国关键领域专利成果与国有资产流失；二是严重威胁我国的技术安全；三是进一步加剧国际技术垄断；四是一定程度上压缩我国技术型企业的发展空间。面对如此严峻的新形势，技术市场的发展如何迎接挑战，保证国家的技术安全，就成为不得不考虑的问题。

第五章 我国技术市场发展战略选择

一、指导思想

贯彻落实十八届三中全会"发展技术市场，健全技术转移机制"的决定，以深化改革为动力，以加快技术转移和知识流动、能力扩散为主线，以激活主体、放开客体、培育环境为着力点，发挥技术市场在配置科技资源中的决定性作用，整合资源打造完整的技术转移服务链，促进技术、人才、资本、服务等创新要素自由流动、平等交换和有效配置，引导创新资源向企业集聚，打通科技成果向现实生产力转化的通道，推动实施国家创新驱动发展战略。

二、发展目标

到 2020 年（即十三五期间），我国技术市场发展的目标是：

激活技术市场主体。推动各主体间、行业间、区域间、国际的技术转移；挖掘并满足技术需求 5 万项。

放开技术市场客体。科技计划项目成果的使用权、处置权和收益权，尽快全部下放给项目承担单位；科研成果产业化和商业化取得重大突破。争取实现全国技术合同成交数递增 1% 左右，达到 31.5 万项；全国技术合同成交额递增 10% 左右，达到 1.5 万亿元。

加快建设技术市场服务体系。完成国家技术转移顶层体系布局；建成全国技术转移资源平台——中国网上技术市场；构建全国统一的技术（产权）及股权交易平台；构建全国技术转移一体化协作网络，推动建立区域和行业技术转移联盟 30 家；认定国家技术转移示范机构累计达到 500 家，培训技术经理人累计达到 10000 名，认定创新创业导师累计达到 1000 名；建成中国创新驿站工作网络，认定区域站点累计达到 50 家，基层站点累计达到 300 家，其中站点签约技术经理人 1000 名。

完善技术市场政策法规保障体系。制定和修订一批促进技术市场发展的配套政策，形成基本完善的技术市场政策和法制环境。加强政策法规落实力度，确保现有财税优惠政策全面落实。

健全技术市场管理与监管体系。建立健全技术市场管理与监督机制，加强技术合同认定登记管理，制定全国技术交易规范，建立技术市场信用体系。认定技术合同登记处累计达到900家，持证登记员累计达到1600名。

三、对策与建议

（一）激活技术市场主体

加速高校、科研机构和企业的技术转移，亟须从国家层面对技术转移政策进行系统梳理和完善。创造促进科技成果产业化的政策环境、制度环境和社会氛围，应从根本上释放科研人员的创新活力。

1. 授权项目承担者

对财政性资金资助科研项目形成的科技成果及其形成的知识产权，除涉及国家安全和重大利益的，授权项目承担者依法取得。项目承担者完全自主处置和收益，收益归项目承担者所有。国家根据需要保留无偿使用、开发，使之有效利用和获取收益的权利。

2. 制定高校科研机构和科研人员的激励政策

制定和完善高校、科研机构技术转移的激励政策，扩大技术转让所得税政策适用范围，将专利技术使用权和技术秘密纳入技术转让所得税优惠政策范畴。

鼓励高校、科研机构科研人员在岗或离岗创业；职务发明成果的所得收益，应大部分划归参与研发的科研人员及其团队拥有；对于转化职务科技成果以股份或出资比例等股权形式给予科研人员个人奖励，予以免征个人所得税。制定技术交易奖酬金政策实施细则。经认定登记，技术交易奖酬金所得税税前扣除项目，可以计入工资总额，但予以免征个人所得税。

（1）对高校、科研机构经认定的四技合同给予税收优惠

高校、科研机构服务于各行的技术开发、技术咨询、技术服务所取得的技术性收入，经认定登记全额免收所得税；技术转让的技术性收入，减半征收所得税。

（2）调动高校、科研机构专利职务发明人的积极性，给予个人与机构政策倾斜

专利技术转让享受的优惠政策，应比非专利技术转让更加优惠。为调动高校、科研机构职务发明人的专利技术转让积极性，对发明专利技术转让收入的所得，给予个人与机构政策倾斜。第一，对本国人的发明专利转让给本国企业的所得，经认定，给予全额免征个人所得税；对于转让给在本国的外国企业的所得，减免税率为应征个人所得税的50%。第二，对本国人的发明专利转让给本国企业的所得，经认定，给予全额免征企业所得税；对于转让给在本国的外国企业的所得，减免税率为应征企业所得税的50%。第三，在国家税法未修订前，可先实行技术卖方所在地财政补贴的办法。

3. 集聚示范推动形成高校科研机构技术转移全新格局

建立国家技术转移集聚区（大平台）。依托中关村自主创新示范区智力资源密集和政策先行先试的优势，通过政策突破和引导、技术转移资源的空间集聚和全国创新服务资源的信息化集成共享，实现跨区域、跨领域、跨机构创新服务的融合，形成我国技术市场的大流通格局，打造具有全球影响力的国际技术转移中心、技术交易中心和区域创新合作中心。

4. 确立全新的释放创新活力的系统性制度安排

推动制定《国家技术转移与产业化法》。全面规范和激励财政性资金资助科研项目形成的科技成果及其形成的知识产权，大规模的应用、技术转移和技术扩散，并系统解决相关政策冲突，建立我国行之有效的技术创新与技术转移制度体系。与此同时，结合中关村自主创新示范区建设，加强与财政、税务等职能部门的沟通，进一步凝聚共识，提高国家公共科技投入的产出效率。研究制定配套条例、办法或细则。

（二）放开技术市场客体

1. 尽快全部下放科技计划项目成果的"三权"

尽快将国家科技计划项目成果的使用权、处置权和收益权，除了涉及国防、国家安全、国家利益、重大社会公共利益的以外，全部下放给项目承担单位。

2. 授权国家相关部门行使"政府介入权"

（1）高校、科研机构承担财政性资金设立的科技计划项目，应当完成约定的知识产权目标，完成约定的自该项目验收之日起18个月内供企业及他人应用。

项目承担者在约定期限届满之日起24个月内，没有依照约定供企业及他人应用的，为了国家利益、国家安全和重大社会公共利益的需要，项目立项部门在以下情况之一时，应当收回该项目所形成的知识产权和所有权，授权相关技术转移机构挂牌向社会公告，供他人有偿应用或者无偿应用：

① 项目承担者在约定期限届满之日起24个月内，无正当理由未申请专利，或者申请专利质量不高的；

② 项目承担者在约定期限届满之日起24个月内，以合理的商业条件提出应用请求，但未能与承担单位达成协议的；

③ 有条件实施的项目承担者在约定期限届满之日起24个月内，无正当理由运用研发成果实施技术转移；

④ 项目承担者以妨碍环境保护、公共安全或公共卫生的方式，实施研发成果。

（2）该项目承担者的不良信用行为，记入国家科技成果信息系统，作为

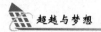

其今后能否有资格申请政府各类科技计划项目的依据之一。项目承担者信息包括承担单位、承担单位负责人、项目负责人与项目主要人员。

（三）建设技术市场服务体系

1. 建立和完善国家技术转移体系

我国技术转移行业正在形成一个新的业态，即在科技服务业内起重要作用的业态。通过逐步完善国家技术转移体系，在全国技术转移范围内，打造完整的技术转移产业服务链、打造完整的知识产权交易服务链、打造完整的科技投融资服务链，促使这一新的业态的健康发展。

（1）打造完整的技术转移产业服务链

当前技术转移服务范围要往前延伸、往后扩展。往前延伸到研发活动，定制研发。往后扩展到创业孵化，支持新创办技术公司。技术转移的重点从关注项目及项目对接，转为关注发明人及研发团队，关注能力的提升，全方位为发明人服务。形成一个围绕技术转移信息服务、技术对接的服务链，要围绕重点发展的产业，开展技术转移，为技术转移各参与方提供高效率、低成本的专业化服务，包括：信息、技术合同认定、法律、会计审计、资产评估、技术拍卖、招投标等；科技计划项目的成果验收评审、成果转化项目认定、科技成果二次开发；高新技术企业培育服务等公共服务。

（2）打造完整的知识产权交易服务链条

这个服务链主要提供高附加值服务。为高校、科研院所、企业和发明人提供全方位的服务，包括：专利检索、专利分析；专利申请的空白点，作为研发重点的发明指南；申请国际专利等。国际上讲技术转移，首先就是知识产权的转移，专利的转移。美国斯坦福大学技术转移合同，85%的是专利许可合同。应当特别重视知识产权交易服务的重要性。

（3）打造完整的科技投融资服务链

当前有很多技术产权交易所，有的开展高科技企业的并购，包括海外高科技企业的并购。另外，通过验收的科技计划项目成果，怎么能够通过小试、中试到企业之间，关键的因素就是资金的流向。现在中关村的一项课题调研说明，高校科研院所实验室的成果，不成熟的技术，非常需要中试环节，就是没人做！这个课题建议，设计一个方案，启动一个中试基金。有一个规律，所有的服务都会跟着资金走，资金流到哪，服务跟到哪。要打造一个科技投融资服务链，从投向有商业化前景的专利开始，天使投资、定制研发、二次开发、小试、中试、企业孵化，最后交易，产权置换，上市等，形成完整的科技投融资服务链。

2. 提高国家技术转移示范机构的能力

近几年来，认定了国家技术转移示范机构453家，对于促进我国技术市场的发展，发挥了巨大作用。

国家技术转移示范机构要明确"责权利"，即明确责任、授予权力、保障利益。其主要职责是对本单位或者本地区承担政府科技计划项目的应用负责；是将政府科技计划项目资助形成的研发成果，迅速推向企业，使之尽快成为产品，增强我国经济的竞争力。要防止过度市场化。扶持各类技术转移机构的发展。

国家技术转移示范机构要加强管理。这些机构自身能力的提升和服务质量的提高，是迫在眉睫的事情。重点支持那些在市场中摸爬滚打，在市场中成长，在市场中站稳脚跟的机构。真正把国家技术转移示范机构做大做强，发挥其示范作用，使其为高校科研机构和企业服务，为区域经济发展服务。因此，对不同类型的国家技术转移示范机构要分类指导、分级评定、定期考核。对于考核不合格的机构，要坚决摘牌。根据评价结果给予表彰和资金支持。

3. 建立全国技术转移联盟

筹建全国技术转移联盟为形势所迫。一是促进技术转移机构间的交流与合作。二是促进技术经理人之间的交流与合作。三是促进国际技术转移的交流与合作。争取在"十三五"期间完成筹建并正式成立。

全国技术转移联盟的职责。联系国家技术转移示范机构、其他技术转移机构和技术经理人；承担重点行业共性、关键性技术以及涉及国家经济安全、战略性资源利用技术的推广与应用；组织各种技术转移的活动，如展览展示、信息发布、项目洽谈与融资等；为会员单位服务、为技术经理人服务，开展技术合作、商务策划、咨询服务；组织技术转移的理论研究，经验交流；维护技术转移机构的合法权益，维护技术经理人的合法权益；加强技术转移行业自律，树立讲诚信、重操守的市场信誉和职业道德；承接政府交办的事项，如国家技术转移示范机构考核的具体事宜；开展国际技术转移的交流与合作；负责技术经理人的注册；编写并发布年度《国家技术转移示范机构发展研究报告》。

全国技术转移联盟的成员。其成员包括国家技术转移示范机构和创新驿站站点机构（核心成员）；国家政府有关部门；各地技术市场管理部门；企业的行业协会组织和重点企业；区域合作组织和地方政府；专利代理咨询行业协会组织和机构；银行、担保、风险投资、保险行业协会组织和机构；会计师、律师等协会组织和机构等。按照"2＋N"布局，在国家技术转移集聚区、国家技术转移开放合作试验区的重点城市，设立联盟的分会。打破行业、地域的界限，实现优势互补。

全国技术转移联盟的筹建。联盟争取注册成为社团法人。设立理事会、常务理事会和监事会，也可设立顾问委员会。按照社团组织管理办法进行运作，科技部火炬中心技术市场处负责召集，由有影响力的国家技术转移机构示范机构发起建立。选定秘书处承担单位。其承担单位应当是有影响力的、有较强经济实力的、地处北京及周边地区的国家技术转移示范机构。

4. 建立注册技术转移经理师制度

由世界四大技术转移组织（AUTM，PraxisUnico❶，ASTP❷，KCA）联合认证、考核、颁发的注册国际技术转移经理师考试（Registered Technology Transfer Professionals，RTTP），是国际技术转移行业内权威的执业认证考试，在世界60个国家地区技术转移机构通行有效。每年，有来自世界各国超过2万名技术转移经理人参加这一考试。自2002年推出至2013年年底，仅有177人获准通过这一考试。

同国际接轨，尽快建立我国的注册技术转移经理师制度。授权全国技术转移培训中心总部，受理注册技术转移经理师的培训、考核及管理。技术转移经理师包括：（1）技术咨询师；（2）信息咨询师；（3）技术评估师；（4）技术培训师；（5）创业孵化咨询师；（6）知识产权咨询师；（7）投融资咨询师；（8）技术管理师（技术买方机构）。将现有的技术经纪人培训与管理，纳入到技术转移经理人的轨道。推荐具备条件的人员参加国际技术转移经理师的考试。

"十三五"期间，培训技术经理人累计10000人，其中：培训初级技术经理人7000人；培训中级技术经理人2500人；培训高级技术经理人500人（资助报考国际注册技术转移经理人50人）❸。引进海外高层次技术转移人才50名，重点培养签约技术经理人500名，吸纳博士、硕士从事技术转移工作5000名。

5. 建立全国技术市场（技术转移）培训中心

全国有数万名技术市场从业人员，但绝大部分都是转行而来，素质普遍不高。从业人员的素质不高，就无法提供高质量的服务，从而直接影响到这个行业的健康发展。因此，应该建立技术市场（技术转移）培训中心，对技术市场从业人员进行基本培训和技能培训，将技术经理人的培训正规化、系统化、专业化。与此同时，在具备条件的高校设立相关的博士点、硕士点，培养高学历的技术经理人。

按照"2 + N"布局，充分发挥国家技术转移集聚区、国家技术转移南方中心等的示范及辐射作用，建立培训大纲、培训教材、培训师资、培训机构四位一体的培养机制，开展职业培训、继续教育和学历教育等多层次培训及试

---

❶ PraxisUNICO（英国大学企业协会）http：//www.ctmnet.com.cn/news/Show.asp? id = 1024.

❷ Association of European Science & Technology Transfer Professionals（欧洲技术转移经理人协会）。

❸ 技术经理人高级、中级、初级比例为：1:5:14。

点，构建全国技术转移培训体系和网络体系，培养合格的技术市场管理人员和技术转移经营人员。

培训中心的职责。受科技部火炬中心的委托，负责具体组织与实施全国的培训工作。组织拟订培训大纲；组织编写培训教材；组织聘请与培训讲师；认定培训机构与教育机构；颁发考试合格证书。

培训中心的架构。根据"2＋N"体系框架，总部设在北京，在技术转移集聚区的重点城市，技术转移开放合作试验区的重点城市，优先选择有国家技术转移示范机构的"211""985"大学、中国科学院重点研究所、长期开展培训等单位，经过本区域科技管理部门推荐，认定为培训机构与教育机构。

6. 建立全国技术市场（技术转移）信息中心

现在每年大约有22万项技术合同数据库的资源。要充分利用技术合同数据库，应用最新的大数据方法进行数据分析与数据挖掘，为决策层的科学决策提供数据支撑。为此，应该建立全国技术市场（技术转移）信息中心，统一收集整理发布技术信息。总部在北京，全国设几个分中心。信息中心编写并发布年度《全国技术市场统计报告》。

7. 建立全国技术市场（技术转移）研究中心

目前，全国技术转移研究工作与当前形势极不适应。技术市场的研究大多是小作坊式的分散在各个地方、高校和研究院所。软课题研究工作缺乏目标及重点、缺乏规划与计划、研究经费匮乏、研究力量薄弱、分散。因此，应该在技术市场研究力量较强、人员梯队相对合理的高校、研究机构，建立全国性的技术市场（技术转移）研究中心、分中心，把分散的研究集中起来。通过一些具有挑战性的课题研究，把专家吸引过来。有组织有计划地开展研究工作，为技术市场的发展提供理论支撑，为决策者的科学决策提供理论依据。研究中心编写并发布年度《全国技术市场发展研究报告》。

（四）完善技术市场政策法规保障体系

1. 加强技术市场立法

技术市场立法就是用行政和法律手段规范技术市场运行与管理，规范技术交易中社会关系和经济关系的权利、义务和责任，保护技术转移过程中各方当事人的合法权益，建立技术市场公平、公开、公正的秩序，以此作为发展技术市场的重要保障。进行立法的根本目的，是为了发展和繁荣技术市场，保护和促进技术成果商品化、产业化，加速技术转移，促进技术创新战略的实施，也是对中国特色社会主义法律体系的完善。

（1）推动制定《中华人民共和国技术市场法》

从宏观层面上看，在全国技术市场的法制建设中，建设具有刚性的法律制度和系统完整的技术市场法律体系，仍然是我国技术市场法律制度建设中的一

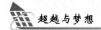

个缺陷。在法制建设上，还缺少一部能涵盖和指导我国技术市场法律制度全部内容的我国技术市场基本法——《中华人民共和国技术市场法》。

出台这部技术市场基本法，是我国技术市场发展的必然趋势，也是符合我国作为一个发展中国家特点的一部法律，是我国科技法体系日趋走向完善的需要。制定出台技术市场基本法，将可以对我国目前的技术市场基本概念、立法目的、基本原则、适用范围、责任承担原则、责任承担范围、责任承担方式和政府管理的范围、行政干预的原则、行政管理的方式、行政管理的程序、行政机关的责任等方面，全面地做出具有法律约束力的规定，并能与其他法律中涉及技术市场内容的和许多技术市场法律、法规、规章与政策的条款，提供法理上的支撑，形成技术市场基本法与其他相关法律、法规和规章之间的相互补充、内部和谐一致的技术市场法律制度体系。

通过这部技术市场基本法，对技术市场活动中的技术商品交易行为和活动，在产权界定、交易行为、违规处分原则等方面做出原则性规定，有利于政府系统科学地规范化管理我国的技术市场，有助于我国技术市场健康有序的繁荣发展。

（2）清理、整合地方性法规，制定全国技术市场条例

针对规定不一、形式上的杂乱无章以及存在的各种规范之间的冲突，因而，需要针对技术市场的规范进行法律清理。在全国范围内针对技术市场相关的地方性法规、地方性规章以及部门规范进行修改、废止等，对冲突的规范进行统一规定。在清理过程中，坚持"谁制定谁清理"的原则，对于理清各部门之间的关系，明确责任的划分和提高清理工作的效率等都具有十分重要的意义。通过清理地方性法规，可以有效规范技术交易行为，创造良好的法律政策环境，使技术市场在全国统一的法制化、规范化轨道上健康有序发展。

对于地方性法规中共性的规定，在《中华人民共和国技术市场法》的法律框架下，由国务院制定行政法规即研究制定并出台《全国技术市场条例》，形成系统配套的全国性技术市场法律、法规体系，为技术要素市场的运作和司法运作提供依据，为建立公平、竞争、有序的技术要素市场提供进一步的法律保障，使我国技术要素市场步入法制化建设轨道。

（3）规范法律用语

一部好的法律，不仅有严格的法律逻辑，还要有严谨的法律用语，力求做到语言无歧义、逻辑关系严密等。

（4）明确技术交易服务机构的主体地位

近年来，随着技术交易服务机构的快速发展，其在技术市场中的作用愈加明显。技术入股、高新技术企业产权激励以及风险投资等，高新技术产业发展中种种问题的出现，导致技术产权交易机构应运而生。技术产权交易机构是一

种新型的技术交易服务机构，其以技术与资本结合为核心，对进入市场交易的技术项目进行专业化的价格评估、包装，以挂牌的形式向投资商推荐，为技术及产权交易双方提供洽谈场所、信息咨询和融通服务。由于从服务机制上抓住了资本市场与技术市场结合的交汇点，抓住了技术项目转化及技术产权转移的关键需求，给风险投资提供了一个退出机制，技术产权交易机构从一产生就显示出很强的生命力。

目前，上海、陕西、深圳、四川、山东等省市相继成立了技术产权交易所，北京也于 2000 年 5 月成立了北京中关村技术产权交易中心。但是，技术产权交易机构是一种新形态的技术交易服务类型，在国家法律没有明确规定的情况下，其交易规则、运行模式、政策保障等方面仍带有很强的探索性。因此，为保障其健康发展，在国家立法体制下，可先行制定地方性法规，对技术产权交易机构的业务范围、运作方式和服务宗旨做出原则性的规定。

技术交易服务机构的准入条件应该明确。对技术交易服务机构的专业人员实行"经纪人资格证"，或者"咨询师资格证"制度，明确其任职条件。

（5）规范技术交易价格

技术市场运行的前提是产权界定，技术市场运行的核心是价格机制。技术商品没有统一的市场价格，国家也无法用经济理论和价格政策给它确定固定的市场价格。技术是一种无形资产，技术价格完全由市场调节，不同时期、不同地点、不同对象、不同条件下，同一技术其价值不同，因此技术交易价格体系的建立难度较大。技术商品转移时的价款、报酬和使用费的定价，即技术商品的价格，只能建立在技术商品交易双方、多方当事人自由、平等协商、逐项核价的基础之上。

（6）规范技术交易行为

为了确保技术市场中技术交易的规范有序，交易当事人对进入技术市场交易的技术商品或技术服务，必须增强依法订立合同的意识和知识。这既是维护交易当事人的合法权益不受侵害的需要，也是自觉维护技术市场秩序的行为。同时，也是保护技术市场健康发展的必要条件。因而，从技术商品的市场准入，到技术商品经营者进入市场的资格审查、登记、经营许可制度，技术商品经营者退出市场（如破产清算、救济手段）等，都要做出规定。要通过建立公正、公平、公开的技术交易环境，规范技术交易行为，合理调整经营者之间、经营者和使用者之间的经济关系，包括知识产权的保护、风险责任的负担等，促进技术市场步入良性循环。

借鉴发达国家和国内其他要素市场的立法经验，推动《国家技术转移与产业化法》的制定和实施。推动各地区根据实际情况，研究、制定或完善地方性法规。

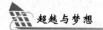

巩固和完善技术合同认定制度。评估各项优惠政策执行情况和效果，落实现有的财税优惠政策，提高技术合同减免税的兑现水平。研究制定企业吸纳技术、进行技术扩散，技术转移机构进行技术咨询和技术服务，技术交易印花税、个人所得税方面的财税优惠政策。加快完善股权、分红等多种促进科技成果产业化的激励政策。制定全国技术交易规范。建立技术市场信用体系。

（7）建立和完善技术价值评估方式

目前我国虽然资产评估机构遍布全国各地，但都是以评估有形资产为主，以管理国有资产为目的。专门服务于技术转让、技术入股等属于技术市场服务职能的无形资产评估机构很少，远不能满足形势发展的需要。由于缺乏规范的技术价值定价和评估机制，致使技术流动不畅。因而，需要制定技术评估规范的行业标准和执行标准。结合国际惯例，建立适合我国国情的切实可行的评估方式和方法。对评估机构实行同业共济赔偿责任形式，对用户承担无限责任，从资产评估机构提取一定的风险基金做赔偿准备，防止一旦发生赔偿事件单独一个评估机构的资产根本无法抵偿客户的损失。完善的技术价值评估体系，可以为技术交易双方提供相对客观的谈判基准点，能够部分消除信息不对称带来的影响，从而降低交易成本，促进交易行为，加速技术的有效转移。

（8）建立网上技术市场立法

随着电子技术和国际互联网的发展，快速方便地获取最新信息，是当代技术市场发展中首要的趋势。用现代信息技术武装技术市场的信息系统，使技术市场从有形化向网络化发展是必然趋势。应该制定关于网上技术市场的设立、运行、维护、交易规则、责任认定与承担等方面的具体规范，以维护网上技术市场安全、有效地运行。

技术交易网上市场，是利用现代计算机技术、数据库技术和信息网络技术，并加以集成，通过建设相应网站，以搜索、整理、加工、传递技术供需信息及相关信息，开展与技术成果转化信息相关联的其他服务活动的信息服务平台。它是我国现阶段技术市场活动中不可缺少的信息服务平台，也日益成为我国技术市场系统的重要服务载体。

技术交易网上市场是技术市场的一种载体，目前我国地方性的网上交易主要有，浙江网上技术市场（http：//www.51jishu.com/）、科易网（www.1633.com）、北京技术市场（http：//www.cbtm.com.cn/）、上海技术交易所（http：//www.stte.sh.cn/）等；全国性的网上交易有中国科技交易市场（http：//www.cnsm.net/）、中国技术交易网（http：//www.ctmnet.com.cn/）等。虽有了地方与全国的网上交易，但是缺乏相应的网络管理制度与法律法规的规范。只有建立网上技术市场法律规范，才能避免把关不严、加工粗糙的垃圾信息进入，避免殃及整个网上市场的质量与声誉，从而确保网上市场中信息的质量。

２. 加强技术市场的执法

一部法律只有通过实施，才能实现立法的目的。执法作为法的实施基本实现方式，只有正确执法，才能使法的作用得以发挥和实现，才能保障实现依法治国。制定好的法律并严格地实施这种法律，被古希腊思想家亚里士多德认为是法治的两个主要条件。因此，高度重视执法，是现代社会实现法治国家的必然要求。在完善技术市场行政执法的过程中，主要做到以下两点：

（１）加大技术市场的执法力度

进一步加强技术市场的执法力度，严格执法，发挥法律效能。在现实的技术市场运行中，有法不依、执法不严的现象仍大量存在。他们大多不懂科技法，更缺乏一定的科技知识，遇到涉及一些科技问题的案件力不从心。必须花大力气加大执法成本，加大执法力度，提高执法效益。因此，要进一步加强技术市场的执法力度，完善技术交易的法律约束机制，形成有效的执法网络，最大限度地发挥法律的效能。要严厉制裁违反公平交易和不正当竞争的行为，制止地方保护主义，打破部门、地区、行业的分割和封闭，打击假冒、剽窃技术等各种侵权行为。切实保护知识产权，维护技术交易当事人的合法权益。对于侵犯他人合法权益、非法垄断技术和采用欺诈手段进行交易活动的行为，应当依法追究当事人的民事责任和刑事责任。

（２）加强技术市场行政执法队伍建设

技术市场违法案件与其他经济案件相比，专业性更强，案情更复杂、隐蔽，给查处工作带来了更大的困难。这就对行政执法机关和执法人员提出了更高的要求。只有加强队伍建设，提高执法人员的素质，才能逐步完善技术市场行政执法条件。具体为：由国家和省级技术市场主管部门，对执法人员分期分批进行系统的科技、经济、法律法规的培训。培育一批具有律师资格、无形资产评估师资格、专利代理人等高级骨干人员。不断提高技术市场行政执法队伍的素质，也便于约束执法人员的行为，接受群众的监督。

３. 加强技术市场的司法

运用法律手段保障技术市场运行机制转变的成效如何，立法当然重要，但难度更大的还在于执法与司法，这是整个法制建设的重点和难点。司法作为法律实施的保障，起着至关重要的作用。

（１）统一法律适用尺度

技术交易纠纷，是指技术交易各方的合作行为是否成立，是否有效，有无履行或完全履行，有无违反法律法规和事先约定，责任由谁承担及责任大小和承担方式等问题上发生的争执。这是技术市场活动中常遇到的普遍问题，是商品经济发展和技术市场发展过程中的普遍规律。

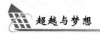

统一法律适用尺度有助于司法人员系统地了解技术市场法律的全面，从而对具体事件或案件的性质和法律应用做出准确的判断和处理，正确地实施法律。司法平等原则，是指同样的事物同样的对待，相同的案件相同的处理。这是公平、正义的基本要求之一。在司法过程中，司法平等是实现权利平等的重要环节和保障。

（2）完善技术限制性条款，防止权利滥用

以我国《反垄断法》为依据，完善我国技术转让中有关限制性条款的立法。在国际上，对技术转让合同中的限制性做法，一般是运用《反垄断法》的框架来进行规制，所规定的法律责任也远不止是民事赔偿。以美国为例，如果技术转让合同中的限制性做法违反了《反垄断法》的规定，则可以提起私人之诉、联邦政府之诉或是由联邦贸易委员会提起诉讼，所使用的法律救济手段通常有三倍的民事赔偿、相关的禁令救济，甚至是刑事制裁等。

尤其是，在国际技术转让领域新技术不断出现，为了规避各国法律的管制，技术转让方在合同中订立限制性条款的做法不断翻新、隐蔽性更强。因此，应当确立一个兜底条款，以适应国际技术贸易发展的需要。

（3）规范技术合同风险

由于技术转让合同不同于一般的商品买卖合同，因此合同双方当事人应明确与专利或技术秘密转让的相关条款。以专利转让条款为例，其中一般包括：受让的技术或设备是否包含专利权，如果包含应列出相应的专利名称和专利号；转让方对其专利权的真实性和有效性给予承诺的条款；如果是以许可的方式进行转让，应明确专利权的许可方式；在合同中明确受让方对相关专利权的使用权限；明确在技术转让中产生纠纷的责任划定；如果在技术转让费中包含了专利使用费，应明确转让方要承担由于其过失造成专利权丧失给受让方带来的损失；合同中约定的专利权如果发生被他人请求无效时，应明确由专利权人负责办理专利无效的一切法律事务。在技术转让合同中，只有明确了相关条款，才能明晰责任，避免日后陷入专利权纠纷。

技术转让合同的标的是技术，而技术在应用的时候有可能因为各种原因的干扰而无法达到预定的目的，这就是技术实施过程中的风险。为了避免由于技术实施中的不确定因素造成过大的经济损失，合同双方应当在订立合同时商定若干风险预案。一旦出现相应的风险事件，及时采取预案措施，减少经济损失。在合同中双方当事人没有约定而法律又没有规定的情况下，应根据技术转让合同的特点，完善相关风险责任的法律规定，这样可以使合同的双方当事人更加明确各自的责任，当出现责任纠纷时，在法律上也更容易得到解决。

（4）提高司法人员的业务水平

在处理技术纠纷的过程中，除了会遇到复杂的法律问题外，还会涉及许多学术问题，特别是在尖端技术研究和开发过程中会遇到科学技术决策和技术的评价问题。在解决纠纷过程中，要从科学技术工作的实际出发，司法工作人员要提高科学技术的知识水平，了解和熟悉科学技术的运行规律，在具体判断技术成果的学术和技术水平、真伪等问题时，要与科学行政管理机关的管理人员联系，并由科技行政主管机关出具技术判定的意见。

加强广大知识产权法官应用法学理论研究，创新学习方法，定期开展多种形式的业务学习，及时更新知识产权法学理论知识，适应中国特色社会主义法律体系，形成对人民法院知识产权司法保护的深刻影响。

全国人大常委会前副委员长成思危在谈到建立科学技术的法律体系时指出：在当前，我们尤其需要从国家利益出发建立保障中长期科技发展规划顺利实施的法律体系，确保科技立法体系的系统性、科学性、公平性和渐进性。

（五）健全技术市场管理与监管体系

1. 建立健全技术市场管理和监管机构

（1）建立健全技术市场管理机构

明确技术市场机构的职能。技术市场管理，是指各级政府依据国家的有关法律、法规与政策，对技术市场的宏观环境进行规划、培育，对我国技术商品转化过程的活动进行扶植、引导和干预，对进入技术市场流通领域的技术商品交易活动的主体行为进行监控，营造良好环境，加速我国科技成果商品化，加速科学技术向现实生产力转化的进程为之提供服务的过程。❶

要对技术市场管理机构的设置、管理权限、职能和管理方式做出规定。对特定管理工作如举办技术交易会、进行技术市场统计、技术合同的认定与登记等制定具体、明确的程序规则。行政机关执法过程中，应遵循合法性与合理性原则，使执法行为做到客观、公正、适当。同时，在对技术市场实行组织和管理过程中，以尽可能大的收益取得最大的执法效益。要求各执法主体积极履行行政职责，对行政相对人的各项请求及时做出反应，对各种行政事务及时通过执法做出反应，有效地履行国家的行政职能。

确立全国技术市场管理机构。为此，建议设立科技部技术市场管理司，归口管理与协调全国技术市场工作。其职责是负责宣传贯彻和实施有关技术市场法律，组织制定相关政策和法规；负责对技术市场发展与技术交易活动实行规划管理与协调指导；负责管理技术合同认定登记工作；负责技术市场统计和分析，发布技术市场信息；负责管理技术市场发展资金；负责技术市场表彰奖励工作；会同有关部门检查技术交易活动，依法处罚违法行为，调解技术合同纠纷，参与技术合同纠纷的仲裁；会同市财税部门落实技术市场财税优惠政策；

---

❶ 田波. 技术市场学［M］. 北京：红旗出版社，2005：286.

会同有关部门开展国内外技术转移和技术市场的研究与交流；负责联系中国技术市场协会、全国技术转移联盟全国技术市场（技术转移）培训中心、全国技术市场（技术转移）信息中心、全国技术市场（技术转移）研究中心等。

健全和稳定地方各级技术市场管理机构。明确各级科技管理部门技术市场管理的机构和职责。加强对技术合同认定登记机构的管理，制定认定与绩效考核办法。完善合同登记和统计管理办法，健全指标体系，规范统计口径，进一步提高统计与分析水平。研究制定重大技术转移项目的审查办法。

探索建立全国技术市场信用体系。建立技术市场各类相关主体的信用数据库，开展技术转移机构、技术经理人的信用征信和评级试点。

（2）完善技术市场的责任监管

随着技术市场规模的扩大，对技术市场的责任监管越发显得重要。对于全国技术市场监管，可借鉴中国证监会、银监会的模式，组建"中国技术市场监督管理委员会"，以对市场进行综合性监管。采取法律规范的形式，规定对技术商品生产和交换的鼓励与限制措施，维护宏观利益，限制市场经济的弊端，制裁行政违法行为，保证技术商品经济的发展和技术市场的健康运行。加快推进和完善各级技术市场监督管理体系建设。

（3）加强对高校、科研机构技术交易的管理和监督

在各省市教育主管部门或大学内设立技术交易管理部门，或在高校、科研机构科技管理部门的职能上增加技术交易管理的职能，开展技术合同登记工作。对签订的技术合同进行规范管理和监督，切实贯彻落实好国家鼓励技术创新和科技成果产业化的税收优惠政策。将高校、科研机构技术交易额纳入考核指标，对业绩突出的技术合同登记部门给予一定补贴和奖励。

（4）规范技术市场秩序

在技术交易过程中，技术交易主体行为的不规范也给技术市场的发展带来了很大的不确定性，给技术市场管理秩序造成了一定的影响。因此，需要技术市场管理的监管部门完善相关法律制度，进一步规范交易行为，建立技术市场信用体系。

在规范技术市场秩序方面，把建立公平竞争、规范有序的技术市场秩序作为立法的重要目标，进一步强化规范市场秩序的法律措施。首先，对现行的技术交易形式，如直接交易、通过中介交易、招投标、拍卖等方式都应明确其合法性，并做出规定。其次，对技术交易行为应做出规定，明确技术交易当事人应共同遵守的市场规则。最后，对非法垄断技术和妨碍技术进步以及侵害他人技术成果的行为，应明令禁止，这也是保护知识产权的必然要求。

2. 全面加强技术合同认定登记工作

建议科技部发布《关于进一步加强技术合同认定登记工作的意见》（以下

简称《意见》)。近几年,技术交易规模成为地方科技部门乃至地方政府工作的一项重要考核指标,技术合同认定登记工作有所加强。全国技术合同登记处达到 898 家,登记员达到 1585 名❶。《意见》为保障技术合同认定登记工作稳定、高质、高效开展,要明确技术合同认定登记机构的性质和职能,设立技术市场专项工作经费,对认定登记机构工作经费予以补贴,加强认定登记机构队伍素质建设,提高认定登记质量和水平,保障科技部"十三五"规划中技术合同交易目标的顺利实现。

高校、科研机构的技术交易合同应当认定登记。《意见》应当明确规定,高校、科研机构承担政府科技计划项目研发成果的技术交易合同,签订生效之日起 3 个月内,应当到省级科技行政部门认定登记。这是在当前形势下,大力促进政府科技计划项目的研发成果向地方政府和企业转移的一个便捷而行之有效的办法。

3. 建立技术转移效率统计指标

"科技成果转化率"是当前社会上广为使用的用于评价科技成果转化的指标。尽管一些学者从研究的角度对"科技成果转化率"的概念及计算方法进行了探讨,但是,由于缺乏对"科技成果"以及"转化"的标准进行明确界定,因此很难达到实践应用和国际比较的标准。

为了适应新形势,不宜再用"科技成果转化率"的概念,应当用新的方法。技术转移效率测算方法主要是以技术卖方为主的,也可用于科技管理部门。技术卖方主要指承担国家科技计划项目的大学、科研机构和企业等。主要采集第一类指标的数据进行测算,如果具备条件时,可选取第二类指标的某些数据进行测算。技术转移效率统计指标的研究与设计,借鉴了欧盟 IRC 评价指标、AUTM 技术转移调查指标。

(1)第一类指标

第一类指标为技术转移效率统计指标,主要包括研发经费支出额等 12 项一级指标和纵向科研经费支出额等二级指标(详见表 5 - 1)。

表 5 - 1 技术转移效率统计指标

序号	一级指标	二级指标	说　　明
A	研发经费支出额		
A1		纵向科研经费支出额	指承担政府科技计划项目经费支出额
A2		横向科研经支出费额	指承担企业等科技计划项目经费支出额

---

❶ 数据来源:北京技术市场管理办公室,全国技术合同网上登记系统,2015 年 6 月 11 日。

序号	一级指标	二级指标	说　明
A3		自筹科研经费支出额	
B	科技成果发布数（登记数）		指承担单位承担国家计划项目科技成果报告数或登记数
C	中国专利申请数		包括计算机软件著作权、集成电路布图设计专有权、植物新品种、生物医药新品种的数量
D	专利授权数		包括计算机软件著作权、集成电路布图设计专有权、植物新品种、生物医药新品种的数量
E	专利（非专利）技术合同数		
E1		专利技术合同数	
E2		非专利技术合同数	
E3		技术股权数	
F	专利（非专利）技术合同额		
F1		专利技术合同额	
F2		非专利技术合同额	
F3		技术股权套现额	
G	研发新产品进入市场数		指研发新产品进入市场 1 年后的数量
H	支持新创办公司数		指获得技术受让而新创办公司注册 1 年后的数量
I	技术转移机构数		
J	技术转移机构员工数		指全职、半全职、其他员工的数量
K	技术市场管理机构数		指各级科委市场处或者市场办的数量，技术合同登记处的数量
L	技术市场管理机构员工数		指全职、半全职、其他员工的数量

计算公式：

① 技术转移投入与产出之比 = F/A

② 科技成果与技术转移之比 = E/B

③ 授权专利与技术转移之比 = E/D

④ 专利生成与科技成果之比 = D/B（C/B）

⑤ 专利投入与产出之比 = C/A（D/A）

（2）第二类指标

① 市场与经济发展指标

是指从社会经济效益来考核技术转移的效率，所谓"市场指标"就是通过技术转移对市场发展的推动作用来衡量技术转移的效率，而"经济发展指标"则是用来描述技术转移对社会所产生的影响，如对某个地区甚至整个国家所产生的经济推动作用。前者多用于评价单个或多个企业的技术转移效率，后者则主要用于对国家科研机构等技术卖方技术转移的综合评价，这两个指标被普遍有效地应用于许多绩效评价的研究中。

② 政府奖励指标

是指技术转移项目获奖数。政府奖励作为一个指标来评价技术转移的效率，政府对一项技术转移奖励的多少可以从侧面反映该技术对社会经济所产生的积极影响，如果政府对于一项科研项目愿意提供很大的支持或者对于一项技术转移的效果给予一定的奖励，这就表明该项目或技术转移具有一定的社会价值，这一指标比较直观而且容易衡量，所以用"政府奖励"的多少来评价技术转移的效率。

③ 机会成本指标

是指即为研究机构在从事一项技术研究转移过程中所丧失的参与其他研究技术转移的机会，如果一项技术转移的机会成本过于庞大，科研机构就会考虑是否应该从事技术转移。

机会成本指标考虑了技术供方对技术转移活动的参与程度。

④ 人力资本指标

是指科学知识、技术知识以及社会知识和技巧的总和，是在工作中可以利用的自身所有资源的总和。

4. 建立中国技术交易指数

（1）建立中国技术交易指数的必要性

实施创新驱动战略的需要。权威地反映中国技术市场技术交易的活跃程度，反映技术交易的水平程度，反映技术创新的程度，反映产学研的合作程度，推动技术转移和技术扩散。

规范技术市场的需要。树立技术交易的市场标杆，及时反映市场动态和趋势，预测市场需求与走势，权威及时发布信息，实现品牌化、信息化、规范化，促进技术市场的健康发展。

与其他市场互动的需要。反映技术市场资金人才等需求，引导投资趋势，吸引各类人才，对接全球技术市场，推动国际技术转移，扩大中国技术市场的品牌影响力。

中国技术交易指数应当具有权威性、功能性、传播性、品牌性和预测性。

（2）中国技术交易指数指标体系设计原则

可操作性。具有可操作性，指标内容要容易理解，不能产生歧义，指标体系在实践中较为准确和方便运用。

可量化性。采取量化的方法，使用信息量具有一定宽度和广度的指标。

可比性。有利于区域之间的横向比较。尽量采用国际通用或者相对成熟的指标，注意指标的内涵和外延。

系统性。广泛的覆盖面，对相关各重要方面都有很强的反映功能。

科学性。具备充分理论依据，针对其内涵、理论和实践研究为基础，体现技术交易的普遍规律和特征。

（3）中国技术交易指数指标框架设想

中国技术交易指数指标初步设想，包括技术交易活跃程度、技术交易水平程度、技术创新程度、产学研合作程度等四个一级指标，每个一级指标又包括若干个二级指标和三级指标（详见表5 –2 至表5 –8）。

表5-2 中国技术交易指数指标总框架表

序号	一级指标	权重%	二级指标	权重%	三级指标	权重%	数据来源及备注
1	技术交易活跃程度	28%	技术交易总活跃程度	16%	合同数、合同额	60%、40%	《全国技术市场统计报告》
			流向外省市技术交易活跃程度	16%	合同数、合同额	60%、40%	《全国技术市场统计报告》
			技术出口交易活跃程度	16%	合同数、合同额	60%、40%	《全国技术市场统计报告》
			高校技术交易活跃程度	18%	合同数、合同额	60%、40%	《全国技术市场统计报告》
			科研机构技术交易活跃程度	18%	合同数、合同额	60%、40%	《全国技术市场统计报告》
			企业技术交易活跃程度	16%	合同数、合同额	60%、40%	《全国技术市场统计报告》
2	技术交易水平程度	26%	科技计划项目成果技术交易程度	20%	合同数、合同额	60%、40%	《全国技术市场统计报告》
			技术合同实现程度	18%			中国技术市场管理促进中心协调
			技术合同兑现财税政策程度	20%			中国技术市场管理促进中心协调
			技术合同额占R&D程度	22%			《中国科技统计年鉴》
			技术合同额占GDP程度	20%			《全国技术市场统计报告》
3	技术创新程度	25%	技术开发交易程度	20%	合同数、合同额	60%、40%	《全国技术市场统计报告》
			技术转让交易程度	20%	合同数、合同额	60%、40%	《全国技术市场统计报告》
			专利技术交易程度	20%	合同数、合同额	60%、40%	中国技术市场管理促进中心协调
			其他工业产权技术交易程度	20%	合同数、合同额	60%、40%	中国技术市场管理促进中心协调
			专利许可备案程度	10%			国家知识产权局、公司
			专利转让备案程度	10%			国家知识产权局、公司
4	产学研合作程度	21%	企业与院所委托开发合作程度	25%	合同数、合同额	60%、40%	中国技术市场管理促进中心协调
			企业与院所合作开发合作程度	30%	合同数、合同额	60%、40%	中国技术市场管理促进中心协调
			院所与企业技术转让合作程度	20%	合同数、合同额	60%、40%	中国技术市场管理促进中心协调
			院所与企业技术咨询合作程度	10%	合同数、合同额	60%、40%	中国技术市场管理促进中心协调
			院所与企业技术服务合作程度	15%	合同数、合同额	60%、40%	中国技术市场管理促进中心协调

表5-3 技术交易程度指数表

序号	一级指标	权重%	二级指标	权重%	三级指标	权重%	数据来源及备注
1	技术交易活跃程度	37%					
1.1			技术交易总活跃程度	16%	技术合同成交总数（项）	60%	《全国技术市场统计报告》
					技术合同成交总额（亿元）	40%	《全国技术市场统计报告》
1.2			流向外省市技术交易活跃程度	16%	流向外省市技术合同成交数（项）	60%	《全国技术市场统计报告》
					流向外省市技术合同成交额（亿元）	40%	《全国技术市场统计报告》
1.3			技术出口交易活跃程度	16%	技术出口合同成交数（项）	60%	《全国技术市场统计报告》
					技术出口合同成交额（亿元）	40%	《全国技术市场统计报告》
1.4			高校技术交易活跃程度	18%	高校技术合同数（项）	60%	《全国技术市场统计报告》
					高校技术合同额（亿元）	40%	《全国技术市场统计报告》
1.5			科研机构技术交易活跃程度	18%	科研机构技术合同数（项）	60%	《全国技术市场统计报告》
					科研机构技术合同额（亿元）	40%	《全国技术市场统计报告》
1.6			企业技术交易活跃程度	16%	企业技术合同数（项）	60%	《全国技术市场统计报告》
					企业技术合同额（亿元）	40%	《全国技术市场统计报告》

表 5 - 4　技术交易水平程度指数表

序号	一级指标	权重%	二级指标	权重%	三级指标	权重%	数据来源及备注
2	技术交易水平程度	33%					
2.1			科技计划项目成果技术交易程度	20%	科技计划项目成果技术合同数（项）	60%	《全国技术市场统计报告》
					科技计划项目成果技术合同额（亿元）	40%	《全国技术市场统计报告》
2.2			技术合同实现程度	18%	技术合同实现数（项）	60%	中国技术市场管理促进中心协调
					技术合同实现额（亿元）	40%	中国技术市场管理促进中心协调
2.3			技术合同兑现财税政策程度	20%	技术合同兑现财税政策数（项）	60%	中国技术市场管理促进中心协调
					技术合同兑现财税政策额（亿元）	40%	中国技术市场管理促进中心协调
2.4			技术合同额占 R&D 程度	22%	技术合同额占 R&D 的比重（%）		《中国科技统计年鉴》
2.5			技术合同额占 GDP 程度	20%	技术合同额占 GDP 的比重（%）		《全国技术市场统计报告》

表 5 - 5　技术创新程度指数表

序号	一级指标	权重%	二级指标	权重%	三级指标	权重%	数据来源及备注
3	技术创新程度	30%					
3.1			技术开发交易程度	20%	技术开发合同数（项）	60%	《全国技术市场统计报告》、企业与院所
					技术开发合同额（亿元）	40%	《全国技术市场统计报告》、企业与院所
			技术转让交易程度	20%	技术转让合同数（项）	60%	《全国技术市场统计报告》、企业与院所
					技术转让合同额（亿元）	40%	《全国技术市场统计报告》、企业与院所
			专利技术交易程度	20%	专利技术转让合同数（项）	60%	中国技术市场管理促进中心、企业与院所
					专利技术转让合同额（亿元）	40%	中国技术市场管理促进中心、企业与院所
			其他工业产权技术交易程度	20%	其他工业产权转让合同数（项）	60%	中国技术市场管理促进中心、企业与院所
					其他工业产权转让合同额（亿元）	40%	中国技术市场管理促进中心、企业与院所
			专利许可备案程度	10%	专利许可备案数（件）		国家知识产权局、公司
			专利转让备案程度	10%	专利转让备案数（件）		国家知识产权局、公司

表5－6　产学研合作指数表

序号	一级指标	权重%	二级指标	权重%	三级指标	权重%	数据来源及备注
4	产学研合作程度	21%					
4.1			企业与院所委托开发合作程度	25%	企业与院所委托开发合同数（项）	60%	中国技术市场管理促进中心协调
					企业与院所委托开发合同额（亿元）	40%	中国技术市场管理促进中心协调
4.2			企业与院所合作开发合作程度	30%	企业与院所合作开发合同数（项）	60%	中国技术市场管理促进中心协调
					企业与院所合作开发合同额（亿元）	40%	中国技术市场管理促进中心协调
4.3			院所与企业技术转让合作程度	20%	企业与院所技术转让合同数（项）	60%	中国技术市场管理促进中心协调
					企业与院所技术转让合同额（亿元）	40%	中国技术市场管理促进中心协调
4.4			院所与企业技术咨询合作程度	10%	企业与院所技术咨询合同数（项）	60%	
					企业与院所技术咨询合同额（亿元）	40%	
4.5			院所与企业技术服务合作程度	15%	企业与院所技术服务合同数（项）	60%	
					企业与院所技术服务转让合同额（亿元）	40%	

表 5 - 7 技术领域交易指数表

序号	一级指标	权重%	二级指标	权重	数据来源及说明
1	技术交易活跃程度	37%			《全国技术市场统计报告》
					中国技术市场管理促进中心协调
2	技术交易水平程度	33%			《全国技术市场统计报告》
					中国技术市场管理促进中心协调
3	技术创新程度	30%			《全国技术市场统计报告》
					中国技术市场管理促进中心协调
					国家知识产权局、公司
4	产学研合作程度	21%			中国技术市场管理促进中心协调

说明：

技术领域分类：

（1）电子信息技术；（2）航空航天技术；（3）先进制造技术；（4）生物、医药和医疗器械技术；

（5）新材料及其应用；（6）新能源与高效节能；（7）环境保护与资源综合利用技术；

（8）核应用技术；（9）农业技术；（10）现代交通；（11）城市建设与社会发展。

116

表 5-8 中国技术市场发展指数表❶

一级指标	二级指标	三级指标
技术市场主体发展程度	企业作用发挥程度	企业 R&D 经费支出占产品销售收入比重
		国内企业发明专利申请量占国内发明专利申请量的比重
		企业输出技术交易额占技术合同成交总金额的比重
		企业吸纳技术交易额占技术合同成交总金额的比重
	科研机构和高等院校作用发挥程度	研发机构的科技活动人员占从业人员的比例
		研发机构作为卖方的技术合同成交额与科技活动人员的比例
		高等学校作为卖方的技术合同成交额与科技活动人员的比例
	技术中介作用发挥程度	技术贸易机构中科技人员数占从业人员比重
		以公司制运作的技术贸易机构数量占技术贸易机构的比重
		技术贸易机构作为卖方的技术合同成交额与科技活动人员的比例
技术市场运行的完善程度	技术交易水平	技术市场成交额相当于 GDP 的比重
		万名 R&D 活动人员向国外转让专利使用费和特许费
		成交额 1000 万元以上的重大技术交易合同所占比重
		科技计划项目成果中通过技术市场交易的合同金额
	技术交易价格形成机制的完善程度	国内平均每份技术合同交易额
		国内发明专利授权数占国内专利授权数的比重
		技术价格评估管理的规范化
	技术产权化程度	技术产权交易合同成交额

❶ 张江雪. 我国技术市场发展程度的测度 [J]. 科研管理, 2010（5）.

续表

一级指标	二级指标	三级指标
技术市场法律政策环境的保障程度	政策有效度	技术合同认定登记制度的完善程度
		技术市场税收优惠政策的完善程度
		国家级技术市场金桥奖的完善程度
	法律法规有效度	科技成果转化相关法规的完善程度
		专利法及其实施细则的完善程度
		技术市场相关条例的完善程度
	队伍建设水平	技术贸易机构本年度取得资格证书人数
		技术经纪人认证制度的完善程度
	金融环境水平	中国创业风险投资管理资本总额
技术市场的效益	新产品产出能力	大中型工业企业新产品产值占工业总产值的比重
		大中型工业企业新产品销售收入占总产品销售收入的比重
	生产能力	综合能耗产出率
		环境污染治理指数
		就业人员劳动生产率

118

第六章　梦想与超越

一、理论的超越：技术市场理论的嬗变

（一）科技成果转化——计划经济体制下的产物

科技成果转化概念是由苏联第一个提出来的，是苏联计划式科技体制的产物。1933 年，伴随着计划经济体制在苏联的确立和运行，原有的科技体制被弃用，科学院成了科研工作的中心，政府直接主管科研与生产，科学院主导科研，企业专攻生产，一切都由政府计划进行。1956 年，我国的经济发展水平低下，科研基础薄弱，科技资源稀缺并遭受国际封锁，新中国只能选择效仿苏联，通过集中现有资源快速提高科技水平。国家当时实行的是一种自上而下的计划式科技体制，实施赶超发展的战略，政府直接组织科技规划、计划的制定和实施，并直接管理科研机构，其人力、经费、物资等完全由政府按计划统一调配，❶ 目标是在较短时间内赶上和超过世界先进水平，采用的是科研院所、高校、企业、国防科研相互独立的结构，以计划来推动科技项目和任务。❷

1. 科技成果的属性

科技成果具有国家性。计划式科技体制下，科研课题是由上级行政管理部门根据国家需要来确立的，科研经费也来自国家拨款，科研成果就自然成了国家"投资"的收益，并具有国家性。

科技成果具有非商品性。科技成果转化是计划经济时代的产物，科技成果从根本上就没有商品属性，转化时无偿的，不能通过交易取得；其不是因为市场需要而产生，也没有市场定价，不通过市场来进行配置，带有浓厚的行政性质，整个科技成果转化活动都是遵照行政机关的意愿进行的。

2. 科技成果转化的实质

在计划经济体制下，科技成果是科技活动的主要评价指标，科研工作者重数量轻质量，不能转化的成果成堆，不想转化的思想泛滥，导致科技成果束之高阁，科研资源严重浪费，迫使国家出面提出科技成果转化的目标和措施。

科技成果转化是为了满足国家需求。首先，计划式科技体制下，国家集中

---

❶ 方新. 中国科技体制改革的回顾与前瞻［J］. 科研管理，1999（3）.

❷ 朱效民. 中国科技体制：昨天、今天和明天［J］. 信息周刊，2007（10）.

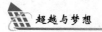

科技资源并进行统一配置，以应对当时国内国际恶劣的科技发展环境，科技成果转化带有较强的功利性。其次，科技活动优先服务于薄弱的国家经济和国防需要，甚至是为了获得某种国际政治地位，从属于国家意愿。最后，科技活动经费由国家拨付，也必然决定了科技成果转化必须满足国家的需要。

科技成果转化是由行政部门主导。科技成果转化活动本身可以看作是一项行政事务，它的发起主体是行政主管部门，科技成果转化双方是国家成立的科研机构和为了实现计划配置国家资源的国家工厂和企业，双方主体都具有一定的行政性质。转化的客体和目标内容均在一定程度上从属于政府部门的意见，并按相关文件的具体规定进行，所以科技成果转化是由行政部门主导的"行政事务"。

科技成果转化具有一定的计划性。科技成果转化活动是由政府相关部门进行组织，从时间、经费、完成指标、参加人员数量到技术职称等都有一定要求，由法律法规及相应程式化的文件做指导，目标明确，是国家意志的体现，并按照国家制定的计划来进行。❶

（二）科技成果转化理论的开端与技术转移理论在我国的兴起

随着生产力水平的提高，计划经济在资源配置上的僵化与滞后效应逐渐显现，在科技成果转化方面则具体体现为科研与经济的脱节，为进一步解放生产力，1979 年我国正式实行对外开放、对内搞活的经济发展战略，开始了经济体制改革的进程。此后，经济体制改革以发展商品经济、发挥市场在资源配置方面的积极作用为主线稳步推进，科技成果逐步实现商品化，技术市场的建立和发展促进了科技成果转化活动的市场化。学者们将科技成果转化作为技术市场的重要活动来研究，并逐渐形成了科技成果转化理论。

1. 科技成果商品属性的讨论

由于长期以来实行的计划经济体制，技术的商品属性一直被忽视甚至被反对，在技术市场理论研究兴起之初，围绕技术商品的非物质性、科技成果交换、技术商品的特殊性等问题曾经进行了一场为时甚久的大讨论。显然，解决技术商品属性问题的关键就是如何正确理解科技成果多样性与商品属性的关系。随着研究的深入，各方逐步对技术商品的存在形式具有多样性这一观点达成了基本共识，认为科技成果的表现形式是多样的，既有以新产品、新设备等"硬件"形式表现的物质性成果，也有以经验、报告、图纸等"软件"形式表现的知识性成果。

---

❶ 李光普. 农业科研机构科技成果转化中存在的问题及对策研究［D］. 北京：中国农业大学，2004.

2. 科技体制改革为科技成果转化带来良机

科技体制改革。1978 年 3 月，全国科学大会召开，邓小平在开幕式上发表了重要讲话，明确提出了"科学技术是第一生产力"这一重要论断，并特别强调"四个现代化，关键是科学技术的现代化。没有现代科学技术，就不可能建设现代农业、现代工业、现代国防。没有科学技术的高速度发展，也就不可能有国民经济的高速度发展"。这一讲话深刻地指出了科学技术在经济建设、发展社会生产力方面具有特别重要的地位，为科技制度改革和技术市场建立扫清了障碍，确立了基础。

科技成果的商品化。1980 年，沈阳市建立了技术服务公司，调查科技成果的供求情况，产生了我国技术市场的雏形。同年 10 月，国务院颁布《关于开展和保护社会主义竞争的暂行规定》，明确规定"为了鼓励革新技术和创造发明，保障有关单位和人员应有的经济利益，对创造发明的重要科技成果要实行有偿转让"。科技成果商品化进程自此拉开序幕。❶

技术市场的建立与发展。1985 年 1 月，国务院发布了《关于技术转让的暂行规定》，指出"在社会主义商品经济条件下，技术也是商品，单位、个人都可以不受地区、部门、经济形式的限制转让技术。国家决定广泛开放技术市场，繁荣技术贸易，以促进生产发展"。首次正式明确了技术商品和技术市场的法律地位。同年 3 月，中共中央在《关于科学技术体制改革的决定》中进一步指出"技术市场是我国社会主义商品市场的重要组成部分"，要"促进科技成果的商品化，开拓技术市场，以适应社会主义商品经济的发展"。技术市场以法律的形式得以确认，国家更是通过法律制度来推进科技成果的转化，技术市场的建立和发展则进一步为科技成果的转化创造了一个良好环境。

3. 技术转移理论的兴起

国外对技术转移理论的研究。技术转移在国际经济理论和技术理论中首次被使用是在 20 世纪 60 年代中期。最初是作为解决南北问题的一个重要战略，1964 年在第一届联合国贸易发展会议上提出并讨论的。会议上把国家之间的技术输入与输出统称为技术转移。❷ 学界和科技界逐渐对技术转移开始了初步的研究，即对技术转移进行各种界定，对技术转移的方式进行总结，对技术转移的形式进行划分。如美国学者布鲁克斯在 1968 年曾给技术转移下过一个定义：技术转移是在一个团体或机构中发展起来的、合理体现在其他团体或机构所做的事情中的知识。随即出现了广义的和狭义的技术转移界定研究，技术横向转移和纵向转移方式的研究。

---

❶ 雷李军，傅正华. 技术转移概念的引进和发展［J］. 企业改革与管理，2006 (7).
❷ 范保群，张钢，许庆瑞. 国内外技术转移研究的现状与前瞻［J］. 科学管理研究，1996 (1).

国内引进技术转移理论。20 世纪 70 年代后期，随着改革开放的兴起，技术转移概念开始传入我国。1982 年，《瞭望》杂志在第 8 期刊登了一篇名词解释《什么是技术转移》，在这个解释中技术转移被定义为科学技术成果、信息、能力的转让、移植、引进、推广、普及等。如工业生产方面将原材料、工艺、设备、产品方面的图纸、工艺方案、设计资料，以及某些理论研究成果、设想、意见等，在地区、部门之间进行交流。这个对技术转移的界定得到了学界普遍的认可。[1] 除了对技术转移概念进行研究之外，学者也对技术转移的形式进行了深入的研究，并将技术扩散、技术转化和技术转让等活动作为广义的技术转移的方式。学界还对技术的内部转移和外部转移进行了比较研究。

由于科技成果转化理论在当时仍然处于主导地位，仍然是指导技术市场发展和技术向生产力转化的主要理论依据，技术转移更多地处于一种理论研究状态，并没有与当时的科技成果转化活动相结合起来。但是，技术转移深度研究成果，技术转移的梯度理论却引起了学界和政府的高度重视。夏禹龙、何钟秀关于技术转移的梯度理论成为 20 世纪 80 年代以来对我国区域政策和实践影响较大的区域经济发展模式构想之一。[2] 自此，学者们将更多的注意力投向了技术转移的研究当中，将技术转移研究引向深入。

（三）科技成果转化的困境与技术转移理论研究的深入

1. 科技成果转化的困境

科技成果转化活动经历了科技体制改革初期的发展之后便陷入了困境当中，出现了科技成果有数量但却低质量，科技成果转化难度大，科技成果流转不完全市场化等问题，这反映出来的并不是科技成果转化为生产力的过程受到了冲击，而是指导科技成果转化实践的理论禁锢这项活动，逐渐体现出了它与科技发展现状的不适应性。究其原因，主要有以下几方面：

① 科技成果的评价指标角色没有转换。市场经济环境下，科技成果应该成为技术市场的客体，从研发到转化应用都应该遵循市场规律来进行，由市场筛选出最好的、企业最需要的科技成果。然而，在现阶段，科技成果仍然被一些科研院所视为科技活动的评价指标，没有处理好经济效益与"成果"的关系，为了更快地取得更对的"成果"，热衷于开发"短平快"项目，这些项目往往水平低、效益低、不符合企业需求、不符合市场需求，从而阻碍了科技成果的转化。

② 科技成果转化活动主体关系不明确。20 世纪 90 年代，科技成果转化活动主体关系不明确导致了整个转化活动市场化不彻底，转化活动并不能反映出

---

❶ 雷李军，傅正华. 技术转移概念的引进和发展［J］. 企业改革与管理，2006（7）.

❷ 戴宏伟. 从非均衡到均衡：改革开放 30 年区域经济发展战略的转变［J］. 党政干部学刊，2008（12）.

实际的供需关系，也无法确定确立项目的国家、负责研发的研究机构和应用技术的企业各自在活动中扮演的角色。政企一家和科研院所涉"市"不深所带来的结果就是投资者、技术方、企业方在转化活动中很难分清各自的权益所属，不利于科技成果转化。

③ 科技成果转化缺乏足够动力。科技成果转化市场化不彻底所带来的后果，就是科研人员从科研活动是出于完成任务而非干事创业，创造收益。他们的收入很少能够与所生产出的成果挂钩，至于分得成果转化后的利润就更加难以实现，科研人员的创造力和所做出的重大贡献并没有获得相应的报酬，因此，他们将技术做好、做精甚至是做成产品的积极性无从谈起。科研主体没有了积极性，如何能保证科研的成果能够有质有量？又如何能够将这些本就打了折扣的成果转化成生产力？

2. 技术转移理论研究的深入

20 世纪 90 年代，我国对技术转移的研究已近 20 年，经历了从单纯的理论研究到理论联系实际、从实际的技术转移活动中研究的过程。1992 年，国家科委、国家体改委联合发出通知，要求全国开展生产力促进中心的试点工作，技术转移活动在本国的快速发展和政府对于技术转移的大力支持，在很大程度上加快了技术转移理论研究的步伐。90 年代的技术转移理论研究向纵深发展，已经不再局限于技术转移概念的界定、必要性、方式的研究，而是对技术转移的运行机制、运行环境、运行规律、模式，技术转移的要素及过程进行深入研究，探讨技术转移与区域经济发展的关系。1997 年，曾德聪、仲长荣著的《技术转移学》，由福建科技出版社正式出版，标志着我国对技术转移的研究进入了一个新的高度。

经历了前一阶段的发展，理论界不再将研究眼光局限于国际技术转移，这段时间以来，我国无论理论界还是实际操作中都是国际、国内两条线并行，一方面从国外引进高尖端技术，另一方面也不断通过"送科技下乡"、西部大开发等国家决策行为推动成熟技术在国内各地区转移。理论界还不断推进国家层面进行技术转移的政策、法律和经济环境建设。

这一阶段，技术转移理论发展的特点是，技术转移理论日益成熟并积极指导我国的技术转移活动；技术转移规模进一步扩大，带动了我国跨国大公司的发展；企业已经成为技术转移的主体，并主动研究发展技术转移理论和实践活动；国内资本市场的日益完善为技术转移提供了更为丰富的资金来源；在我国加入 WTO 前后，国际市场给我国立志于角逐国际大市场的企业带来了挑战和机遇。❶

---

❶ 傅正华，林耕，李明亮. 我国技术转移的理论与实践［M］. 中国经济出版社，2007.

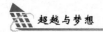

（四）科技成果转化理论向技术转移理论的嬗变

1. 技术转移理论的实践应用

21 世纪初，技术市场的快速发展和技术在国家发展中地位的提升，使得技术转移理论研究进入了更加广泛的发展领域，理论背景与研究内容愈加丰富，理论所指导的实践活动成果斐然。

指导国家技术转移体系初步建立。技术转移理论指导国内技术转移实践活动的成果之一就是国家技术转移体系的初步建立。21 世纪的第一个十年，国内出现了中国科学院、教育部 9 大国家技术转移中心齐头并进，科技部四大国家级常设技术市场独占鳌头，国防科技军民技术双向转移一枝独秀，各行业、各部门技术转移机构百花齐放的局面。技术转移五大系统并驾齐驱，技术转移呈现出欣欣向荣的发展景象。

推进区域技术转移联盟的快速发展。技术转移理论指导国内技术转移实践活动的成果之二就是推进区域技术转移联盟的快速发展。2002 年，党的十六大提出了建设国家创新体系的任务和目标，区域技术转移联盟更是提高到了战略性的高度。国内形成了"环渤海经济区""长江三角洲经济区""珠江三角洲经济区"为内容的三大经济区。三大经济区与周边其他地区具有紧密的经济联系性，资源机构相互补充，产业属性前后连接，技术内容相互渗透，企业跨地区投资和跨地区兼并，相继形成了三大区域技术转移联盟：环渤海技术转移联盟、长三角技术转移联盟、东北技术转移联盟。

促进产学研的广泛合作。产学研是技术转移研究向纵深发展的理论成果之一，也是重要的技术转移实践活动。产学研就是企业、高等院校和研究院所通过自主协商，为市场需求和共同利益联合起来，按照市场经济机制，采取多种方式进行的科研开发、生产营销、咨询服务等经济合作活动。1999 年，国家相继出台重要文件，要求加强产学研合作，并提供政策支持，将产学研结合提高到国家的战略高度，成为国家创新体系的重要组成部分。❶

2. 技术转移理论的替代优势

技术转移的内涵大于科技成果转化。《决策科学辞典》中将技术转移定义为：科学技术在国家间、地区间、行业间以及在科学技术自身的系统内输出与输入的活动过程。技术转移的内容包括科学知识、技术成果、科技信息以及科技能力的转让、移植、引进、交流和推广普及。技术转移的方式分无偿转移和有偿转移两种，前者不索取代价，包括技术交流、技术馈赠、技术援助等方式，后者是把技术作为商品进行交易，包括技术转让和技术引进等方式。❷ 技

❶ 傅正华，林耕，李明亮. 我国技术转移的理论与实践［M］. 中国经济出版社，2007.
❷ 萧浩辉. 决策科学辞典［M］. 北京：人民出版社，1995：558.

术转移经过多年的快速发展，已经不再仅仅局限于技术的横向移动，还延伸到了技术的纵向转移，即技术客体在技术受体方的对接吸收及融合产业化的过程。科技成果转化是对处于一定研发阶段的科技成果进行后续的研究、试验、试制，使之转化为实用的可以直接应用于生产实际的技术，即把科技成果转化成为生产力的过程。科技成果转化包括了科技成果的应用和推广、科技成果的工艺化、科技成果的产品化、科技成果的商业化和科技成果的产业化几层含义。❶ 相比于科技成果转化，技术转移的主体、涉及的范围都要广泛，其内涵比科技成果转化要大，更能涵盖现有的技术转移和转化活动。

技术转移理论指导的技术转移实践活动市场化程度高。科技成果转化虽然在市场科技体制下运行着，但整个过程，包括科技项目的立项、审批、科研经费的拨付、技术的鉴定、转化要求都或多或少带有行政性质和非市场性，相关的行政管理单位仍然作为其主要的监管单位。当技术的商品属性被确立起来，并被赋予流通性和交易有偿性之后，技术就成了由市场来配置的资源，技术转移活动也受到市场的调控。技术供需双方通过市场规则进行交易，技术由市场优胜劣汰，技术相关人员的收益与技术转移效益联系更加紧密；行政机关在技术转移活动中的干预越来越少，主要起保障和服务作用。技术转移的市场化程度明显要高于科技成果转化，也更能体现技术市场的供需关系，在促进技术的产业化方面其作用更加显著。

技术转移理论研究更加系统、内容更加丰富。在国内外对比研究和对国内技术转移实践活动的研究过程中，技术转移研究变得更加系统化、精细化。从对技术转移主体和客体研究，对技术转移的方式和途径，对技术转移的模式及其特点的研究，到对技术转移的政策法律环境，对技术转移理论的延伸研究，内容越加丰富，研究愈加系统和精细。学界根据技术转移实践总结出了技术转移的梯度理论、官产学研合作理论、三螺旋理论等延伸理论；总结出技术转移的三种基本类型：内向型、合作型、外向型。还根据不同的分类标准对技术转移活动进行分类，形成具有指导意义的研究成果。技术转移理论相较于科技成果转化来说，它更能体现市场经济体制下的技术产业化过程，具有更强的指导性。

技术转移理论研究范围更广。随着国家技术转移工作的推进，技术转移理论研究不再停留在国外技术转移层面，而是逐步向国内的国家层面技术转移、区域性和地方性的技术转移研究转变；对技术转移与经济发展、技术转移与产业结构调整升级之间的关系研究，扩大了技术转移研究在地域上的范围；有不同的学者用数学思维、企业管理等思维研究技术转移，为技术转移研究提供不同的思维模式；学者们从高校、科研院所、企业的角度去研究技术转移，为技

---

❶ 徐国兴. 科技成果转化和技术转移的比较及其政策含义［J］. 中国发展，2010（3）.

术转移研究提供不同的视角。相比于科技成果转化的国内研究，现行研究来说，技术转移研究的范围更加全面、更加广泛。

（五）技术市场理论研究的嬗变规律

在对技术市场理论研究的发展过程和变化特征建立准确的认识的基础之上，笔者对相关的理论研究文献进行了搜集、整理和分析，基本厘清了各个时期研究的内容、重点和变化情况，并采用简单文献计量学的方法对研究的发展程度进行了表征。笔者采用"技术市场"为主题词，在中国知网数据库和万方数据库中分别进行期刊论文和学位论文的搜索，得到了不同数据库收录文献的时间序列（表6-1）。通过对相应时间序列的文献数量进行比较分析发现，中国知网数据库收录期刊论文的时间序列比较完整，而万方数据库收录学位论文的时间序列比较完整，因此分别采用中国知网数据库的期刊论文数据和万方数据库的学位论文数据，构建技术市场理论研究论文数量与时间序列的关系图（图6-1）。笔者发现，技术市场理论研究的嬗变呈现以下规律：技术市场理论研究的波动式演进；技术市场理论研究趋于精准化；技术市场理论研究逐步系统化。

表6-1 不同数据库的论文收录时间序列

	期刊论文	学位论文
中国知网数据库	1982—2013	2000—2013
万方数据库	1998—2013	1990—2012

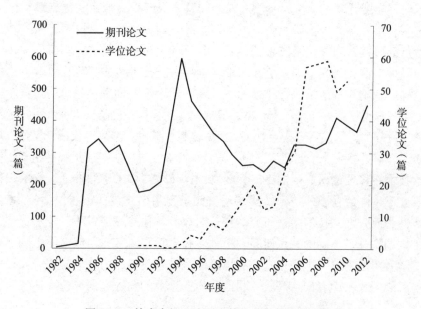

图6-1 技术市场理论研究的论文数量变化情况

1. 技术市场理论研究的波动式演进

技术市场理论研究中期刊论文的数量代表着研究的整体规模，从图 6 - 1 中看出，我国技术市场理论研究一直处于整体增长的状态，但期间出现过两次较大的波动，将整个理论研究随时间序列的变化分成三个相对独立的阶段。从时间上看，第一次波动期起始于 1985 年左右的迅猛增长，在 1986—1988 年期间达到高峰，之后论文数量快速回落，在 1990 年左右达到相对低谷；第二次波动期与第一次波动期紧密相连，自 1990 年后重新开始论文数量快速增长，于 1994 年达到峰值后逐步下降，至 2000 年左右基本回落到此处波动期开始前的水平；第二次波动期后至今，我国技术市场的理论研究实现了复苏，开始稳定持续的规模扩增，迄今维持着整体增长的趋势。

如前文所述，根据研究内容和特点的差异，可以将我国技术市场理论的发展历程大致划分为 20 世纪 80 年代的萌芽期、90 年代的发展期和 21 世纪以来的深入期三个阶段，而在这一历史时期中发生的技术市场理论研究的波动式演进方式与上述划分方式高度一致，这进一步证明技术市场理论研究的嬗变过程有其遵循的内在规律。

2. 技术市场理论研究趋于精准化

从技术市场理论研究的各个时期来看，除了研究重点与特点的差异之外，每个时期采用的技术方法也不尽相同。在技术市场理论研究的萌芽期，研究者多采用综合归纳法，针对我国技术市场的建立过程与方式，研究相关问题和解决方案，提出相应的意见建议，这一时期的研究普遍倾向于宏观层面和政策层面，对于特别具体的问题和细致的环节少有涉及。在技术市场理论研究的发展期，研究者主要采用定性分析法，针对技术市场中各类比较具体的问题进行分析研究，或对某一具体事例进行深入剖析，总结出相应的经验教训，这一时期的研究中逐步开始出现定量研究的内容，但一般限于对数据的整理和简单分析。在技术市场理论研究的深入期，研究者开始较多地采用定量分析法，针对技术市场中的具体过程和相互关系开展深入且精确的解析，这一时期的定量研究中大量借助了统计学方法，对于基础数据进行指标化和体系化，同时运用各类经济学模型，对技术市场的指标数据进行因果关系、网络构成等方面的精准诠释，发掘出技术市场运行中的大量潜藏信息。

综上可见，我国技术市场理论研究的方法学经历了从定性到定量的发展过程，其主要研究对象也逐步从宏观政策管理演变为微观经济学过程，整个研究不断趋于精细与准确。这一判断的内涵不在于宏观研究的消亡，而在于精准研究的兴起。在当前及未来的研究阶段，对于技术市场的宏观管理研究仍具有必要性，但这样的宏观研究必须是基于精准研究的基础和结论之上的，从精准研究的角度来看，任何对于具体关系和过程的研究结果，必须要通过宏观政策研究才能转化为对技术市场的真实指导行动。

3. 技术市场理论研究逐步系统化

技术市场理论研究中学位论文的数量能够代表研究的整体系统性，主要是基于如下判断：首先，学位论文的选题不会是基于一时的研究热情，必定需要长期的研究积累和系统性研究成果作为基础；其次，学位论文的写作必定需要研究者对于某个课题进行深入系统的研究；最后，学位论文必定存在至少一名指导者，其系统性工作必定聚焦于技术市场相关的理论研究。

从技术市场理论研究相关的学位论文数量的变化情况来看（图6-1），其数量的增加可以大致划分为两个阶段：在2000年之前，技术市场相关的学位论文数量经历了一个缓慢增长的阶段，每年的论文数量从数篇逐渐增加到20篇左右；在2000年之后是一个学位论文数量激增的阶段，每年论文数量迅速增加到近60篇，在2008年后虽然稍有下降，但仍然比较稳定地维持在50篇/年的较高水平。这说明我国技术市场理论研究的整体系统性不断增长，目前基本处于一个高位稳定的情况。

对比技术市场理论研究的期刊论文与学位论文的变化情况，可以发现理论研究的规模与系统性之间直接相关性不明显，特别是学位论文的增长周期是在理论研究的规模已经处于较高水平后才开始启动的，具有明显的滞后现象，这些反证了研究的系统性提升需要一个较长期的积累过程。

（六）技术市场理论研究的嬗变机制与发展趋势

1. 技术市场理论研究的嬗变机制

我国技术市场理论研究表现出的"波动式演进""趋于精准化"和"逐步系统化"等三个嬗变特征，实际上是对理论研究的数量、质量和系统性等三个方面的发展情况做出的总结，在此基础上，对于技术市场理论研究嬗变机制的进一步阐释已经成为可能。技术市场理论研究的嬗变机制主要包括两个部分，即内部驱动机制和外部影响机制，下面将进行详细说明。

（1）学科与队伍的发展机制

如前所述，技术市场理论研究的整体规模不断增长，研究的方法与对象逐步实现了精准化，这些与其他领域的研究发展过程是类似的，遵循科学研究发展进步的一般规律，即从无到有、由浅入深。这一机制是学科发展中必不可少且务必遵守的规律，在此就不再赘述了。

此外，技术市场理论研究队伍的培育形成也需要一个较长的周期，而这支专业队伍的形成又反过来促进了技术市场的理论研究繁荣，其中的互动机制不言而喻。显然，技术市场理论研究萌芽期的研究者们起初必定不是专门从事技术市场研究的，除去从经济学和管理学等专业领域"转行"的专职研究人员外，还有很大一部分是各级政府、各类机构的管理人员，他们从实践经验出发来研究技术市场的理论，推动技术市场的发展，这些最初的技术市场理论研究者中仅有很少一部分能够继续长期从事技术市场理论的相关研究。此后，随着专职研究队伍的不断壮大，技术市场理论研究在发展期进入队伍与成果数量良性循环的阶段，这一时期开始出现以技术市场为研究主题的学位论文，说明相关的指导教师队伍开始形成，这部分研究者构成了技术市场理论研究的专职固定团队。在这支专职研究队伍的推动下，我国技术市场理论研究的质量在深入期时获得了巨大进步，对于技术市场的量化建模分析成为理论研究的主流。

综上所述，研究内容、成果与研究队伍的互动耦合发展构成了技术市场理论研究发展的重要内部驱动力之一。

（2）技术市场理论的自洽完善机制

我国技术市场理论研究在不同的发展时期，承担着不同的历史任务和研究目标，而各个时期之间又存在传承发展的关系。回顾这一特殊的发展历程，我国技术市场理论研究形成了一个良好的自洽发展系统，同一发展时期的研究内容相互配合，为实现这一发展时期的研究目标服务，不同发展时期的研究内容相互承接，推动技术市场理论研究向更深层次迈进。

技术市场理论研究萌芽期的主要研究内容包括技术市场的政策研究、技术商品的属性研究和技术市场的借鉴研究等方面，这些研究是技术市场建立的理论基石。其中关于技术商品的属性研究做出了技术是商品这一重要结论，这实际上构成了技术市场成立与发展的核心法理基础，是技术市场政策研究的基本前提；而技术市场的借鉴研究对技术市场的政策制定具有重要的参考价值；对于技术市场的政策研究是这一时期理论研究的最关键内容，所制定的各项政策是理论成果的集中体现。技术市场理论研究发展期的主要研究内容包括技术市场发展经验研究、技术市场组织管理研究、技术市场组成要素研究等方面，这些研究是为技术市场的逐步完善而服务的。其中技术市场发展经验研究是对前一阶段的总结，目的是促进技术市场的持续发展与制度完善；对于技术市场组成要素的研究揭示了技术市场中各角色定位与相互关系，是对技术市场的组织管理对象的研究；技术市场的组织管理研究综合了上述研究的成果，是完善技术市场的核心环节。技术市场理论研究深入期的主要研究内容包括技术市场自身表征研究、技术市场的发展机制研究、技术市场的功能研究、技术市场与科技创新价值链研究等方面，这些研究是技术市场深化发展的必然要求。其中自身表征研究对技术市场的发展状况进行定量描述，是其他研究的重要前提；技术市场的机制和功能研究阐释了技术市场的内在规律，为技术市场研究的外向拓展奠定了基础；技术市场与科技创新价值链研究是从更广泛的维度对技术市场进行研究，是对技术市场研究的拓展和延伸。

纵向来看，我国技术市场理论研究存在两条主线：其一是对技术市场本质

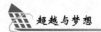

规律的研究，包括萌芽期的技术商品属性研究、发展期的技术市场组成要素研究和深入期的技术市场表征、机制研究；其二是对技术市场组织运行模式的研究，包括萌芽期的政策研究、发展期的技术市场发展经验与组织管理研究和深入期的技术市场功能研究。位于这两条主线上的研究内容前后承接，体现了技术市场理论研究层层递进、逐步深入的逻辑关系，对技术市场的内部关系已经研究得比较清楚。未来的研究可能会以技术市场与科技创新价值链的研究为起点，拓展出第三条主线，对技术市场的外部关系进行专门的理论研究。

综上所述，技术市场理论研究在其发展过程中形成了自洽完善机制，研究内容之间形成了有机联系，能够相互配合、相互承接、相互促进，这一自洽体系能够自主推动相关研究的开展，是技术市场理论研究另一重要的内部驱动机制。

（3）技术市场理论研究的外部影响机制

技术市场理论研究的内部驱动机制可以很好地解释研究成果数量、质量和系统性的稳定增长，但对于研究发展过程中发生的波动却难以解释，因此技术市场理论研究的发展，必定受到外部影响机制的作用。

我国技术市场理论研究曾经出现过两次大的波动，并分别在 1986 年和 1994 年达到顶峰，研究当时的历史背景发现，这两次波动发生前均出现了重大的经济事件。1984 年《中华人民共和国专利法》颁布，标志我国技术市场建设进入法制化阶段，1985 年中央决定实施科技体制改革，为技术市场的发展释放出巨大能量；1992 年和 1993 年分别召开了十四大和十四届三中全会，确立了建设社会主义市场经济的宏伟目标。从这两次重大经济事件的影响来看，均对我国技术市场的发展形成了重大利好，因此对于技术市场理论研究也会发生极大的促进作用。从时间上来看，这两次技术市场理论研究的波动与经济事件之间约有 1～2 年的延迟，这主要是因为这两次经济事件并不能直接促进理论研究的进步，而是需要首先推进技术市场的发展，再通过技术市场发展提升对理论研究的需求，因此这一延迟符合间接作用的影响机制。由此可见，技术市场理论研究的外部影响机制主要来自重大经济事件的间接影响。

2. 技术市场理论研究的发展趋势

从技术市场理论研究的嬗变特征及嬗变机制来看，可以基本预测出我国技术市场理论研究的未来发展趋势。

（1）技术市场理论研究在数量上将稳定增长

在技术市场理论研究的数量方面，目前稳定增长的状态在未来很有可能得以继续维持。从技术市场理论研究的自身特点来看，其理论体系已经比较完善，同时具备了技术市场外部关系研究这样一个比较新的增长点，并且已经形成了比较稳定的专业研究队伍，研究的系统性进一步提高，因此技术市场的理论研究已经具备了自我完善与发展的驱动力；另外，技术市场理论研究规模已经达到了比较高的水平，而进入 21 世纪以来，能够对技术市场产生极其重大影响的经济事件目前还没有出现过，再考虑到外部影响机制的延迟效应，因此短期内技术市场理论研究的发展应没有太大的波动性。

（2）技术市场理论研究的系统性将进一步增强

在技术市场理论研究的质量方面，其精准性和系统性还可能进一步增强。虽然我国技术市场理论研究已经取得了很大进步，但与国际先进的经济学和管理学研究相比，还存在较大差距。得益于专业研究队伍的建立，未来研究将可能借鉴更多更新的经济学与管理学理论和模型，从而进一步推动关于技术市场理论的精准化、系统化研究。

（3）技术市场的外部关系研究将逐步兴起

在技术市场理论研究的内容方面，对于技术市场的外部关系研究可能逐步兴起。从我国技术研究理论的发展历程来看，已经实现了从无到有和由浅入深两个转变，但这两个转变都是发生在对技术市场的内部关系研究上的。而在技术市场理论研究的深入期，已经开始对技术市场与创新价值链中其他环节的关系进行比较多的研究，未来可能以此为基础衍生出更详尽的对于技术市场外部关系的理论研究。如果成为现实的话，这将是技术市场理论研究的第三个转变，即自内而外的转变。这种转变可能会涉及以下几个方面：

其一，技术市场理论研究与社会征信理论研究的结合。技术交易作为一个过程，有可能长达几年，在这样一个较长的时期内，只有基于交易双方的相互信任，才可能最终完成技术交易。因此，技术市场理论研究与社会征信理论研究的结合，可能成为一个新的研究热点。其二，技术市场理论研究与产学研理论研究的结合。目前，技术市场配置科技资源的作用还远未充分发挥，科研院所、高等院校在技术交易中所占的份额极少，与其占有大量科技资源的状况极不相称。因此，技术市场理论与产学研理论研究相结合有可能改变这种状况，从而充分发挥技术市场配置科技资源的基础作用。其三，技术市场理论研究与科技创新价值链研究的结合。技术市场在科技创新价值链中的地位、作用，技术交易双方在科技创新价值链中的地位和作用，都直接关系到技术市场发展的深层动力和未来前景，因此，这些问题都有可能成为新的研究热点。其四，技术市场理论研究与技术转移理论研究的结合。技术转移理论是目前研究的热点问题，但这种研究大都只是局限于技术转移理论本身，而很少放到技术市场这个大背景下进行研究。而技术市场理论与技术转移理论的融合，必将极大地拓展新的研究领域，为技术市场的持续稳定发展提供强有力的理论支撑。

3. 技术市场理论研究方向探索

在国内学者的共同努力下，技术市场理论研究在数量方面具备了一定的积累，并有可能获得持续性的增长；在自身特点方面，其理论体系已经比较完善，并且已经形成了比较稳定的专业研究队伍，研究的系统性进一步提高，因此技术市场的理论研究已经具备了自我完善与发展的驱动力，技术市场理论研究规模已经达到了比较高的水平。但是，在理论研究的质量和内容方面都存在需要补足的地方。在质量方面，技术市场理论研究的精准性和系统性需进一步增强。虽然我国技术市场理论研究已经取得了很大进步，但与国际先进的经济学和管理学研究相比，还存在较大差距。得益于专业研究队伍的建立，未来研究将可能借鉴更多更新的经济学与管理学理论和模型，从而进一步推动关于技术市场理论的精准化、系统化研究。在内容方面，对于技术市场的外部关系研究应逐步得到丰富。从我国技术研究理论的发展历程来看，已经实现了从无到有和由浅入深两个转变，但这两个转变都是发生在对技术市场的内部关系研究上的。而在技术市场理论研究的深入期，已经开始对技术市场与创新价值链中其他环节的关系进行比较多的研究，未来可能以此为基础衍生出更详尽的对于技术市场外部关系的理论研究。如果成为现实的话，这将是技术市场理论研究的第三个转变，即自内而外的转变。

从以往学者的研究成果来看，针对技术市场与重要外部影响因素之间的关系研究，技术市场与信息化时代适应性研究，技术市场与重要促进力量之间的关系研究等方面不够精细化和系统化，不能及时指导技术市场操作和运转，所以，技术市场理论研究可以尝试向以下几个方面进行延伸。

（1）加强技术革命对技术市场发展的影响研究

毫无疑问，技术革命之于技术市场至关重要，也是左右技术市场客体的决定性因素。任何一场技术革命的结束都将在技术市场中留下深刻的印记，任何一场技术革命的兴起也将使得技术市场发生根本性的改变。所以，加强技术革命与技术市场之间关系的精细化研究意义重大。

21世纪初，新一轮的产业与技术革命正对传统国际分工体系进行强有力的冲击并进行重塑，引发了发达国家"再工业化"。由于关键技术领域的差距大，产业结构升级的压力大，要素成本优势的弱化等困难，中国制造业的发展面临严峻挑战，也将对技术市场产生重要的影响。站在科技的前沿阵地，预料和辨识技术革命出现，以技术市场的角度去研究其可能带来的影响，减小对国内技术市场的冲击，甚至是将挑战变为发展的动力，是技术市场研究的延伸方向。

（2）加强科技发展战略对技术市场发展的影响研究

战略思想不是一种抽象的观念，而是把科学技术的发展和国家发展目标联系起来的思路，它是战略的灵魂，暗示着行动的方向。中国科技发展战略思想的确立和调整都将影响到整个国家科学技术的发展，也将影响到技术市场的发展。例如，1978年前，科学政策上将科技资源的分配侧重于研究与开发，并强烈地具有国防导向的性质；技术政策上，则要打破常规，尽量采用先进技术，实现技术发展的跳跃；1978 年后，战略重点调整到为经济建设和提高经济效益服务上，总体上，中国的科技战略偏重于技术创新，而对技术扩散有所忽视。对技术扩散的忽视就直接影响了技术市场的活跃程度，不利于形成一个良好的、快速发展的技术市场。

清楚地了解和分析国家科技发展战略对技术市场发展的影响，将有助于市场主体去做出相应的应对和调整，在自我发展中赢得主动。由于一个国家技术市场的发展情况会影响到该国技术的扩散和推广，所以，政策制定者也会将技术市场的状况视为国家战略确立和调整的考虑因素。国家科技发展战略和技术市场存在着相互影响的关系，如何相互影响？影响的程度有多大？这些都是技术市场研究中需要回答的问题，也是技术市场研究的一个延伸方向。

（3）加强技术市场在军工技术引入与对接方面的效用研究

世界工业发达国家的军事装备技术中 85% 采用的是军民两用技术，而纯军事技术只占 15%。军民两用技术发展已经成为世界上主要国家推进科技进步、增强国家战略能力、提高综合国力的共同政策取向。我国政府同样高度重视军民结合与军民两用技术的发展。十六届三中全会明确提出"军民结合、寓军于民"的改革思路。党的十七大报告又将"建立军民结合，寓军于民的创新机制，实现国防科技和民用科技相互促进和协调发展"列为国家战略重点之一。然而，我国军工技术转民用因体制限制发展迟缓。

虽然，技术市场的发展很难解决军工技术转民用存在的难题，但是，技术市场完全可以从技术引入与对接两方面提高军工技术转民用的效率。具体如何实现高效率的转化，技术市场能够在转化过程中发挥怎样的作用，如何发挥作用，这些都是需要进一步研究的问题。

（4）加强网上技术市场的研究

网上技术市场是相对于现实技术市场而言，是技术市场的重要补充，未来有可能发展成为主要技术交易平台。在西方发达国家，网络技术市场的发展已初具规模，而且其发展势头非常强劲。从 yet2、NTTC 等/纯正的网上技术市场的发展可以看到，其规模和影响达到了一定的程度。相比于西方发达国家的网上技术市场的建设和运营模式，我国的网上技术市场运营还有较大的差距，主要存在交易网络呈块状分布，没有完全实现资源共享；网上技术市场体制受限，无法完全市场运作；网上交易市场功能局限，没有真正实现网上技术交易等问题。

对国内外网上技术市场进行更加深入的对比研究，将有助于我国网上技术市场的综合性发展；从市场建设、网络通信、数据处理、技术商品等方面进行全面的分析，探寻网上技术市场的标准化可以作为技术市场研究的另一个延伸方向。

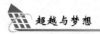

二、管理体制的超越：演变与展望

（一）全国技术市场协调指导小组的成立

1981 年 4 月，中共中央和国务院批转了国家科委党组《关于我国科学技术发展方针的汇报提纲》，明确提出"加速科技成果的应用推广，实行有偿转让"，建议转让所得报酬，除应上缴一部分外，大部分留给转让单位作为发展基金。1982 年 10 月，国务院在北京召开全国科学技术奖励大会，会议期间，国务院提出了"经济建设必须依靠科学技术，科学技术工作必须面向经济建设"的战略方针，并提出了科学技术推广工作的"四个转移"。1985 年 1 月，国务院发布《技术转让暂行办法》，国务院领导明确将加速技术成果商品化、开放技术市场，作为科技体制改革的突破口。

在技术市场刚刚起步的这一阶段，技术市场的管理工作由国家科委科技管理局的成果处负责，具体负责此项工作的仅有三个人。❶ 这种状况显然不适应技术市场发展的客观要求，伴随着《中共中央关于科学技术体制改革的决定》的调研和起草工作，1984 年国务院第 51 次常务会议提出加强技术成果商品化、开放技术市场，以此作为科技体制改革的突破口，1984 年 12 月由国家科委、国家经委、国防科工委联合召开全国技术市场工作座谈会，并由三委牵头，根据会议代表们的讨论，形成了上报国务院的《关于开放技术市场几点意见的报告》，国务院很快就批准了这个报告。1985 年 4 月，国务院批准成立由 13 个部委（国家科委、国家经委、国防科工委、国家计委、科学院、教育部、总工会、科协、专利局、财政部、工商局、统计局、工商银行）组成的"全国技术市场协调指导小组"，负责组织力量对技术市场进行宏观指导，制定有关法规，沟通各方面信息，推动技术市场工作。

全国技术市场协调指导小组成立后，于 1986 年发布《技术市场管理暂行办法》，明确提出了发展技术市场的"放开、搞活、扶植、引导"的八字方针，并开展了一系列的技术市场理论研讨和科技成果交易活动。技术市场在全国各地蓬勃兴起。

（二）中国技术市场管理促进中心设立

1986 年，经人事部批准，国家科委成立"中国技术市场管理促进中心"。"中国技术市场管理促进中心"的前身为 1985 年成立的企业性质的"中国技术市场开发中心"，1986 年 3 月，国家科委党组决定改市场中心为事业单位，1986 年 8 月，经人事部批准，正式更名为"中国技术市场管理促进中心"。

"中国技术市场开发中心"的主要任务有 6 条：①组织技术成果有偿转

---

❶ 刘庆辉. 技术市场探索与实践［M］. 北京：科学技术文献出版社，1998：40－41.

让，活跃国内技术市场；②中心兼任全国科技与人才开发交流协作网的办事机构，组织实施协作网章程，推动协作网发展；③协助国家科委调查研究技术市场有关问题，进行技术市场的预测和统计分析；④组织跨地区、跨部门、跨行业的科技协作；⑤建立为全国技术市场服务的技术成果信息库；⑥组织培训技术市场经营管理人才。❶

更名为"中国技术市场管理促进中心"后，原开发中心存在着向管理促进中心转变的问题，包括中心的主要任务和中心的性质、职能等。1987 年1 月，国家科委发文，就"中国技术市场管理促进中心"的性质、职能和主要任务进行了明确规定："中心"受国家科委领导，为国家科委直属局级事业单位。其主要任务是：①负责全国技术交易活动的统计、分析及预测等，为全国技术市场宏观调控决策提供依据；②组织、指导技术商品信息的横向流通，以促进技术交易的繁荣；③组织全国范围的技术交易，组织各部委所属技术力量为振兴地方经济服务；为消化、吸收引进国外技术组织招标；为老、少、边地区摆脱贫困组织技术支持等；④会同银行引导资金流向，为技术交易提供必要的信贷；⑤组织全国技术市场经营、管理人员的培训；⑥管理、协调各省、自治区、直辖市及各部委已联合成立的全国技术交流协作网，并负责对技术市场开发服务机构进行业务指导。❷

（三）撤销"全国技术市场协调指导小组"

1988 年4 月，国务院"三定"方案撤销非常设机构"全国技术市场工作协调指导小组"，确定国家科委归口管理全国技术市场工作，因无法解决行政编制，撤销了成果司技术市场处。国家科委委务会批准成立"国家科委技术市场管理办公室"主管全国技术市场工作，决定"中国技术市场管理促进中心"同时作为"国家科委技术市场管理办公室"开展工作，具体行使管理全国技术市场职能。同时，对中心主要任务进行微调，由原来的六项增加至七项：①组织技术市场调查研究及预测，督促检查技术市场政策法规贯彻实施情况。②负责全国技术市场管理业务协调指导工作，抓好技术合同认定、登记和统计分析，为全国技术市场宏观调控提供决策依据。③负责技术法律咨询业务，进行重大技术合同纠纷仲裁，维护技术交易秩序。④组织并指导全国技术商品信息流通。⑤组织全国技术市场经营管理人员培训工作。⑥加强全国技术市场网络建设工作，指导推动全国性跨部分、跨地区的技术开发与交流活动。⑦用行政的、经济的办法加快技术成果推广步伐，举办国内大中型技术交易

❶ 刘庆辉. 技术市场探索与实践［M］. 北京：科学技术文献出版社，1998：70.
❷ 刘庆辉. 技术市场探索与实践［M］. 北京：科学技术文献出版社，1998：73 - 74.

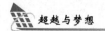

会，逐步使之规范化、制度化。❶ 主要任务中增加了技术合同认定、登记，技术法律咨询、重大技术合同纠纷仲裁，技术市场网络建设，举办国内大中型技术交易会等新的任务。

1998 年，国务院机构改革实行政事分离，"国家科委技术市场管理办公室"印章上交科技部计划司。技术市场管理工作由"中国技术市场管理促进中心"下设的技术市场处具体负责。

（四）技术市场中心、创新基金与火炬中心合并

2006 年，技术市场管理促进中心、科技型中小企业创新基金与火炬中心合并，技术市场处作为火炬中心的下属机构行使对技术市场的监管职责。新组建的"科学技术部火炬高技术产业开发中心"共有 14 项职能，其中第二项、第六项涉及技术市场，分别为："研究我国技术市场发展的状况和问题，提出技术市场的发展规划及有关政策，为科技部宏观决策提出建议和对策"，"承担全国技术市场日常运行管理，以及登记、统计、培训、信息、技术转移等工作；联系和协调全国技术市场管理机构；开展科技成果推广和产业化咨询服务等工作。"

（五）健全管理机构完善监管体系

从我国技术市场管理体制的演变可以看出，国家层面的技术市场管理机构的权限和权威性呈萎缩趋势。随着国家技术市场管理办公室印章上交，各省、市、自治区的技术市场的管理职能挂靠在科委（科技局）的成果处，北京成为保留技术市场管理办公室为数不多的几个地区之一。

导致国家层面的技术市场管理机构的权限和权威性萎缩的原因在于理论上的误区，即认为，市场经济条件下，技术的流通和交易应完全由自由市场进行调节，而无须监管，因而弱化技术市场的监管机构，从而致使技术市场现行的管理体制出现了重大问题，即火炬中心下属的技术市场处由于名不正言不顺，因此无论是从规格上，还是从规模上，都无法完全担负起对全国技术市场进行监管的职责；无法对技术市场的发展进行全面规划和顶层设计。所能做的只是一些具体而琐碎的工作，只是在原有的框架体系内修修补补，而无法高屋建瓴地引领技术市场的发展方向。因此，我们期望健全管理机构完善监管体系，从国家层面明确技术市场管理机构的设置和管理权限、职能和管理方式，从法律上对此做出规定。

三、实践的超越：技术交易额突破 1.5 万亿

（一）我国技术市场发展概况

30 多年来，我国技术市场从无到有，有了很大的进步。2014 年，我国技

---

❶ 刘庆辉. 技术市场探索与实践［M］. 北京：科学技术文献出版社，1998：75－76.

术市场技术合同成交数达 297000 多项，成交项目呈缓慢增长态势；技术合同成交金额 8577 亿多元，成交金额呈快速增长趋势。

2014 年技术合同平均额达 289 万元，较 2000 年的 27 万元增长 10 倍。尤其值得一提的是，2014 年全国技术合同额占国内生产总值的比例达 1.35%，比 2013 年增长 0.04 个百分点，较 2001 年增长近一倍。

（二）我国技术市场发展特点

1. 技术交易支撑科技服务业发展的作用增强❶

继 2013 年全国技术服务合同成交额首次超过技术开发合同后，2014 年技术服务合同继续快速增长，成交金额增速达到 24.29%，占据全国合同成交总额的半壁江山，居四类技术合同首位。技术咨询合同成交金额连续两年保持 20% 以上的增速，2014 年达到 25.21%，增幅居四类合同之首。2014 年，国务院发布了《关于加快科技服务业发展的若干意见》，各地方陆续出台了促进科技服务业发展的政策和措施，带动了以技术中介服务、技术培训服务、技术咨询服务等为主要方式的科技服务业迅猛发展。

2. 技术要素进一步向战略性新兴产业领域集聚

2014 年，电子信息、先进制造、新能源、节能环保、新材料和生物医药等战略性新兴产业领域技术合同成交额达 5899.55 亿元，比上年增长 30.83%，占全国的 68.78%。随着互联网的快速发展，电子信息领域技术交易遥遥领先于其他各类技术领域，合同成交额为 2182.63 亿元，占 25.45%。先进制造领域技术合同同比增长显著，增幅 30.61%，达到 1242.55 亿元，居各技术领域合同第二位。在经济发展转方式、调结构、促升级的背景下，电子信息、先进制造等战略性新兴产业蓬勃发展，技术交易活力持续迸发。

3. 企业技术创新和科技成果转化的核心地位进一步凸显

2014 年，全年企业输出技术 7516.29 亿元，比上年同比增长 15.54%，占全国技术合同成交总额的 87.63%；吸纳技术 6609.56 亿元，比上年同比增长 18.07%，占全国总额的 77.06%。一批企业既是技术输出方也是技术购买方，输出和吸纳技术交易额同步快速增长，为技术交易注入了新的活力。这部分企业在原始创新的同时，通过购买技术进行二次开发、集成和商业化推广，以获得高附加值的经济效益，技术创新的溢出效应不断增强，已成为技术交易的重要力量。企业技术创新能力持续增强，活力不断高涨，创新主体地位和科技成果转化的核心地位继续强化。

4. 技术转移一体化建设助推技术交易快速增长

2014 年，北京技术交易额继续保持全国首位，达 3137 亿元，占全国的 36.56%，海洋工程、高铁、通信、航天等技术流向 79 个国家和地区，成为国

---

❶　资料来源：《2015 年全国技术市场统计年度报告》（第 3 稿）。

际技术转移重要枢纽；西部十二省和中部六省技术合同交易额超过全国平均增速，同比增长17.24%和19.69%，陕西和湖北技术合同交易额成交较大，以640.02亿元和580.68亿元的高位分别领跑西部和中部地区。在全国技术转移一体化建设的推进下，国家技术转移集聚区、国家技术转移南方中心、中部中心和东部中心陆续获批，西部中心和东北中心正在筹建，扁平链接技术转移机构、平台、联盟与网络的全国技术转移一体化新格局正在形成，带动了区域技术转移体系逐步完善，加速了技术要素的自由流动和有效配置。

5. 技术转移服务京津冀一体化战略的能力增强

2014年，京津冀三地共达成技术合同85463项，成交额3554.97亿元，较上年增长12.52%，占全国成交总额的41.45%。在京津冀协同发展战略的大背景下，北京以其丰厚的创新资源和强大的研发实力，承担了产业转移中技术输出方的重要角色，为津冀地区提供了强有力的技术和产业支撑，输出到河北和天津的技术合同分别为2099项和1376项，成交额62.7亿元和20.4亿元。河北作为三地最大的产业转移承接方，承接了京津两地现代交通、电子信息、城市建设与社会发展领域的技术转移，助推河北产业结构转型升级和提质增效。天津流向北京的技术交易成交额达到81.6亿元，较上年增长157.4%，支撑了北京电子信息产业发展和生态环境的改善。技术转移为京津冀一体化注入活力，技术交易和创新要素流动加快，带动京津冀产业转型与发展。

6. 东部地区技术输出仍快速发展，中西部地区技术吸纳能力提升

2014年东部地区实现输出技术合同成交额5697.44亿元，增幅8.92%，占全国技术合同成交额的比重为66.43%。与2009年相比，占全国技术合同成交额的比重下降10.74个百分点，增长幅度也由最高时的26.46%下降到目前的8.92%。同一时期，中西部输出技术合同成交额占比变化不大，大致保持在16%~18%左右，但是吸纳技术合同成交额占比已经由2009年的22.30%逐步提高到目前的30.90%。

7. 法制建设加强，开始新一轮法规制定

1998年10月29日，武汉市发布了《武汉市促进科技成果转化条例》（武汉市人大常委会1998年10月29日通过，2010年9月29日第二次修正并施行）。

2011年1月21日，南京市发布了《南京市促进技术转移条例》（2010年12月29日制定，2011年1月21日批准，自2011年4月1日起施行）。

2011年8月15日，安徽省发布了《关于加速科技成果转化的意见》（皖政办〔2011〕60号，2011年08月15日发布并施行）。

2011年11月30日，广东省发布了《广东省自主创新促进条例》（2011年11月30日广东省第十一届人大常务委员会第三十次会议通过）。

2012年1月19日，南京市发布了《深化南京国家科技体制综合改革试点城市建设打造中国人才与创业创新名城的若干政策措施》（宁委发〔2012〕9

号2012年1月19日），即"南京九条"。

2013年2月25日，深圳市发布了《深圳经济特区技术转移条例》（深圳市人大常委会2013年2月25日通过并公布，2013年6月1日起施行）。

2013年12月18日，湖北省发布了《湖北省促进高校院所科技成果转化暂行办法》（鄂政发〔2013〕60号2013年12月18日），即"湖北黄金十条"。

8. 国家技术转移示范机构覆盖面不断增大

认定国家技术转移示范机构453家。覆盖大学、科研院所、企业、科技中介机构、政府部门的国家技术转移示范机构，以企业需求为导向、大学和科研院所为源头、技术转移服务为纽带、产学研相结合的新型技术转移体系逐步形成。

9. 技术转移的新形式

知识产权商品化成为技术转移的重要方式；创办高科技企业成为技术转移的重要途径；高技术企业并购成为技术转移的重要渠道。

（三）未来五年技术市场发展目标

我们期望，至2020年（即"十三五"期间），我国技术市场发展实现下述目标：

——激活技术市场主体。推动各主体间、行业间、区域间、国际的技术转移；挖掘并满足技术需求5万项。

——放开技术市场客体。科技计划项目成果的使用权、处置权和收益权，全部下放给项目承担单位；科研成果产业化和商业化取得重大突破。

——力争实现全国技术合同成交数递增1%左右，达到31.5万项；技术合同成交额递增10%左右，达到1.5万亿元。

——建设技术市场服务体系。完成国家技术转移顶层体系布局；建成全国技术转移资源平台——中国网上技术市场；建成全国统一的技术（产权）及股权交易平台；构建全国技术转移一体化协作网络，推动建立区域和行业技术转移联盟30家；认定国家技术转移示范机构累计达到500家，培训技术经理人累计达到10000名，认定创新创业导师累计达到1000名；建成中国创新驿站工作网络，认定区域站点累计达到50家，基层站点累计达到300家，其中站点签约技术经理人1000名。

——完善技术市场政策法规保障体系。制定和修订一批促进技术市场发展的配套政策，形成基本完善的技术市场政策和法制环境。加强政策法规落实力度，确保现有财税优惠政策全面落实。

——健全技术市场管理与监管体系。建立健全技术市场管理与监督机制，加强技术合同认定登记管理，制定全国技术交易规范，建立技术市场信用体系。认定技术合同登记处累计达到900家，持证登记员累计达到1600名。

第七章　技术市场案例研究

一、某研究院油品在线优化自动调合等技术开发与产业化

(一) 案例描述

【受让方 (甲方) 】黑龙江某公司、北京某公司

【让与方 (乙方) 】中国某院某研究所等 (简称乙方某研究所、乙方某院)

【技术转移机构】中国某院北京技术转移中心、北京市某发展中心

【合同类型】技术开发、技术转让

【合同金额】3693 万元

乙方某研究所与黑龙江某公司签订合同额 2113 万元，实现技术交易额 552 万元，项目完成时间为 2007 年 3 月。

乙方某院与北京某公司签订技术合作项目 5 项，技术合同额 1580 万元。

【知识产权】发明专利 14 件，软件著作权 2 件

【项目情况】乙方某研究所 "油品在线优化调合技术"，在黑龙江某公司实施成功后，中国某院北京技术转移中心和北京市某发展中心合作，推广移植到北京某公司，并以点带面，带动油品脱环烷酸等多个项目的合作，促成了乙方某院与北京某公司的全面合作。

油品在线优化自动调合技术，是我国炼油行业多年来一直未能解决的技术难题。从国外引进该项技术，成本高昂、技术移植性差、售后服务没有保障。国内现有的炼油企业，从国外引进了相关的在线调合技术，设备装置基本上处于停滞状态。基于此，很多企业只能依旧使用落后的人工调合技术。当时，虽然这项技术在国外已经很成熟，但在国内研究和应用是空白。乙方某研究所开发了这项技术。该技术是集组分油性质检测、信息反馈和系统软件于一体，将彻底改变和消除人工调合的缺陷和弊端，进一步提高成品油产品的科技含量和炼油企业的竞争能力，对于提高成品油调合的生产效率、降低调合能耗、提高产品质量、降低生产成本等都有着重要的意义。尤其对于具有较大生产规模的炼油企业而言，该项目的实施，将极大地、立竿见影地创造显著的经济效益和提升竞争能力。

"油品在线自动优化调合技术" 在黑龙江某公司的实施，是一项非常坎坷而漫长的技术转移过程。在充分调研的基础上，乙方某研究所选择黑龙江某公

司作为项目试点实施单位。经过多次游说，终于打动了黑龙江某公司的领导。但是大型国有企业的上项目审批制度比较复杂，又出现了黑龙江某公司领导换届，洽谈工作久拖未决。这时——2002 年，中国某院北京技术转移中心成立了。技术转移中心的工作人员，迅速投入到了这项技术转移项目的组织协调工作中。技术转移中心主任带着该项目的核心专家，跑了十多趟黑龙江某公司后，项目合作基本敲定了。到了现场采样、分析等阶段，大批专家到了黑龙江某公司现场。在实施过程中，由于乙方某研究所在油品炼制过程方面并不擅长，引入在此方面具有专长的乙方某院另一个研究所。技术转移中心组织两个研究所的专家联合攻关。为了把油品的特性等摸透，有的专家甚至在黑龙江某公司现场一待就是半年。专家们针对黑龙江某公司现有的基础设施等多方面因素，提出了一个可行的方案。

2003 年 6 月，乙方某研究所与黑龙江某公司正式签订总额为 500 万元"油品在线优化调合技术开发合同"。由于项目投资额度大，因此分期实施，一期工程 400 多万元，主要是编制软件程序、模拟调试等工作。2004 年 4 月，该项目通过专家验收，实际效果非常理想。一期项目的成功实施，终于促使黑龙江某公司领导下定决心，继续该项目的实施。2006 年 2 月项目进入二期，双方签订了合同额近 1700 万元的"黑龙江某公司油品在线优化自动调合系统协议"。

据统计，我国每年生产成品汽油超过 1 亿吨，如果将此技术在全国推广移植，每年将产生几十亿元的经济效益。

"油品在线自动优化调合技术"在北京某公司推广移植成功。2005 年，乙方某院与北京市某局，搭建了"北京工业技术支撑与产业促进平台"。平台的具体运作机构是中国某院北京技术转移中心和北京市某发展中心。两家机构组织相互考察和技术对接等活动，促成了北京某公司和乙方某研究所的合作，将该项目成功移植到了北京某公司。现在项目一期也已经完成，合同金额 200 万元；二期项目总投资额将超过 3000 万元，双方已经签订技术开发合同。

两家技术转移机构推动扩大合作范围。经过两家机构的共同努力，陆续有乙方某院的多家研究所，与北京某公司达成了油品脱环烷酸、清洁法制乙二醇、耐酸防腐涂料、中水循环水脱盐、气动法裂解制乙烯、丁基橡胶制冷等多个项目的合作，将从根本上解决加工高酸油品过程中的腐蚀和环保问题。北京某公司与乙方某院 5 家研究所共同实施的 5 个重大科技项目，将彻底解决长期困扰企业发展的重大技术瓶颈问题，投产后预计每年产生的经济效益为 3 亿 ~ 4 亿元。

乙方某院与北京某公司搭建了全面技术合作模式。目前，乙方某院与北京某公司签订了全面合作协议，设立了双方合作的领导小组和办公室，建立了长期合作机制，实现了技术转移在行业龙头企业由点到面的转变。

2008 年，北京某公司与乙方某研究所"汽油自动化油优化调合模型及系统技术开发项目"，实现年销售收入 450 万元；2009 年实现经济效益为 2295.54 万元。

1. 应用情况

北京某公司 240 万吨/年汽油在线调合装置，于 2008 年 8 月 11 日建成投产，实现了汽油在线调合。汽油在线调合装置投用后，取得了显著的经济效益和社会效益。

2. 经济效益

与人调合相比，自 2008 年 8 月项目投用后，截止到 2010 年 12 月：

（1）采用汽油在线调合，通过做大总量、减少汽油质量过剩，平均增加经济效益 3267.4 万元/年；

（2）减少罐循环时间产生的效益 28.94 万元/年；

（3）减少分析费用 37.62 万元/年；

（4）减少汽油重调，节省分析费用 23.6 万元/年；

（5）项目建设总投资 2857.5 万元，按 10 年折旧，合 285.75 万元/年；

以上合计，（1）＋（2）＋（3）＋（4）－（5），增加经济效益 3071.81 万元/年。

3. 社会效益

（1）投用后，在现有汽油储运设施未改造的前提下，汽油调合能力大幅提高，满足了公司调整产品结构、做大汽油总量的需求。

（2）保证了京标汽油的生产和质量控制，提高了汽油调合产能和效率，保证了市场供应。

（3）实现了汽油调合过程的自动控制，降低了现场操作人员和分析人员的劳动强度。

（4）减少了环境污染。

4. 工业应用结果评价

北京某公司 240 万吨/年汽油在线调合装置，采用国产化汽油在线调合成套技术，满足了汽油生产要求；主要技术指标达到合同要求，其中汽油辛烷值实现卡边控制，一次调合成功率达到 100%；是国内目前采用国产化技术生产规模最大、运行最稳定、技术最可靠的汽油中心优化调合装置，经济效益和社会效益显著，总体技术达到国家先进水平。

根据查新结果，所开发的技术具有自由运作权。

建议在同行业进一步推广应用。

（二）案例分析

林耕：

（1）通过技术转移，解决长期困扰国有大型企业发展的重大技术瓶颈问题，每年将为企业增效几亿元。

（2）乙方某院切实加强院地合作，推动技术转移。

（3）两家技术转移机构的运作，促进了系统与系统的技术合作，推动了横向技术转移。乙方某院与北京某公司签署长期技术合作协议，为全面提升企业核心竞争力提供技术支撑。这就是技术转移的目标。

（4）这个项目成功的重要因素：

① 适用的技术与优质的服务，是成功的根本；

② 企业的需求与良好的市场效益，是成功的关键；

③ 双方的积极态度，是成功的前提；

④ 互赢、健全的合作机制，是成功的保证；

⑤ 政府推动与支持，是成功的保障；

⑥ 全面深入的技术合作，是成功的目标。

方英：

（1）产业部门实际的技术需求，是科研机构研发高新技术得到应用的基本前提。通过技术转移，解决长期困扰企业发展的重大技术瓶颈问题，每年将为企业增效几亿元；

（2）乙方某院与北京某公司签署长期技术合作协议，为全面提升企业核心竞争力提供技术支撑；

（3）乙方某院加强院地技术转移，院地合作的"平台"，为实施项目提供了机会；

（4）两家技术转移机构的运作，推动了横向技术转移，促进了系统与系统的技术合作；

（5）解决关键技术问题，从企业中来、到企业中去；

（6）跨所合作、联合攻关，发挥乙方某院的综合优势；

（7）大学、科研院所与企业紧密合作，扩大了共性技术转移。

岳绍阳：

企业愿意采用新技术，研究机构也想把研究成果转化为生产力，双方都盼着与对方结合，然而结合的成功率却并不高。常常能听到，不少企业家叫喊找不到新技术，也常常能听到一些研究机构的负责人，嚷嚷自己的科研成果找不到"施展才华的舞台"。

科学家研发的技术并不等于企业家需要的成果。企业要发挥市场敏感优势，主动策划产品市场，然后将目标产品的技术问题交给科研院所来解决；科

研院所不要过分强调技术的作用，要降低合作门槛，要主动与社会资源配合；要摆正位置，只做科学家擅长的技术问题，不要太多涉及经营管理等问题。

许云飞：

油品在线优化自动调和技术，是我国石化行业多年来一直渴望解决的技术难题。而乙方某研究所一直致力于这个领域，在研究结果小型化时选择在黑龙江某公司实施测试，并达到理想效果。最终由技术转移中心运作，推荐予北京某公司，使这一技术成果完成产业化落地。由此可见，技术转移已经成为技术创新、技术进步的重要手段之一，也是一个国家或地区加速技术进步、增强经济实力和国际竞争力的重要手段。

玉红：

该案例的操作过程，充分体现了"以促进产学研结合为着力点，发挥技术转移中心作用，进一步完善科技资源整合机制，调动各类创新主体协调互动"的精神，也是以企业为主体、以新型产学研合作为核心的创新体系的有益实践。

作为政府，在科技成果转化和推广过程中应发挥良好的引导作用，大力支持企业建立自己的科研机构，尽快承担科技成果转化主体的重任，搞好科技成果的转化。政府有关部门应尽快制定有效的产业政策和相应的产业技术政策及产业结构政策，促使企业组织集团化，从而集中资金、人力和物力，发挥整体优势，提高技术开发，形成规模能力。

二、江苏设立科技成果转化专项资金，着力推进科技成果向规模产业转化

（一）案例描述

2004 年，江苏省通过设立省科技成果转化专项资金（以下简称专项资金），着力推进重大科技成果向规模产业转化，取得了明显的成效。

1. 江苏省设立科技成果转化专项资金的背景

近年来，江苏省积极承接国际制造业转移，制造业的规模和质态不断提高。但是，从国际产业链分工角度看，江苏省制造业仍处于低端，效益不高，竞争力不强。江苏省产业迫切需要掌握核心技术和创建自主品牌，提高核心竞争力。

科技成果转化是一个充满风险的复杂过程。科技成果转化的过程，既有技术难度、市场风险，又面临许多非市场竞争的压力。这些困难，仅仅依靠市场机制是很难解决的，迫切需要政府的支持和引导。为大力支持科技成果转化和技术转移，2004 年年初，江苏省委、省政府决定设立省科技成果转化专项资金，支持企业组织实施重大科技成果的产业化。目前，专项资金的预算已由设

立之初的 3 个亿，逐年增加到了 2008 年的每年 10 个亿，成为省财政预算内安排的最大的科技专项资金。

对企业这么大的支持，在江苏省科技计划中从未有过。截至 2009 年 4 月，江苏省科技成果转化专项资金共组织实施了 408 个项目，安排专项资金 46.52 亿元，每个项目的平均资助强度达到 1100 万元，最大的达到 4000 万元。通过实施该计划，全省攻克了一批关键核心技术，开发了一批重大战略产品，培育了一批骨干创新企业。在当前恶劣的经济形势下，这批企业的创新优势得到显现，成为促进全省经济平稳较快增长的中坚力量。

2. 江苏省科技成果转化专项资金的基本做法

(1) 创新项目管理机制，优化资金资助方式

成立专项资金管理协调小组。按照"确立大科技、整合大资源"的思路，专门成立了由江苏省政府分管科技的副省长任组长的省科技成果转化专项资金管理协调小组，成员单位涉及科技、财政等 11 个省有关部门。省科技厅具体负责专项资金管理的日常工作，省财政厅负责专项资金的监管工作。每年的项目指南，都是在广泛听取管理协调小组各成员单位意见的基础上共同研究提出的。每年的项目立项及经费安排，必须经过省管理协调小组集体研究审定，并公示无异议后才能正式立项下达。这种决策监督与操作实施相对分离、权力适当分散的运行框架和项目管理机制，从源头上有效保证了入选项目的公平公正。

专项资金的支持方式包括拨款资助、有偿资助、贷款贴息三种。三种方式可以单项使用，也可以混合使用。到目前，已下达的项目经费中，拨款资助 28.91 亿元、有偿资助 11.34 亿元、贷款贴息 6.26 亿元。

(2) 突出转化关键环节，着眼产业发展组织遴选项目

专项资金的项目组织始终紧紧围绕江苏产业发展的重大需求，不断加强顶层设计和布局引导，积极推进优势产业高端化、新兴产业规模化和传统产业品牌化。一方面，着眼江苏科技的持续发展，组织实施了太阳能光伏、风力发电、生物医药、轨道交通、软件、集成电路等若干重大产业专项，着力打造江苏省具有核心竞争力的高新技术新兴产业链。另一方面，根据全省科技创新工作的整体部署，先后组织实施了引进消化吸收再创新、高层次人才成果转化和创业投资等专项项目，以充分体现政府资金的宏观政策导向。

突出支持科技成果的转化环节。在项目所处阶段方面，专项资金突出了对科技成果转化环节的支持。加大对影响重大、产业带动强、市场前景好，但处于转化前期、具有一定风险的项目，以及对初创期企业的支持。

(3) 严格把握规范程序，努力实现科学决策

坚持制度先行。先后制定了专项资金管理办法、项目实施细则、财务核算办法、重大事项报告制度等 12 个规范性管理文件，基本涵盖了项目组织申报、

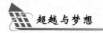

评审筛选、过程管理、经费使用和项目验收等全部环节。

全国挑选专家并严格管理。专业评审专家都是委托科技部高技术中心等机构在全国范围内挑选，尽量少用本省的专家，避免有利益关联。严格执行专家轮换、回避、信用考核、保密等各项制度。在项目评审过程中，对专家、工作人员、地方相关部门以及项目单位均提出了严格的"六不准"工作纪律，并建立了评审工作内部制约机制，管理实施全程向社会公开。

精心设计了三阶段的项目评审机制。

——第一阶段专业评审，主要根据项目的技术、产业属性，从专业角度对项目进行评审。

——第二阶段综合评审，着重从全省产业结构调整及经济社会发展的战略要求出发，筛选出有望形成较大产业规模和核心竞争力的重大科技成果转化项目。

——第三阶段考察论证，主要是通过实地考察，对项目进行可行性论证，以确定项目情况是否真实，项目实施是否可行。

（4）推进科技金融互动，撬动全社会共同投入成果转化

近年来，专项资金不断探索与各类资本有机结合、联动发展的新机制，形成了金融资源和科技资源良性互动、共同支持科技成果转化、促进企业创新发展的良好局面。

① 积极开展与风险投资互动。不仅在项目指南中强调优先支持已有风险投入的项目，还专门设立风险投资类项目，专项支持风险投资公司投资参股的科技型中小企业。江苏省风险投资资金也专门辟出 15 亿元资金，用于先期投入或适时跟进专项资金项目。据统计，江苏省已组织实施创业风险投资类项目近 30 个，项目总投资 20 多亿元，引导风险投资 63 亿多元。

② 积极鼓励企业使用银行贷款。在经费资助方式上不断扩大贷款贴息的使用比例，引导信贷资金投入。已实施的 408 个项目共使用银行贷款近 162.6 亿元，项目的贷款到位率达到了 95% 以上。

③ 在项目实施中帮助企业积极吸纳战略资本，策划企业上市融资。在项目实施期间，有 26 家企业成功上市，还有 20 多家企业进入上市辅导期。2005 年，尚德公司在美国纽约证券交易所挂牌上市，成功融资 4 亿美元，成为中国大陆首家在美国主板上市的民营高新科技企业。南京红宝丽公司于 2007 年 9 月在深交所上市，风险投资增值 20 倍。

（5）全面落实管理责任，确保项目取得预期成效

① 基本实现立项与管理适当分离。2007 年，专门组建了江苏省科技项目管理中心，受省科技厅、省财政厅的领导，相对独立地开展专项资金项目实施监理工作，进一步加强对项目遴选立项的监督与制约。

② 细化项目管理的各个环节。要求项目单位严格按照合同规定的阶段目标和时序进度要求，认真做好项目的日常管理工作，严格执行项目进度管理的季报、半年报、年报和重大事项报告制度，一切涉及合同内容的调整和变更，必须按照规定的程序进行。

③ 制定了明确的处罚措施。对出现重大风险或达不到合同规定目标任务的项目，将暂缓分年拨款并限期整改，并将有关情况及时向地方党委政府和项目主管部门通报，要求地方政府高度重视，严加管理，共同推进项目实施。在规定期限内整改不到位的将中止项目实施。凡由于经营管理不善、投资不到位等企业自身原因而导致项目中止的，将全额追回省资助经费，目前有 6 个项目已全额或部分追回了省拨经费，有近 40 个项目被暂缓分年度拨款。

④ 构建了专项资金信用管理平台。对各级科技、财政部门、项目单位、中介机构及专家在项目立项、实施、验收等关键环节的管理和工作纪律执行等情况实施信用等级评价，建立专项资金项目信用管理库，进行信用管理。对不良信用二级的项目单位，将实行中止项目并追回省资助经费、取消各类省科技计划项目申报资格、取消其高新技术企业认定资格等处罚措施。对不良信用二级的项目管理单位，将实行暂停该地区的专项资金项目及省科技计划项目的申报资格。

3. 江苏省科技成果转化专项资金取得的初步成效

（1）有力支撑了江苏省新兴产业实现跨越发展和优势产业向高端攀升

几年来，江苏省着眼培育壮大高新技术产业，设立了若干重大产业专项，强力推动了新兴产业和优势产业的快速发展。全省光伏、风电、新型平板显示等新兴产业中的关键瓶颈相继攻克，一批引领产业发展的龙头企业脱颖而出，新兴产业呈现从产品到产业的爆发式增长。全省有十多个产业的规模已居全国前列，初步形成了直接参与国际竞争的能力。

特别是在 2008 年全球金融危机中，江苏省风电、软件、医药、轨道交通等大部分项目实施进展顺利，表现出较强的风险抵御能力，为相关产业发展赢得了更大的机遇和空间。2008 年全省光伏产业销售收入约为 776 亿元，占全国的 70%，全球的 25%，全省光伏企业近 300 家，从业人员达 5 万人，已有 6 家海外上市光伏企业，其中，5 家进入世界 20 强。形成了国内最为完整的多品硅料—硅片—电池—组件—系统集成产业链。受金融危机影响，太阳能光伏产业虽然暂时面临困难，但在龙头骨干企业的带领下，努力将金融危机的影响降至最低，作为新能源领域重要支撑力量的光伏产业前景仍十分广阔。

（2）强力推动企业自主创新能力的大幅提升

专项资金项目的组织实施，极大地激励了江苏省企业自主创新的热情，从整体上提高了全省企业的自主创新能力。据统计，截至 2008 年年底，这些项目累计新申请专利 3926 件，获授权专利 2141 件，平均每个项目每年申请专利 6 件，远高于江苏省大中型企业平均每家申请专利 1.71 件和高新技术企业平均每家申请专利 2.49 件。在专项资金的直接带动支持下，全省企业的专利申请量大幅度攀升。2008 年，江苏省申请专利数达到 12.8 万件，跃居全国第一。项目实施中，企业自主研制的专有设备达 6000 多台（套），新建各类研发机构近 200 个，75 家企业创新水平和发展规模居全国同行业首位。

特别是在当前较为严峻的经济形势下，大多数专项资金项目企业起到中流砥柱作用。一批企业提前进入转型期，有望实现新一轮的质态提升。在专项资金的支持下，南通神马公司的销售额从当初的 3000 多万元增长到 2014 年的 2 亿多元，资产从 2000 多万元增长到目前（2014 年）的 2.5 亿元，成为全国最大的输变电设备用硅橡胶复合绝缘子制造企业。在此次金融风暴中，由于神马产品具有完全自主知识产权和性能优势，在外贸出口中拥有外汇变动议价权，当汇率变动超过一定范围的时候，可重新议价，减少了外汇波动风险，与国际大型电力设备制造商建立了广泛合作关系，有效抵御了国内外市场风险的冲击，在危机中逆势而上，获得了更大发展。

（3）在更高层次上推进了产学研的紧密结合

专项资金项目的组织实施，进一步推进了产学研更加紧密的结合，为江苏抢占今后产业技术制高点奠定了良好的基础。江苏的企业在全国范围内寻求技术合作，全国的高校和科研机构到江苏推介研究成果，成为江苏省产学研工作的一道亮丽风景。

产学研合作项目在企业开花结果。在已经立项的 408 个专项资金项目中，属于产学研合作的项目有 324 个，占项目总数的近 80%，其中有 114 个是以中科院、清华大学等国家级研究单位为技术依托的项目，省拨经费共计 36.04 亿元，占省拨经费总数的 77.67%。截至 2008 年 9 月，产学研合作项目中资金已到位 204 亿元。中科院的"龙芯 CPU"花开常熟，北京大学的"众志芯片"落户常州，清华大学的"OLED"南移苏州昆山，东南大学的"PDP"入驻南京浦口，成为江苏省产学研合作的标志性亮点。在项目实施过程中，又有 644 个新的产学研合作项目在这些企业开花结果，一批新的产学研合作共同体在专项资金支持下应运而生，实现了更深层次的产学研合作。新建项目企业 76 个，新建与项目直接关联的研发机构 176 个。建设了沙钢"钢铁研究院"、春兰"清洁能源研究院"、扬子江药业"新型药物制剂技术国家重点实验室"等一批重量级的企业研发机构。

这种由龙头产品拧成的产学研合作新机制，解决了多年来科研、生产单位难以融合的突出问题，迅速成长起一大批拥有自主技术与开发生产能力的创新型企业。苏州新恒纽电子公司、南京康尼公司等都是在专项资金扶持下，开展产学研合作，由小到大不断发展，拥有了较大市场份额。南京康尼的轨道车辆自动门市场占有率在项目支持前只有 4.7%，项目完成后分别占据国内干线和城轨市场的 40%、50% 以上，产品受到国内外用户的广泛青睐，成为阿尔斯通、西门子、庞巴迪等国外巨头在中国首选的供应商。

几年的实践，使科技成果转化专项资金这种支持企业创新的做法，成为江苏科技创新的一个标杆，产生了广泛的社会影响，树立了"创新江苏"的品牌。同时，专项资金的实施也面临着新的形势和挑战，还需要探索新的发展途径，研究新的组织实施方法。今后，将用更加开放的思路做好这项工作，使公共财政资金发挥更大的效益。

（二）案例分析

林耕：

（1）通过实施该计划，江苏攻克一批关键核心技术，开发一批重大战略产品，培育一批骨干创新企业。在当年恶劣的经济形势下，这批企业创新优势得到显现，成为促进全省经济平稳较快增长的中坚力量。

（2）产学研合作目标明确。放眼全省、全国、全世界，聚焦"两院、两校、两部委、一集团"，即中国科学院、中国工程院，清华大学、北京大学，科技部、国防科工委，中国电子科技集团。

（3）着眼产业发展组织筛选项目。从全国范围内，发展到全世界范围内，选择项目。

（4）组织落实。建立了省一级领导小组，科技厅设立产学研办公室，具体办事机构为江苏省生产力促进中心。2011 年左右，科技厅设立产学研合作处。

（5）制定计划。制定对口工作合作计划，每年有相应的年度总结。

（6）经费集中、重点支持。每年投入 10 亿元资助 50 个左右项目。支持的企业，基本上是行业龙头企业。

（7）产学研互动。推动高校科研机构与企业互动。

（8）专家管理规范。避免人情评分。

（9）监督和制约。建立监督机制，公示、挂牌、信用等级评价等。对不良信用二级的项目单位，将实行中止项目并追回省资助经费、取消各类省科技计划项目申报资格、取消其高新技术企业认定资格等处罚措施。

（10）项目跟踪考核。

许云飞：

从案例中不难看出，产学研合作为江苏省的科技成果向规模产业转化起到了巨大的推动作用。江苏省在全国范围内寻求技术合作，全国的高校和科研机构在其专项资金组织实施的高利用率和落实效果下纷纷向江苏省推介科研成

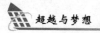

果，为江苏后续抢占产业技术制高点奠定了基础。

就我个人而言，牡丹集团多年坚持产学研合作，产业化合作并取得了一些成果，但仍然需要在此案例中汲取更多的宝贵经验：

（1）产学研合作，需要进一步认识高校、科研机构对企业或地区经济转型升级的重要作用。由江苏省的案例可以看出，高校及科研机构在其科技成果转化比例中占有巨大比例，所以加大对高校和科研机构的重视尤为重要。

（2）站在我个人工作岗位的立场，产学研合作应该重视对传统产业重大科技成果转化的扶持。由于传统产业的企业技术力量较新兴产业相对弱一些，因而对产学研合作的愿望更为迫切，需要通过高校产学研合作项目的实施，增强自我开发与转化的能力。

（3）产学研合作机制的改善空间。随着企业的科技成果自我转化能力的增强，高校及科研机构产学研合作需求意愿有逐渐下降的趋势。而随着高校及科研机构产学研合作的深入，企业的积极性会不足，加之学校动力机制不够，政府进一步引导的办法不多等诸多问题相互缠绕。届时，需要对高校产学研合作形式和机制进一步进行全方位改善。

因此，我们应制定和完善高校产学研政策和科学发展规划，加大地区财政投入的平衡力度，不断提高整体教育水平，夯实高校产学研合作的经济基础，推动地区间发展的相对均衡，不断提高我国整体科技水平和经济实力。

三、某研究所转基因棉花专利实施许可

（一）案例描述

【项目名称】转基因棉花专利技术实施许可

【受让方（甲方）】澳大利亚某某公司

【让与方（乙方）】中国某院某研究所

【签订时间】2008 年 7 月 25 日

【合同类型】技术转让—专利实施许可合同

【知识产权】中国发明专利 1 件，中国申请发明专利 1 件

【技术内容】为增强转基因植物对鳞翅目害虫的毒性；扩大转基因抗虫植物的抗虫谱，减缓害虫对转基因抗虫植物产生抗性的速度，研究人员将 GFM CrylA 杀虫基因与豇豆胰蛋白抑制剂基因构建成融合基因，转化棉花，现已获得专利技术"融合杀虫基因 cryci 及其应用"。

【合同金额】19508 万元：技术交易额 19508 万元

【支付方式】

合同额组成：入门费 500 万元加 8 年（2009—2016 年）研究补偿经费，再加每年提成费。另该合同还规定，2013—2028 年每年有保底费（如果按合

同计算得到的每年提成费低于该年度保底费，则上述价格计算方式中每年提成费换为保底费）。入门费计价货币为人民币，其余的计价货币为澳大利亚元。

支付方法：分期支付。合同生效后10天内甲方支付入门费。每年的10月20日为每年的研究补偿经费及提成费（或保底费）的汇款日。每年9月30日为提成费结算日。

【乙方简介】乙方提出"一手抓科研、一手抓开发"的工作方针，制定了以专利技术和专有技术的转让、入股与合作开发为重点的工作计划，明确了"转变观念、与时俱进、勇于探索、开拓创新、重点突破、力争见效"的科技开发工作的指导思想。经过上下的共同努力，在高新技术成果与企业结合走向市场的探索中积累了一定的经验，取得了显著的经济效益和社会效益，使研究所的综合经济实力有了较大增强。

乙方科技开发工作总体思路和基本框架为：以生物技术与传统农业的结合，高科技与企业资本的结合，上游研究与中、下游开发的结合为主线；以"高科技＋公司＋新优产品＋产业开发"为主要模式；以准备上市和已经上市的、具有雄厚资金实力的大公司为联合与合作的主要对象；以提升参控股公司的经营管理为主攻方向；以酶工程微生物、植物生物反应器和植物抗逆调控基因等研究领域的成果和专利为新的增长点；以增加农民收入、引导农民进入市场、优化农产品品种结构、促进农业高新技术产业化为战略目标；深层次、多层面、大范围全面铺开科技开发工作。

乙方根据专利技术和专有技术较多、水平较高的特点，制定了以专利技术和专有技术的转让、入股与合作开发为科技开发重点的工作计划。先后以抗病转基因棉花等一批拥有自主知识产权和具有国际先进水平的高新技术与大企业、大资本合作，入股组建有限公司和股份有限公司，探索"高科技＋公司＋新优产品＋产业开发"的新模式。

乙方积极开展与国外公司的合作与技术转让。与美国某公司签订了合作开发植酸酶转基因玉米研究的协议；与某转基因技术有限公司合作，与印度某公司签订了"中印合作转基因抗虫棉新品种研究与产业化合同"。这标志着我国的高技术产品将走出国门，开拓国外市场，在世界农业高技术领域占有一席之地。

乙方科技开发工作以公司为依托，以技术为纽带，以高新技术产品为载体，由主要领导、专家及课题组和科技开发负责人组成技术转让和技术合作开发小组，分工协作，直接参与公司的经营和管理。

（1）选择在科技开发工作中能发挥作用的好项目。年初所里专门召开技术转让项目筛选会议，确定一批成熟的、有发展前景的项目，整理打印出相关资料，供技术洽谈使用。

（2）培养既懂技术又懂经营管理和法律的科技开发专职人员。选派有经验、高学历的人员参与公司的管理工作，鼓励科技开发人员参加各种培训班、报告会。

（3）与时俱进，把握重点。在转让的十几个项目中，重点抓好一至两个技术入股的公司，投入力量，直接参与经营管理，力争将公司做大做强，争取今后在国外上市和国内的主板或创业板上市。

（4）加强领导和财务监督。科技开发工作由所长全面负责、亲自挂帅，并出任参股公司的董事或副董事长；部分职能部门和研究室的负责人直接参与公司的经营和管理。

（5）制定调动积极性的重奖政策。为了激励科技人员的技术创新和成果转让，制定一系列的重奖政策，使科技人员在技术转让中得到较高的收入，并在公司中占有相当比例的股份。

（6）注意知识产权的保护。总结以往科技开发工作的经验和教训，技术转让的合同或协议严格按照《合同法》《专利法》的要求起草，转让的项目一律以排他和普通实施许可转让。

【乙方项目主要负责人简介】郭某，1950年出生，现为乙方分子生物学研究室主任、研究员，博士生导师，国家级有突出贡献中青年专家，国家"百千万人才工程"第二层次人选，享受政府津贴。

郭某主持国家"863"计划"优质抗虫高产转基因棉花生物技术育种"和农业部发展棉花专项资金"抗虫基因构建及优质转基因抗虫棉新材料创造"。在国内首次研究成功甜蛋白基因，并在原核生物中高效表达。研制成功"中国单价抗虫棉"，使中国成为继美国之后，独立自主研制成功抗虫棉的第二个国家，并享有我国自己的专利知识产权。之后，又研制成功"中国双价抗虫棉"，并已进入大面积商业化生产，使我国在研制抗虫棉领域步入了国际先进行列。在解缓棉铃虫给棉花生产造成的巨大损失、保护环境和生态平衡、降低农药使用量和用工的投入，以及促进我国农业持续发展方面做出了重要贡献。

郭某作为第一发明人，已获中国发明专利5件。著书3部，发表论文60多篇。指导培养和联合培养硕士研究生17名，指导培养博士研究生10名、博士后1名。

【项目情况】

（1）背景

棉花是我国第一大经济作物，在国民经济中占有很重要的地位。在20世纪90年代，棉花出品是我国出口创汇的主要渠道。但当时虫害制约着我国棉花的发展，农民大量喷洒农药不仅造成环境的污染，也对其他作物和人体有着严重危害。1992 年，棉铃虫的危害造成长江流域棉花减产 20% ~ 60%，黄河流域棉花减产 60% 甚至绝产。面对如此严峻形势，国内一些专家主张引进美国公司的抗虫棉基因技术。

美国某公司提出引进技术研发限制的不合理要求。当时，美国某公司的抗虫基因技术价格昂贵。更为苛刻的是，美国公司提出来，他们的抗虫基因技术一旦被别国引进，引进国就再也不能进行抗虫基因的研究。这就意味着中国一旦引进该项，就不能进行抗虫棉基因的研究，今后棉花产业的发展将依赖于美国某公司。这在国际技术转移中，是典型的限制性措施，是极不合理的"霸王条款"。

乙方的郭某等科研人员反对引进美国的技术。1988 年郭某法国留学归来，开始从事抗虫棉基因的研究，他主张我国自行研发抗虫棉技术，引进的美国抗虫基因技术需要经过几年的时间才能与中国品种相适应，这几年的时间我们的科研人员也能研究出我国的抗虫棉技术，有了自己的知识产权的中国，才能站在棉花产业发展的制高点。

（2）转基因棉花技术的研制与发展

为了从根本上解决棉花生产中的棉铃虫危害问题，国家 863 高技术研究与发展计划于 1991 年起立题，开展抗虫棉的研制，探索利用基因工程技术解决常规育种和传统技术难以解决的问题。

开展棉花基因工程研究的第一步是杀虫基因的人工合成。为了在短时间研究出与美国有一样效果的抗虫基因，郭某领导的课题组 24 小时夜以继日地工作。经过努力，于 1992 年成功地完成了 Bt 基因的人工合成和高效植物表达载体的构建。中国也因此成为继美国之后，第二个独立构建拥有自主知识产权抗虫基因的国家。

为了防止抗药性，更好地应用于棉花产业的发展，郭某等科研人员继续不断创新，研制出抗虫基因构建由单价到双价，由单抗棉铃虫到抗病、抗蚜虫等多抗，并开始了改良品质和提高产量等方面的基因构建工作。1998 年，双价抗虫基因申请了国际专利。我国双价基因的应用比美国提前了 5 年，取得世界领先地位。

（3）转基因棉的推广应用

"九五"计划中，"抗虫棉等转基因植物"被列为国家 863 计划的重大项目。1997 年，单价 Bt 抗虫棉在全国 9 省 17 个地区全面开展试种示范，筛选出优系 11 个。1997 年，农业部批准国产抗虫棉的商业化。1998 年，在安徽、山西、山东三省进行中试，种植面积达 1 万公顷。1999 年，进一步扩大商业化规模，覆盖山西、安徽、山东、江苏、湖北、河南、河北、辽宁、新疆等 9 个省。同年，由乙方研制成功的 Bt/CpTI 双价抗虫棉，也经农业部批准分别在河

北、山西、安徽、山东 4 省进行商业化生产。1999 年，尽管由于种植业结构调整，全国棉田面积大幅度减少，但抗虫棉却受到棉农欢迎，种植面积明显扩大。

转基因棉，不仅对棉虫有很好的抵抗，对鳞翅目害虫也有防范作用。如今，我国转基因棉的推广，使得农药减少 80%，益虫增长 40%，深受广大农民的欢迎。转基因棉不仅在国内开花，也打入国际市场。印度、澳大利亚等产棉大国也引进了我国的这项技术，打破了美国的技术垄断。2008 年，印度转基因棉花种植面积达到 760 万公顷。

（二）案例分析

林耕：

（1）20 世纪 90 年代，美国某公司的抗虫基因技术价格昂贵。更为苛刻的是，美国某公司采用知识产权战略，提出抗虫基因技术一旦被别国引进，引进国不能进行抗虫基因的研究。这就意味着中国一旦引进，就不能进行抗虫棉基因的研究，今后棉花产业的发展将依赖于美国。

（2）通过技术转让开拓了海外市场，打破了美国某公司在这一技术领域与市场的垄断；带动了高技术产品出口到国际市场；

（3）探索出"高科技 + 公司 + 新优产品 + 产业开发"新模式，对于其他科研机构具有重要的借鉴意义；

（4）乙方制定了规范的知识产权管理制度，以专利技术和专有技术转让、入股与合作开发为工作重点，即主动与企业和市场结合，将专利技术积极投入应用，取得显著经济效益和社会效益，使综合经济实力有较大增强；

（5）通过技术转让，保证技术让与方（乙方）的后续研发获得充足资金，使之在这一技术领域保持领先水平；

（6）技术受让方通过技术引进，能快速填补在这一领域的技术空白，使之迅速获得经济效益。

（7）郭某领导的课题小组，为我国棉花事业以及世界的棉花产业发展都做出了巨大贡献。郭某感慨道：应用科技的研究首先要到应用上，而不是为了发表论文，真正是把文章写在大地上！

方英：

（1）通过技术转让开拓了海外市场，打破了美国在这一技术领域与市场的垄断；

（2）通过技术转让，保证了技术让与方（乙方）后续技术的研发获得充足的资金，使之在这一技术领域保持领先水平；

（3）通过技术转让，带动了高技术产品出口到国际市场；

（4）同时，技术的受让方通过技术的引进，能快速填补上在这一领域的技术空白，使之迅速获得经济效益。

李琼芳：

该案例有许多值得学习的地方。

（1）通过两项专利技术的转移，中国某院某所获得了超过亿元的专利实施许可费。这一数字无疑鼓舞了科研人员；而之所以能获得如此高的实施许可回报，是因为此项技术是目前世界上最高端的转基因棉花技术；

（2）作为乙方的中国某院某所，能够成功研发并成功地使自己的技术得以商用化，是因为该所进行了一系列科学的管理：项目可行性管理、人才管理、对技术参股公司的经营管理、财务管理、重奖激励、知识产权管理……这一系列的管理塑造了一个既懂科研又懂经营、产能大、效率高的研究所；

（3）该所善于运用专利制度，积极地申请国际专利，使得自己的技术能够转移到澳大利亚、印度等产棉大国而不用担心知识产权纠纷。

彭锐：

该案例是向国外出口技术的成功案例。成交金额巨大，付款方式合理，包括了入门费、研究经费和提成费，同时通过保底费保证了让与方的权利。对于让与方的科研院所，能够有资金支持以进一步研究改进，并继续保持在该领域内的领先地位是非常重要的，也符合可持续发展的思路。

该案例的成功在于，该研究所制定了规范的知识产权管理制度，以专利技术和专有技术的转让、入股与合作开发为工作重点，即主动与企业和市场结合，将专利技术积极投入应用，取得了显著的经济效益和社会效益，使研究所的综合经济实力有了较大增强；同时探索出了"高科技＋公司＋新优产品＋产业开发"的新模式，对于其他研究性院所来说具有重要的借鉴意义。

在与国外企业的专利交易中，需要国内企业具有丰富的知识产权管理经验，更需要既懂技术又懂法律，既了解国内制度又了解国外知识产权制度的专业人才参与。例如，由于专利的地域性，国内专利在澳大利亚不具有效力，则国内专利的实施许可可能造成对自身权利的损害，参与国际技术交易的企业，必须申请国外企业所在国家的专利才有交易的基础。

张蕾：

该案例中，该专利是2008年技术转让。从这一合同可以看出，该所的技术转让运作越来越成熟，每一环节都步入国际化趋势，且在自身的管理上也面面俱到。不单单只是单纯的研发，而是与市场有效地结合起来，根据市场需求去开发有前景、有创收的项目，不断地激励技术开发人员，注意知识产权的保护。在这样懂技术、懂管理、懂法律的团队下，才能有效地推出自主研发的专利，从而在专利转让的高技术领域占有一席之地。这样的专利既能推动本国市场，又能走出国门。这是一个成功的案例。

魏会东：

正如本案例中提到的，作为生物技术的重要组成部分，农业生物技术不断推动着农业生产方式的转变，推动着农业功能的拓展。在提高人民健康水平、保障粮食安全、缓解能源压力、改善生态环境以及提高综合国力等方面发挥着越来越重要的作用。

现代生物技术的广泛采用对农业育种起到了前所未有的作用，以转基因技术为代表的基因工程技术的出现，突破了种间的生殖隔离，扩大了种质资源的范围；以体细胞融合技术为代表的细胞工程技术的出现，缩短了育种周期，加快了品种的推广速度；以 SNP（单核苷酸多态性）技术为代表的分子标记技术的出现，增强了选育的针对性和准确性。

生物技术育种所带来的拓展性、针对性、高效性给传统育种方式带来了质的变化。现代生物技术手段的广泛应用，大幅提升了育种的效率和育种的准确性。常规育种需要 7~8 代才能选出的纯和亲本，通过现代技术只需要 2~3 代即可，育种周期仅仅是原来的 1/4~1/3；育种的准确性使得优质、专用、多抗等性状的新品种不断出现，如抗虫棉、抗虫玉米在全球的迅速推广，是有效转入抗虫基因的结果；抗除草剂棉花、抗除草剂大豆、抗除草剂玉米的广泛种植，是有效转入抗除草剂基因的结果。

农业育种的新技术，推动了传统的"常规育种"向高效的"精确育种"转变。以技术转移为途径，建立行之有效的产学研合作模式，推动先进技术向产业推广，是使产业竞争力得到进一步提升的有效手段，同时也是推动北京科技资源转化为产业优势的良好示范。

四、北京某大学高额专利申请权转让

（一）案例描述

【项目名称】一种合成反应方法及其催化剂的专利申请权转让

【受让方】山西某公司

【让与方】北京某大学（以下简称该大学）

【签订时间】2008 年 2 月 19 日

【技术转移机构】该大学科技开发部

该大学科技开发部成立于 1985 年，是该大学科技开发和成果转化工作的主管部门，实行全民所有制，注册时间是 1985 年 5 月，注册资金 300 万元。多年来，一直致力于该大学的人才和技术优势与地方及企业优势相结合，促使科研成果尽快转化为生产力。科技开发部是按照该大学科技开发管理办法等管理规定，由校长授权审核、签署和管理各类技术合同，统一管理、组织和协调让与方各单位的科技开发工作，并与国内外政府机构和企事业单位建立长期合作关系。

【合同类型】技术转让——专利申请权转让合同

【技术内容】

这件专利发明是源头上方法的创新。这件专利的内容，涉及一种从合成气出发制烃类燃料的催化方法以及相关的催化剂制备技术。这是煤制油过程中的关键技术，采用了与传统合成反应体系完全不同的催化技术。这种催化方法突破了传统的技术体系，有助于国内相关企业突破国际巨头的专利壁垒。现有的合成技术，特别是源头上的专利技术（所谓的母专利），基本上掌握在国外大公司 BP、Shell、SASOL、Exxon 等手中。而中国由于"煤多油少"的基本国情，出于国家安全和能源战略上的考虑，必须发展煤制油工业，以解决未来可能的能源短缺的困境。

这件专利技术可以作为国内企业的母专利。多年来，由于国外大公司专利壁垒方面的问题，我国有关部门对煤制油工业的发展疑虑重重，一贯持保守态度，只建设了一些示范性的中试装置。如果国内企业把这件专利技术作为母专利，在此基础上开发形成一系列具有知识产权的技术体系，即便以后发生专利纠纷，也将会占据很大优势。所以，这件专利的应用具有非常重要的意义。

国家科技计划项目生成的专利。该大学的专利发明人，在这个专业技术领域从事了多年的研究，承担了多项国家重大科技计划项目。这件专利技术的创造成功，是多年承担科技计划项目研究的积累而成的。

【合同金额】600 万元

【知识产权】发明专利

【支付方式】

受让方分三次支付让与方：

（1）合同生效 7 个工作日内，支付 300 万元，占合同总额的 50%；

（2）收到全部资料并且实验结果符合指标的 7 个工作日内，支付 180 万元，占合同总额的 30%；

（3）受让方正式取得专利权 7 个工作日内，支付 120 万元，占合同总额的 20%。

【受让方简介】

受让方主要股东均为国有企业。是由中国某院某研究所联合产业界合作伙伴，内蒙古某集团公司、某集团公司、山西某（集团）公司、徐州某集团公司和某能源公司共同投资，在原某院某所合成油品工程研究中心的基础上，成立的有限责任公司。

受让方公司于 2006 年 4 月成立，注册资本 5 亿元人民币，其中现金 3 亿元，经有效评估的固定资产和无形资产价值 2 亿元。科研和工程开发人员 80

余人，其中博士 20 人，硕士 35 人。

受让方拥有围绕煤制油技术发明专利和登记软件 50 余件，研发设施价值 7000 万人民币。其从事自主知识产权煤基合成油的技术开发，是国际上煤间接液化的一个重要的技术开发机构，在同行业中享有极高的声誉和学术地位。

【项目情况】

1. 该专利技术所处阶段

这件专利包含的技术目前还处于实验室的初步开发阶段。如果进行产业化方面的进一步研发，不仅需要投入大量资金建造实验装置，还需要相关的工程方面的技术储备，而这些条件在该大学是不具备的。所以，选择一个有资金和研发实力的企业，实施这件专利技术，是非常必要的。

通过技术转让的方式，将后续研发交给擅长这方面的专业公司，对该大学和企业是一个双赢的选择。

2. 专利实施方式的选择

这件专利可作为企业的母专利。企业在将来跟国际巨头之间发生可能的知识产权纠纷时，可以凭此取得更多主动权。从这方面来考虑，企业更希望一次性买断，将其作为本企业的专利储备。

这样的方式对于该大学也是最有利的。该大学可以将更多精力投入到其他研究项目中去，取得更多成果。反之，如果采用专利作价入股的方式，一方面，这样的方式见效慢，对于该大学的研发工作不是最有利的；另一方面，还存在着相当大的风险，因为企业随时可以中断合作，从而损害该大学的利益。

因此，该大学通过与受让方的协商，决定采用专利申请权转让的形式。这对于双方来说，都是最适合的形式。

3. 受让方的选择

在这件专利技术转让的过程中，除受让方以外，还曾有其他几家企业跟该大学接触过，包括几家大型国有企业以及国外大公司 BASF 等。这些公司都对该大学的这项专利技术表示感兴趣。但是，这些大型国有企业的积极性不高，通常后来就没有下文了。

由于这件专利技术涉及煤制油过程的关键技术，该大学出于国家安全和能源战略方面的考虑，没有跟 BASF 等国外大公司进行下一步谈判，更没有将这件技术转让给国外公司。

受让方从一开始就对此事高度重视。受让方认为，这件专利是全新的概念性专利。因此，受让方公司总经理亲自带领专业团队，专程来该大学商谈。该大学很看好受让方在技术的进一步开发及产业化方面的优势。双方经过多次谈判，最后达成一致，签订了专利申请权转让合同。

4. 专利转让费用

该大学组织专家对这件专利技术进行了技术评估。在此基础上，该大学与受让方经过协商谈判，最终以 600 万元转让费，将这件专利技术的申请权转让给受让方。

5. 这件专利技术价值得到真正的体现

考虑到当时这项技术正处于专利申请阶段，能否授权还存在不确定性。加之这件专利技术处于该大学的初步开发阶段，到产业化还需要有条件的企业进一步的研发。可以说，600 万元的转让费，很好地体现了这件专利技术的价值。

相反，如果不进行技术转让，这件专利仅是一纸空文，体现不出任何价值。例如，该大学发明人所在的实验室，多年申请下来的专利有几十件。但是，很多专利没有转让出去，该大学发明人的实验室也没有能力进行产业化方面的研发。所以，专利在该大学持有几年之后，由于没有足够的经费进行维护，如果失效了，这无论对国家、该大学还是企业，都是一大损失。

（二）案例分析

林耕：

（1）这是北京高校专利申请权转让中，合同成交额最高的一项合同，是专利商用化运作成功的典型案例。

（2）体现新时期我国研究型大学技术转移的主要形式。

该大学选择了专利申请权转让的形式。该大学将后续试验研发转交专业的企业，避免后续融资的困难，避免与企业合作产生纠纷的风险，避免市场的风险，获得了理想的回报。对于该大学和受让方企业，这是双赢的选择。

（3）体现新时期我国研究型大学研发的主攻方向和国际化水平。该专利可以作为我国高科技企业的核心技术即母专利。

（4）体现新时期我国研究型大学的新目标——抢占战略性新兴产业的专利技术制高点。大学不要与本国企业抢占专利的申请点。

（5）该专利技术涉及国家安全和能源战略，该大学很好地坚持几项原则：坚持我国企业优先权；坚持保守我国的国家技术秘密。

（6）受让方具有发展战略眼光，有较雄厚的研发实力，有较强的财力，对这件技术交易有强烈的紧迫感。

五、美国高智发明投资发明资本市场

（一）案例描述

背景

2008 年 10 月，美国高智发明——这个发明投资领域的"巨魔"，正式踏入中国市场，并首次将自己独特的发明投资模式引入中国。对此，有人惊呼"专利海盗"来了，也有人说是专利权人的福音。其实，中国很多人对这个略显神秘的专利投资巨人并不真正了解。

高智发明在中国的大举扩张。高智发明通过旗下的发明开发基金（IDF），将与优秀的发明人合作，寻找并筛选出拥有市场前景的发明创造，帮助发明人将其发明创造开发成国际发明专利，继而通过专利授权等方式实现市场化，并与发明人分享利润。高智发明一方面大量购买专利，另一方面在诸多中国高校设立高额的发明基金研究项目，支持大学教师从事科研并申请专利。

高智发明面向社会搜集专利。通过大范围推广其"发明人计划"，面向社会搜集专利。2009 年 8 月底前，高智发明已收购了北京高校 20 多项专利，与清华大学、复旦大学和南京大学以及有关科研院所洽谈收购事宜。2013 年年底前，高智发明中国区的一位高层透露，高智发明在中国高校已接触过的技术超过 1000 项，其中不少成为其"知识产权资产"。目前，中国已经成为高智发明"专利库存"的第二大来源国。

高智发明资助技术前沿的发明创新研究课题。在与国内发明人的合作中，高智发明每年会设定若干面向国际市场、围绕技术前沿的发明创新研究课题，从申报基金的高校教师中进行挑选，予以资助。平均资助额度为 1 年内 3 万到 5 万美元。签约后，受资助者须按合约完成发明创造，高智发明则为发明人申请国际专利。高智发明要求与老师的签约项目里不能接受其他政府财政经费支持。一旦签约，高智发明要求获得该专利在全球的独占实施许可权。

各国对专利海盗公司的应对

近年来，专利海盗公司活动愈加频繁，引起各国高度警惕。许多国家已经开始对其加以研究，并采取针对性措施，进行相应的防范和反击。专利海盗（Patent Troll、Patent pirate），也称专利流氓、专利蟑螂、专利钓饵或专利投机者等，是指那些本身并不制造专利产品或者提供专利服务，而是从其他公司（往往是破产公司）、研究机构或个人发明人手中购买专利，然后通过有目的地起诉某些公司产品侵犯其专利权，依靠专利诉讼赚取巨额利润的专业公司或团体。

美国：2006 年 4 月，美国参议员提出《专利质量法案》。内容就包括杜绝不择手段的专利海盗行为。2009 年 3 月 25 日，谷歌、英特尔等 28 家公司联名上奏美国总统奥巴马，请求对 2009 年专利改革法案给予支持。

日本：2007 年，高智发明进入日本，从事发掘高前瞻性发明并支持其专利化的活动。但近期，日本政府感觉到高智发明对本国发展的威胁，并召集相关科研院所和企业，要求其不得向高智出售技术和创意。日本特许厅相关部门负责人明确表态说，日本对高智发明的态度就是限制，不允许这样的公司在日本发展。

韩国：2008年，高智发明进入韩国。积极购买韩国好的技术和创意，并已经购买约200个项目的知识产权，对三星、LG等企业构成潜在威胁。韩国政府和企业深感威胁，政府通过下发文件等形式，禁止韩国大学实验室、研究机构和企业向高智发明等专利海盗公司出售知识产权。

印度：印度针对专利海盗的对策侧重防御。

中国：2014年7月11日，北京知识产权运营管理有限公司（简称北京IP）正式成立，注册资本金为1亿元。北京IP是我国首家由政府倡导并出资设立的专门从事知识产权运营的国有企业，是我国知识产权运营事业的首批探索者、实践者和先行者。有消息称，广东、江苏、厦门也正在积极筹建具有"官方"背景的知识产权运营公司。

高智发明登陆并收购国内高等院校的科研院所的专利现象，已经引起美国、德国专利投资机构的关注，"一只狼的成功，将引来一群狼的入侵"，需要引起我国相关部门和企业的注意。

1. 高智发明公司简介

公司名称：Intellectual Ventures Management，LLC（简称高智发明或IV）。

高智发明由因担任美国微软前CTO（首席技术官）而知名的纳森·梅尔沃德（Nathan Myhrvold）等4人于2000年成立，总部设在美国华盛顿州的Bellevue。美国总部设有发明实验室（IV Lab）。从2003年起，积极从事发明和与发明相关的投资业务。其资本来自机构与个人，包括由微软、英特尔等财富500强大公司、大学基金会等提供，共拥有50亿美元的投资基金，主要用于在世界范围内购买新创意和新技术的知识产权。高智发明是全球最大的专业从事发明与发明投资的公司。

高智发明宗旨。着眼于未来5~10年的技术进步，为全世界的发明家提供投资和专业支持，从而在为全球范围内促进发明创新以及知识成果的价值体现。

投资领域。主要在信息技术、生物医疗和新材料、新能源等领域，近期信息技术领域的发明课题主要集中在普适计算、数据存储、搜索、多核计算、通信、网络等方面。

人员构成。目前在世界各地拥有超过700名雇员，包括计算机科学家、生物学家、物理学家、数学家和工程师，专利分析师和律师，专利许可授权销售代理商，金融专家和风险投资专家。

2007年进入亚洲。已在日本、韩国、中国、印度建立了分支机构，并在新加坡设立了地区总部。

2008年进入中国。2008年10月13日，在北京举办中国区开业典礼。雇

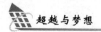

员包括计算机科学家、生命科学家、化学家、风险投资家以及金融、商务人士。高智发明（中国）的使命是：引领、激励和孵化发明创新，帮助中国的发明家和优秀的知识成果走向世界。

高智发明提供一种技术商业化平台。主要针对目前中国市场存在的申请国际专利资金短缺、申请困难、专利成果转化率低下等问题，提供一个专业化、国际化的技术商业化平台。使得发明单位可以拥有更多的国际专利，节省相关专利申请和转移成本，并最终获得经济收益。同时，该平台还可通过正确引导发明人了解市场需要，不断激发新的发明创造的诞生。

高智发明的四重角色：

• 一个发明引路人。通过发明需求课题（RFI）引导发明人了解市场需要，激发他们产生发明创意。

• 一个天使投资人。不但向发明人支付前期的发明接收奖金和最终的利润分享，而且承担中间的国际专利撰写、申请、维护，后期的专利授权、转移过程的全部风险和成本。

• 一个专利代理人。一个高质量、不收费、不署名的国际专利代理机构。

• 一个技术转移平台。一个专业化、国际化、高规格、低风险的技术商业化中介平台。

为发明人解决了哪些实际问题：

• 缺少资金预算。申请和维护国际专利，所需成本往往超出个人甚至机构能够承担的限度。高智发明将会支付专利开发的全部成本。

• 缺少专利申请的经验技能。成功申请发明专利尤其是国外专利，需要具备出色的语言能力、法律知识和申请经验。高智发明将会提供世界顶尖的专利律师和技术顾问，会帮发明者撰写完善的专利申请。

• 缺少授权渠道。无论是个人还是机构，渠道的缺乏往往造成许多发明专利长期无人问津。

高智发明在全球范围内拥有的庞大的专利转让渠道，将使发明人的专利在最短的时间内被顶尖企业采用并产生效益。

2. 高智发明创始人简介

（1）高智发明创始人兼首席执行官纳森·梅尔沃德（Nathan Myhrvold）

纳森·梅尔沃德先生，不满15岁上大学，23岁获普林斯顿大学理论及数学物理博士学位。1983年，创办（动力系统）计算机软件公司，自任总裁兼CEO。1986年，公司被微软收购，其成为微软特殊项目主管，历任微软高级技术分部副总裁、应用和内容副总裁直至微软最高技术职位——首席技术官。1993年5月，入美国普林斯顿大学高级研究院理事会。1994年1月，为美国国家信息基础设施咨询委员会成员。2000年，离开微软创办高智发明。2007

年，荣登英国《知识产权管理》杂志2007全球知识产权界50位最具影响人物榜单。2010年，荣登美国《财富》杂志全球科技业界最聪明的50位高管榜单。其拥有数百件专利，并拥有数百件待申请的专利。

（2）高智发明创始人兼CTO——爱德华·荣格（Edward Jung）

爱德华·荣格先生，于1990年2月加入微软，任首席软件架构师兼Windows（视窗）研发组总负责人，创建微软研究院，在哈佛医学院雷德哈钦森癌症研究中心和系统生物学研究所担任高级顾问。为亚太联盟、奥斯本研究所、中国科学院、美国国家科学院以及世界经济论坛和世界卫生组织等提供咨询。他拥有100多件专利，并拥有900多件（项）合作发明专利。

3. 高智发明经营理念

高智发明目的：建立一个支持发明创造的资本市场。这个发明资本市场与支持创业企业的风险资本市场相似，也与振兴低效率企业的私募股权市场相似。

高智发明目标：让应用研究成为一个有利可图的活动，吸引比现今多得多的私人投资，从而使发明创造的数量迅猛增长。

- 一个成熟的发明资本体制，能解决很多长期困扰发明家和客户的问题。
- 发明吸引和私营部门投资相匹敌的资金的唯一方法，是把发明活动当作一项以盈利为目的的业务。

发明资本市场的服务对象：

（1）发明家

- 提供资金
- 鉴定创造力旺盛的主题以供发明
- 为具体发明进行市场评估
- 确定发明市场利率
- 提供可靠的资金补偿
- 促进产生强大的专利
- 市场和许可发明
- 从多种来源聚集发明以提升其价值

（2）学术机构

- 提供资金
- 匹配科学发现领域与产业需求领域
- 当多个组织机构进行专利买卖时组织交易
- 促进发明创造财富
- 实施专利权

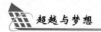

（3）产品制造商

- 提供一站式专利购买
- 将外部发明家聚集于此以满足公司的特定需求
- 通过提供获取专利的通道来降低诉讼风险
- 提供一个现成的市场以实现公司获得专利许可或出售专利的意愿

（4）社会环境

- 加速科技进步
- 减少研究活动对政府资助的依赖
- 培养对知识产权的尊重
- 高效回收失败的经营项目中的优质创意
- 增加竞争和增加消费者选择的余地

商业模式的创新意义：

在历年的美国专利申请数量排行榜上，有许多名列前茅的企业巨人，其产品所使用的专利技术只有约1/3来自自身的研发团队，另外约2/3是通过授权、购买、交换等方式从外界获得的。

从企业的角度看，为保持其产品的核心竞争力，企业需要获取更多的专利使用权；但与此同时，企业既不可能、也不必去建立一支能完成一切发明的"超级研发团队"。

从发明人的角度看，发明专利开发的长周期、高成本、与企业对话的高门槛、自主创业的高风险，这一切使得发明人错过了被企业付诸应用、实现价值的最佳时机。

高智发明凭借庞大的资本、专业的国际化团队，为企业和发明人搭建了高效的发明专利开发与交易平台，为发明人解决了后顾之忧，为企业发掘了丰富的创新源泉，也为社会带来了更多的发明创新。

4. 高智发明主要部门及运作方式

- 投资关系部——筹集资金
- 产品主题创制团队，不断研究技术的发展趋势和科学上的新发现，试图找出最佳的投资机会。研究结论指导三类不同的群体，第一类是公司内部创造发明，第二类是外围发明网络，第三类购并小组。

运作方式：

专利组合。一种萃取专利的全部价值的方法，就是将它们智慧地聚集，从而总体价值会大于各个部分价值的加总。每一件专利都具有一些价值，但是打包后的专利组合，其价值就更具吸引力。

创办企业。偶尔会有一个构想非常好，在这种特殊情况下，专利公司就应该创办企业。

创建支持专利的有价证券。成功的专利组合可以摆脱掉很多现金局限，因此，它们可以作为一种新的投资资产的金融支柱：支持专利的有价证券。

与发明人的合作方式：

● 与高智发明一起发明创新，发明人将获得以下回报：

——任何一个发明人提交的写在几页纸上的想法，一旦被高智发明接受，即可获得一定数额的、有吸引力的奖金。

——发明人不需有任何投入。高智发明将为发明人的想法申请国际发明专利，而这些发明专利的署名权都归属发明人。

——上述申请获得各国专利批准后，高智发明会负责将发明人的发明专利授权给企业使用，发明人则从中分享收益。

——上述一切不需要发明人离开自己的研究岗位。发明人只需专注于科研工作，即可获得创业成功才有的回报！

5. 高智发明经营模式

（1）基金来源

私募股权基金。

（2）基金模式

基金模式为高智研发基金 ISF、发明投资基金 IIF 和发明开发基金 IDF。

高智研发基金 ISF（Intellectual Science Fund），是以高智发明公司内部科学家研究成果为主，在获得知识产权后，自产自销并获得利润。

发明投资基金 IIF（Invention Investment Fund），主要是通过收购具有市场开发潜力的发明创造和专利经营权，进行二次开发和组成集合，然后许可、转让从中获利。

发明开发基金 IDF（Invention Development Fund），运营的模式是，首先找寻到合适的发明人，然后高智发明通过谈判获得发明的技术信息，通过专家辨别此项发明的前景和质量。获得认可后，资助发明创意，并把其开发成国际发明专利，同时通过独占许可的方式，取得专利的经营权。最后，通过其强大的网络打包授权给国内外的企业，与发明人按照约定比例分享利润。

实现专利技术商用化。通过专利授权、创建新公司、建立合资企业以及建立行业合作伙伴关系等方式，来使发明成果商业化。在专利商业化产生市场效益时，按持股量进行分红，或者支持企业上市转让股权等。

高智发明商业模式有着较高的投资风险。需要长时间的积累和沉淀，才会逐步产生效益。但对他们来说，一旦投资成功，回报将很丰厚。同时根据专利有效期长的特点（发明专利是 20 年），决定了回报周期也比一般的基金长很多，这也是专利或发明投资的特点与诱惑。

高智发明 IDF 自称并不收购专利，而是收购独家代理权。即认可发明人的技术后，由高智发明 IDF 与发明人签订协议，独家代理全球专利申请、维持和许可事务及费用，同时给予发明人一定报酬。许多收益再按一定比例与发明人分成。此外，高智发明 IDF 会主动提出尚未解决的技术问题，征求解决问题的技术方案，再按上述方式处理。从这点上看，高智发明 IDF 既不同于一般的风险投资，也不能等同于专利蟑螂（Patent Troll）。

6. 高智发明业绩

截至 2008 年 12 月底，在全球范围内掌握了 1.2 万件专利，在世界各地拥有约 400 名雇员。

截至 2009 年 12 月底，在全球范围内，申请了 1500 多件专利，购买了30000 多件专利，650 名雇员。为公司内部发明申请了专利约 450 件，成为世界上排名前 50 的专利申请公司之一。投资发明家网络体系约 1 亿美元，已经产生了约 4000 项发明构想以及超过 1000 件专利申请。购买 3 万件发明专利。已经与 100 多个《财富》500 强企业进行了交易。专利组合许可活动已获利超过 10 亿美元。

截至 2011 年 12 月底，拥有专利 30000 ~ 60000 件，在美国公司中排名第 5位，在全世界排名第 15 位。

（二）案例分析

林耕：

自 2008 年 10 月至今，高智发明进驻中国已经 7 年了，其主要业务开展大多通过私下秘密协议进行。这种崭新商业模式，究竟会对我国创新体系造成何种影响？在中国市场的未来运作又会发生怎样的演变？

1. 高智发明对我国的影响

（1）积极影响：

① 解决我国部分发明申请国际专利资金困难问题；

② 为专利实施和转让提供良好平台；

③ 为发明人或科研机构提供技术的市场需求，推动研发以市场导向方式发展。

（2）消极影响：

① 转移我国自主创新的核心技术成果，影响国家技术和经济安全。

高智发明通过技术专家和法律专家，利用资金优势，将我国的核心技术转化为其独家代理的专利。这实际上，是使我国丧失本应掌握在我国手中的许多核心专利，反过来制约我国自主创新和产业化的发展。

② 在向境外转移专利技术过程中，存在逃避审查的行为。

高智发明从我国高校、科研院所、企业等发明人手中购买技术创意后，申报 PCT 专利或国外专利，在这一过程中，产生跨国的知识产权或技术转移，通过逃避商务部审查等方式，存在一定违规操作行为。

③ 可能成为刺探我国先进技术情报的手段。

高智发明在与中国发明人的谈判过程中，在获得核心技术的信息后，如果停止买卖技术，转而将得来的技术信息转卖或通过自己的专家提前申请专利，会造成不可挽回的损失。

④ 可能成为最大的"专利地雷"。

高智发明宣称：不是一家通过诉讼获利的公司。虽然公司宗旨和高层负责人多次阐明，但其仍有可能成为最大的潜"专利地雷"，随时爆炸，影响我国企业的发展。必须时刻警惕！

⑤ 形成专利产业，精确地控制核心专利。

专利产业很可能成为其他实体产业的上游产业。高智发明在短短几年之内，收购近6万件专利，这仅仅是个开始。未来通过专利产业，直接产生的专利数量越来越多。经过有预见力的科学家把握方向，精确地成为其他产业的核心专利，那时整个工业产业很有可能会被控制在专利产业中。其瞄准战略性新兴产业、专利技术空白点，申请中国与国际专利，从而制约中国科技与经济的发展。

⑥ 有可能引发更多专利投机公司入侵。

在日韩发展受阻的背景下，高智发明已经把中国作为主要的目标国家，积极进行市场布局，不断调整战略与策略。

2. 建议

面对挑战、抓住机遇，切实提升知识产权运作、保护、管理的能力。高智发明开创一种全新知识产权管理和商业运营模式，有重要的启发和借鉴意义，要因势利导、为我所用、趋利避害、互利双赢。

（1）打造知识产权产业，实现其价值最大化

以专利和版权（软件）为核心，就城市（单位、个人）而言，知识产权数量的多少是创新能力的体现；知识产权质量的高低是竞争能力的体现；知识产权价值的实现程度是经营能力的体现。

（2）编制专利发明指南

组织专利分析专家，开展专利技术分析，有针对性地编制发明指南。

（3）全方位为发明人服务

充分调动专利职务发明人的积极性。对于专利许可和转让给本国企业的所得，给予全额免征个人所得税；对于转让给外国企业的所得，减免税率为个人所得税的50%，可以先实行财政补贴和奖励。

（4）建立重大科技项目知识产权托管服务机构

委托授权其服务机构：评估高校、科研机构技术转移的绩效；行使政府介

人权；加强政府科技计划项目的知识产权管理；重视审查科技计划项目申请专利的质量。其基本流程如图 7-1 所示。

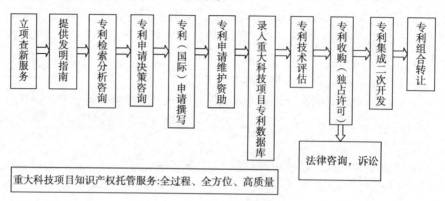

图 7-1　知识产权托管流程

（5）建立专业的专利数据库

建立国家科技计划成果转化项目数据库；国家科技计划项目专利及重点发明人数据库；建立涉外知识产权纠纷数据库，掌握国内外知识产权案件的最新动态。

六、某研究所谐振测试仪专利实施许可

（一）案例描述

【项目名称】一种谐振测试仪的专利实施许可

【受与方（甲方）】北京某生物技术公司（以下简称甲方，该公司）

【让与方（乙方）】中国某院某研究所（以下简称乙方，该研究所）

【签订地点】北京市

【合同类型】技术转让、专利独占实施许可

【知识产权】发明专利（申请中）、职务发明

【合同金额】600 万元

【支付方式】

1. 合同生效 7 日内，甲方支付乙方 240 万元（40%）。

2. 提供第一台样机，培训买方人员一周内，甲方支付乙方 180 万元（30%）。

3. 获得国知局专利申请权许可备案登记，提供第二台样机，买方验收一周内，甲方支付乙方 180 万元（30%）。

【项目情况】

1. 许可的方式与范围

该许可技术的许可方式是独占实施许可。

该许可技术许可范围是甲方作为大陆（港、澳、台除外）唯一的许可技术许可方利用实施许可技术制造、使用、销售合同产品；乙方（许可方）不能实施许可技术用于生产、销售，也不能许可任何第三方实施许可技术，在此所述实施是指制造、使用、销售、许诺销售和进口基于许可技术获得的产品。

2. 许可技术的内容

双方约定，许可技术的内容为乙方向甲方提供的其拥有的一种谐振测试仪的专利申请文件中所描述的权利要求项。

3. 技术资料及样机的交付

（1）合同生效后，乙方收到甲方支付的第一期许可使用费后 7 日内，乙方向甲方交付合同第 × 条所述的技术资料，乙方交付第一台样机的时间不晚于本合同生效后 7 日内。

（2）乙方将全部技术资料当面交付给甲方，并且制作资料清单以便双方签署认可。技术资料交付地点为乙方所在地。

4. 对技术秘密的保密事项

（1）因为专利申请尚未公开，属于乙方的技术秘密，甲方承诺在专利申请文件被专利行政部门公开之前，不得将已接受的技术文件以任何方式泄露给本合同当事双方以外的任何第三方。

（2）甲方具体接触前述技术秘密的人员均要遵守甲方保密制度，保证不违反上款要求，否则甲方应向乙方承担违约责任。

（3）甲方应将乙方提供的技术资料附件依据自己的保密制度妥善保存，否则，因此泄露乙方技术秘密的，应当向乙方承担违约责任。

（4）合同执行完毕，或者因故终止、变更，甲方均须把乙方提供的技术资料退还给乙方，不得保留任何复制件，否则，乙方有权追究其违约责任。

（5）双方同意对本合同项下内容、在合作过程中知悉的对方包括不限于生产、经营等其他保密信息予以保密，不得向任何第三方披露，更不得允许第三方所有。

5. 技术服务与培训

（1）乙方在合同生效后 20 日内，且收到甲方首期许可使用费后，负责向甲方传授技术，并解答甲方提出的有关实施合同技术的问题。

（2）乙方在甲方实施专利申请技术时，要派出合格的技术人员到甲方现场进行技术指导，并且负责培训甲方指派的工作人员。

（3）甲方也可以派出人员到乙方接受培训和技术指导。

（4）乙方人员的差旅费、住宿费和伙食费由甲方承担。

（5）乙方应当无偿提供不多于 × 片的试验芯片等耗材以及该芯片的制造技术及工艺方法，以支持甲方的培训。

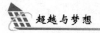

6. 改进技术的提供与分享

（1）在合同有效期内，任何一方对合同技术所做的改进应及时通知对方。

（2）有实质性的重大改进，由改进方申请专利，另一方在同等条件下有优先被许可使用的权利。

（3）属于在原有技术基础上的较小的改进，双方免费互相提供给对方使用。

（4）对改进的技术，另一方对改进技术承担保密义务，未经对方书面许可不得向他人披露、许可或者转让该技术，并且遵守保密条款的约定。

（5）属于双方共同做出的重大改进，申请专利的权利归双方共有。

7. 违约及索赔

（1）乙方无正当理由逾期向甲方交付资料、提供培训的，逾期超过1个月，甲方有权终止合同，并要求返还已经支付的许可使用费。

（2）乙方没有按照本合同约定提供技术培训的，甲方有权要求乙方履行合同义务，并有权要求乙方支付许可使用费的10%作为违约金。

（3）乙方自己实施或者许可甲方以外的第三方实施该许可技术或者泄露许可技术，甲方有权要求甲方停止这种实施与许可行为，也有权终止本合同，并且要求乙方赔偿因此给甲方造成的损失。

（4）甲方延期支付使用费的逾期超过1个月的，乙方有权终止合同，并要求支付相当于全部许可使用费余额，同时支付相当于全部许可使用费10%的违约金。

（5）甲方在收到乙方提供的技术资料和样机后，无正当理由延期其应当支付的许可使用费的，乙方有权通知其在30日内履行付款义务；超过30日不履行的，乙方有权解除本合同，并且延期支付相对于全部许可使用费余额，并且支付相当于全部许可使用费的10%作为违约金。

（6）甲方违反合同规定，扩大对被许可技术的许可范围，将被许可技术转让第三方，乙方有权要求甲方停止侵害行为，并且有权终止合同和要求甲方赔偿损失。

（7）任何一方违反合同的保密义务，致使保密信息泄露，受约方有权要求违约方立即停止违约行为，按全部许可使用费的20%支付违约金，并且赔偿因此给对方造成的实际损失。

8. 甲方和乙方的承诺

（1）乙方必须保证其为本合同项下许可技术的合法拥有人，具有许可给甲方的主体资格，许可不需要任何其他方的批准、同意；并且保证安排合适的人员对甲方进行技术指导、技术培训。

（2）乙方必须保证许可技术的合法性，为可以许可实施的技术；

（3）乙方必须保证许可技术不受任何有关的侵权控告，与此有关的侵权控告责任由乙方承担；

（4）乙方保证未与甲方以外的任何第三方签订过与本合同内容相冲突、相矛盾的合同；乙方未许可任何第三方实施过本合同项下的被许可技术。

（5）乙方承诺在本合同生效后，按照法律法规办理实施许可备案登记。

（6）在合同有效期内，如果有第三方指控甲方实施的技术侵权，乙方负一切法律责任。

（7）在合同有效期内，甲方保证不将本专利泄露、许可或转让第三方；如果是由于甲方的原因让第三方实施了本合同项下的被许可技术，甲方负一切法律责任。

9. 专利申请的进展

（1）乙方应在该专利权授权公告之日后 30 日内向甲方提供专利证书的复印件；本合同自动转为专利权独占实施许可合同；本合同的全部条款继续有效；本合同的有效期与专利权的有效期一致；

（2）维持已授权专利的年费由乙方承担并应按时缴纳。

10. 专利权被宣告无效的处理

（1）在合同有效期内，乙方的专利权重要调整被宣告无效时，乙方不必向甲方返还许可使用费。乙方对专利的任何修改调整都需甲方的书面同意。

（2）在合同有效期内，乙方的专利权被宣告无效时，因乙方恶意给甲方造成损失，或者明显违反公平原则，乙方应当返还全部专利许可使用费，合同终止。

（3）在合同有效期内，甲方的专利权被宣告无效，从而使得许可技术成为公开通用技术时，甲方可以单方终止合同。

11. 争议的解决办法：

凡因执行本合同所发生的或与本合同有关的一切争议，双方应通过友好协商解决。如协商仍不能达成一致时，应向北京仲裁委员会申请仲裁。

12. 合同的生效、变更与终止及其他

（1）本合同的变更，必须经过合同双方共同协商，订立书面变更协议后方能生效。

（2）未尽事宜，双方另行签订补充协议，补充协议、本合同附件和本合同具有同等法律效力。

（二）案例分析

林耕：

1. 该公司（甲方）是生物医药研发与生产的外资企业，是高新技术企业。

其资金雄厚，拥有实施技术的厂房、设备、人员及其他条件。对乙方的专利技术有所了解，希望获得许可而且实施该专利技术。

2. 该研究所（乙方）将研发成果申请专利后，随即开始运作专利实施许可。

3. 项目联系人是该研究所专利第一发明人。

4. 该合同条款比较完整、比较规范，比较严谨、易于操作。这样的合同文本，在高校科研机构中，堪称范本。

5. 该合同关于对技术秘密的保密事项的约定，有 5 款之多，比较详尽具体。

6. 该合同关于对技术服务与培训的约定，比较详尽具体。特别是约定该研究所（乙方）要派出合格的技术人员到甲方现场指导，并且负责培训甲方的工作人员。

7. 该合同关于对违约及索赔的约定，有 7 款之多，易于监督和实施。

8. 该合同关于甲方和乙方的承诺，有 7 款之多，比较详尽具体。

9. 运用专利实施许可的方法，对于高校及科研机构的作用与现实意义有哪些？

（1）是全球范围内技术转移的常用方法；

（2）是研发投入尽快得到收益的有效手段，并集中精力进行研发；

（3）有利于避免研发成果无端地被闲置；

（4）有利于避免专利权转让的法律风险；

（5）有利于避免后续试验研发的融资风险；

（6）有利于避免产品进入市场的经营风险；

（7）有利于避免与企业合作的利益纠纷等风险。

企业（被许可方）希望通过许可技术快速进入市场，高校科研机构（许可方）则提供技术支持获得收益并使风险降低。高校科研机构将后续试验研发转交企业，这是双赢的选择。

七、北京中科前方的中试中心技术转移形式与效应

（一）案例描述

1. 中科前方概况

1998 年，由中科院及北大、清华、北师大等高校科研机构中青年专家共同创建的股份制生物高科技研发机构——北京中科前方生物技术研究所（以下简称中科前方）。其坐落在北京中关村科技园核心区，注册资金 505 万元，内设技术研发中心、科技孵化中心、项目实施处、行政管理处。

中科前方致力于对农副产品进行精深加工。对弃之为废、用之为宝的农副

产品下脚料，进行深度研发与综合利用。充分利用首都科技资源优势，采用轻型运营的项目制，进行合作研发、技术集成与技术经营，与地方政府、企业形成多形式的合作，已形成良性跨越式发展。

中科前方现有科技成果近百项。综合性系统开发重大成果十余项，均拥有知识产权。转态定量调味因子项目被科技部列入火炬计划；水生I号系列被国家经贸委列为国家重点技术改造"双高一优"项目；肉鸡副产品深度开发与综合利用项目被国家发改委列为农副产品深加工食品工业国家示范工程。数十项专利技术成果实现了产业化，生产出近百个产品，进入市场销售。相继在全国十几个省市建立农副产品深加工合作基地。

蒋佃水所长领导的中科前方创新服务方式，得到广泛认可。2003 年、2005 年、2007 年先后获第七届、第九届、第十一届北京技术市场金桥奖一等奖。2005 年，荣获第二届中国技术市场先进集体奖。2007 年，荣获北京市科委优秀科技中介机构表彰；同年，蒋佃水荣获北京市科委"十大技术转移服务之星"称号。2007 年 11 月，荣获北京技术市场十大突出贡献奖。2007 年 3 月，蒋佃水荣获首届"十大首都诚信经纪人"称号。2008 年 8 月 7 日，获得科技部首批"国家级技术转移示范机构"称号。2008 年 12 月，荣获科技部火炬计划 20 周年先进服务机构表彰。

2. 中试中心的实践

健康产业是指维护与增进人类健康的产业。它与解决"三农"问题高度相关，是 21 世纪最大的朝阳产业。

（1）北京健康产业中试与孵化中心的形成背景

一是中央一号文件聚焦"三农"。2004 年至 2009 年，中央连续 6 年发布以"三农"为主题的中央一号文件，强调"三农"问题在中国社会主义现代化时期的地位。二是中央明确指出要加强科技中介机构的能力建设。三是科技部对科技中介工作的推动。2002 年 12 月，科技部召开全国科技中介机构工作会议，把大力发展科技中介机构确定为重要的科技工作之一，并把 2003 年列为科技中介年。四是 2003 年北京市科委设立技术转移服务专项，支持科技中介机构做大做强。五是立项现实需求。平谷是闻名遐迩的"大桃之乡"，多年来高度重视桃产业的发展。2004 年，平谷区提出了促进大桃产业升级的"精品、营销和综合开发"三大战略。运用科技手段，对平谷大桃进行精深加工与综合利用，得到了北京市科委和平谷区政府的大力支持。六是中科前方在农产品精深加工中的实践和领导认可。2004 年 5 月，市科委领导带领中科前方蒋佃水所长与平谷区领导召开专题会议，探讨科技支撑大桃产业发展。市科委和平谷区政府达成了支持创建具有中试功能的专业孵化机构——北京健康产业中试与孵化中心（以下简称中试中心）的共识。

（2）中试中心技术转移的主要活动

① 目标与任务

技术中试：对科研机构的农副产品加工成果进行熟化、二次开发。形成中科前方与企业合作的技术辐射源。

市场中试：将中试的新技术、新产品进行样板市场检验，降低企业技术引进风险，促进企业的技术创新。

特色资源开发：依托中试平台，对京郊优势农副产品特别是平谷大桃等资源，进行精深加工与综合利用，促进农业资源转化。将首都科技资源优势转化为京郊发展的竞争优势，提高京郊农业效益，增加农民收入，为探索解决"三农"问题提供新路径。

② 获得知识产权

共获得专利及专有技术 20 多件，申请发明专利 10 余件，注册商标 4 件。

③ 主要科研成果

开发了桃花油萃取线、软胶囊中试线、休闲食品成型线、复合调味品 5 条中试生产线。根据当地资源、企业需求及市场需要，又开发了针对绿谷鸡、鲜猪骨、白灵菇、大白菜、雪花梨等农副产品进行精深加工与综合利用的 6 条中试生产线。中试出五大系列 30 多种产品：一是大桃系列产品：桃花油软胶囊；仙桃蛋白质粉；桃花养颜茶；桃香酥脆；红桃方片。二是绿谷鸡系列产品：鸡汁；高汤晶；绿谷鸡；鲜鸡精；鲜鸡粉。三是白灵菇深加工系列产品：鲜灵菇汁；鲜灵菇晶。四是果蔬深加工系列产品：方便小菜；南瓜子；红薯条。五是现代餐饮调味产品：小干妈；亲家母火锅底料。

④ 方式推广

中试中心是有中试功能的技术转移机构，也是一个公共实验平台，包含实验文化的丰富内涵，能够为解决健康产业——特别是农产品精深加工的一些问题提供良好的服务。这一方式从创立以来，在北京市科委的呵护下，在市场经济的洗礼中，逐渐为许多企业和地方政府所认识，具有很强的辐射功能。在合肥、栖霞、郑州、北海、长春、莱阳、金华、义乌和淮安都已建有类似中心。

⑤ 技术服务与合作

同地方政府开展的服务与合作，如义县健康产业园区建设，为北京千喜鹤食品有限公司提供生猪副产品精深加工与综合利用咨询服务，等等。

3. 中试中心技术转移方式的形成

（1）技术转移基本方式 一是雁阵式技术转移。在产业集群内的企业之间，或者在技术相关的产业与区域之间，技术创新的龙头企业或产业与区域，借助技术轨道、技术标准和技术关联，进行技术转移和扩散，带动其他企业技术进步。二是蜂窝式技术转移。由国家或政府推动、扶持，根据企业、产业和国民经济发展的需要，搭建的以转移扩散为目的的公共研发平台。三是中介式技术转移。作为商品的技术，在市场主体间进行的多边、交互转移和扩散。

（2）中试中心的技术转移方式

① 自我复制方式　指中科前方在其他省市建立的类似北京的中试中心。

② 技术转让方式　中试中心建成以来，共计转让技术 15 项，产品 24 次（种），转让企业 16 家。

③ 技术二次开发承接方式　中试中心一方面通过技术合作方式、技术交易、公共和公开技术整理等方式从科研机构及其他渠道获取技术资源和专利，进行技术储备，并根据市场需求进行技术熟化；另一方面通过与企业和技术需求单位沟通，获取市场信息需求，然后将需求提供给技术合作单位或中试中心，从而实现技术需求与技术供给的有效对接。另外还有与亚洲药业（香港）有限公司合作，与合肥肥西老母鸡集团公司合作，与山西临汾远志中药材经营有限公司合作，与北京天垚投资有限公司合作，等等。

④ 技术参股方式　为了强化与企业的联系，从企业生产实践中找寻技术研发项目、降低企业成本，取得企业信任，主动以技术参股的方式与企业合作。

⑤ 技术集成与健康产业园区建设方式　2008 年 10 月，中试中心与辽宁省义县政府就七里河镇健康产业园区建设达成全面合作协议。承担了七里河镇健康产业园区规划、健康产业规划和健康产业园区招商引资等工作。由此，通过健康产业技术集成和技术营销，首次将健康产业技术应用于园区、综合性、复合性产业集群。技术集群是确保园区规划的科学性、整体性、前瞻性、可操作性和实现义县健康产业跨越式发展的重要前提条件，对义县农业产业结构调整、农民增收和社会经济发展将起到积极的推动作用。

4. 中试中心技术转移方式与北京及其他地区健康产业的对接

（1）北京地区健康产业的基本状况

北京地区健康产业发展快速。在生物医药产业聚集区，健康服务相关产业的转移成为新的热点，一大批国际知名健身俱乐部也采取各种灵活的方式积极进入北京市场。北京郊区丰富的自然、人文资源和优良的生态环境，为休闲疗养、健身娱乐等健康产业相关行业的发展提供了良好的条件。

（2）政府与企业技术需求动因分析

政府层面的技术需求包括：农业领域中的健康产业和文化创意中的健康产业两项。企业需求包括：产业发展引发的需求，资源要素价格变动引发的需求，资金闲置引发的需求，技术革新引发的需求，场地设备闲置引发的需求，循环经济和清洁生产引发的需求。

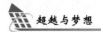

（3）中科前方在北京健康产业中的实践

【合作案例】

① 发展健康产业，促进平谷大桃产业升级。

② 与北京天垚投资有限公司合作。

③ 与北京美味飘经贸有限公司合作。

④ 为北京格瑞拓普公司提供白灵菇中试产品。

⑤ 为泰华公司提供副产品桃渣深加工与综合利用方案。

⑥ 为青松岭饮料有限公司提供山楂开发深加工技术。

⑦ 为大华山农技推广站提供大桃深加工产品开发与中试产品市场推广合作。

⑧ 为北京乐平公司提供西瓜综合开发产品方案。

⑨ 为北京资源集团提供猪副产品精深加工中试产品。

⑩ 与北京妙峰谷香园厂探讨玫瑰花油工艺方案；与北京龙建天鸿顺鸭业公司探讨鸭副产品开发思路；为房山提供柿子精深加工与综合利用方案。

【合作效果分析】一是加速科技成果转化，有效发挥科技资源的"溢出效益"。二是提升企业产品科技含量与市场竞争能力。三是促进体制创新，使产、学、研与资本等要素紧密结合，为推动食品产业发展尽绵薄之力。四是促进当地农民收入提高。五是在农业资源利用上变副为主、变废为宝，在清洁生产和循环经济上为企业贡献了力量。

【与企业合作中的主要问题】合作成效略显不足，客观方面的原因：一是北京地区企业技术可获得性较好，给技术转移机构带来了难度；二是在健康产业中，食品工业比例较小，资源相对较少，可选择性不多。主观方面的原因：合作方向选择没有明显向北京地区倾斜。

2011 年，在总结、探讨已建中试孵化中心与合作企业项目运作方式的基础上，会同部分农副产品深加工配套企业，投资成立了由中科前方所独立运营的北京中科前方生物工程技术有限公司（以下简称工程公司），开始实现农副产品精深加工产业化的交钥匙工程服务。2011 年 10 月—2013 年 9 月，已成功建设了北京房山食用菌精深加工产业化基地、中国首家油茶产业中试与孵化基地，正在建设的有湖北大明水产淡水鱼屠宰生产线、湖南常德全国首家红薯精深加工技术中试与产业化孵化示范基地、富程现代产业融合中试城和浙江现代油茶产业中试与产业化基地。

中科前方的技术转移服务之路，是技术市场不断发展之路，是服务理念不断升华之路，是降低投资风险不断实践之路。

（二）案例分析

林耕：

1. 各地方政府和企业都迫切需求技术创新项目，需要适用的技术。中科前方中试中心的建立，充分发挥了北京的科技资源优势，通过中试中心的方式，开发出让企业"看得见、摸得着"的产品，对促进科技成果产业化起到积极作用。

2. 中科前方作为独立的技术转移机构，重视知识产权保护和应用，拥有知识产权。

3. 中试中心的建立，立足于本地区资源及产业优势，充分发挥政府及企业两方面的积极性及其财力与技术基础。提供经中试熟化的实用技术，才能满足各地区急需的、对提高本地区农副产品附加值及对产品综合利用开发项目的需求。

4. 从中科前方的案例分析可以看出，中试中心方式具有良好的成长性及推广价值，可以有效地为地区企业提供技术服务，是高校、科研机构与企业技术合作的成功方式。

八、科威公司开拓国际技术转移的实践与体会

（一）案例描述

1. 公司概况

科威国际技术转移有限公司（Coway International TechTrans Co.，Ltd. CO-WAY®，简称科威公司）成立于2002年，是清华大学控股的企业，注册资金为5000万元人民币。受清华大学委托，科威公司承担清华大学国际技术转移中心（ITTC）的商业化运作。科威公司是国内最早设立的以市场化方式运作的国际技术转移与技术商业化服务机构。它以生物化工、低碳环保、节能减排、新材料等技术领域为关注重点，在全球范围内开展技术供给、技术咨询、技术孵化、集成与投资。

科威公司秉承"专业化、国际化、信息化"的理念，依托丰富的国内外资源、渠道、专家以及专业化的技术经理人队伍，成功完成了多个服务案例。积累了丰富的经验，不仅在国内技术转移行业中保持了领先的地位，也在国际技术转移舞台上形成了很高的知名度。科威公司先后与Honeywell、Air Products、奔驰汽车技术公司、LG化学、三菱重工、丰田通商等国际著名企业，以及欧洲创新驿站、法国Anvar、美国AUTM、Yet2等同业组织建立了合作关系，构建起一个覆盖全球的技术资源网络，为国内企业服务。

科威公司还与上海市科委共同发起，联合出资，成立上海科威国际技术转移中心有限公司。此外，它还曾经是北京技术市场协会的理事长单位。如今，科威公司已迅速成长为清华控股公司的核心企业。

科威公司是第一批国家级技术转移中心、第一批国家技术转移示范机构、中国科技部火炬中心国际科技合作依托机构和中国创新驿站秘书处的运营单位。

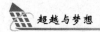

2. 科威公司技术转移队伍建设

科威公司建设了一支年轻化、高素质的专业化团队。科威公司全职员工50余人，其中专职人员40余人，95%以上拥有本科及以上学历，其中包括博士3人、硕士10人。团队骨干或拥有海外留学经历和工作经历，或具有交叉学科的教育背景，或经过多种工作环境的历练。公司很注重对员工能力的培养，不仅包括定期的理论学习，还积极鼓励员工参加政府以及同行业组织的各类培训，经常派人赴国外参加培训，以保证对最前沿国际技术转移操作形式与理论的掌握。

谭鸿鑫博士，科威国际技术转移中心总经理，清华大学本科、硕士、博士。从1993年起从事国际经济技术合作的商务工作，拥有丰富的国际商务经验；亲自组建并经营过高科技企业，谙熟技术商业化规律；长期担任高级管理职务，有着极强的管理水平和策划能力。

2001年，直接参与了清华大学国际技术转移中心的筹建工作，并于同年推进了当时的国家经贸委和教育部对6个大学国家技术转移中心。2002年，谭鸿鑫作为发起方的代表，募集了5000万元资金成立了"科威国际技术转移有限公司"并担任总经理至今。2007年2月，他代表"清华大学国际技术转移中心"参加在法国举行的"IPTE C2007"国际会议，获得了全球最有影响力的"IPTE C2007国际技术转移奖"。

谭鸿鑫博士不无感慨地说道："技术商业化、技术转移是我们知识时代经济发展的一个根本动力。但是，这个工作也是非常困难的。它的困难是全球性的，也是世界性的难题。"

3. 国内外渠道建设

【国内渠道建设】

（1）2006年，被科技部火炬中心认定为"国际科技合作依托机构"；

（2）2008年，被科技部火炬中心认定为"国家技术转移示范机构"；

（3）2011年，被科技部国际合作司认定为"国际科技合作基地"；

（4）承担北京市工信委和教委的"北京低碳技术转移中心"；

（5）承担北京市科委的"首都科技条件平台清华大学研发实验服务基地"和"清华大学科普教育基地"；

（6）承担中国科技部火炬中心创新驿站的秘书处工作。中国创新驿站CIRN成员有23个省市、84家站点。

【国际渠道建设】

为国际技术转移合作搭建交流平台：

（1）国际项目合作：

① 欧盟第七框架下的ChinaAccess4EU项目；

② 欧盟第六框架下的 CTIBO 项目；

③ 中英科技合作计划 ICUK 项目；

④ 美国 PFAN 项目。

（2）国际论坛与会议

① 2008 中国—新西兰技术转移论坛；

② 2009 中国—爱沙尼亚技术转移论坛；

③ 2011 北京国际技术转移论坛 VIP；

图 7 - 2　科威公司的合作伙伴

4. 技术转移实践与体会

实践形式 1：以客户需求为导向，提供专业化技术转移服务。

通过多年实践，总结出一个规律：只有将团队的人力与资源集中在几个专业领域中，才能加速供需双方的对接，提高技术转移项目的完成效率，在最短的时间内解决客户的需求。为此，选择工业生物技术、能源环境、新材料和先进制造为重点关注领域。特别是在工业生物技术方面，通过开展技术验证、技术改进、委托研发等工作，为客户提供专业化的全套技术解决方案。

【案例 1】维生素 B2 与色氨酸技术引进湖北广济公司

维生素 B2 又称核黄素，分子式为 $C_{17}H_{20}N_4O_6$。它是人体必需的 13 种维生素之一。作为维生素 B 族的成员之一，微溶于水，可溶于氯化钠溶液，易溶于稀的氢氧化钠溶液。维生素 B2 是机体中许多酶系统的重要辅基的组成成分，参与物质和能量代谢。

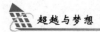

湖北广济药业股份有限公司始建于 1969 年，是以生产、销售医药原料药及制剂、食品添加剂、饲料添加剂为主的国家重点高新技术企业。2009 年年初，湖北广济药业股份有限公司委托科威公司，寻求生产维生素 B2 的世界顶级水平发酵技术。

科威公司仔细地对客户的技术需求进行了评审，并对国内外维生素 B2 技术和市场进行了深度调研，确定服务要求的真实有效性和项目的可行性。于是，科威公司利用其丰富的国内外信息资源和清华大学的技术平台优势，寻找符合客户要求的技术源。通过项目经理、技术人员和海外拓展人员的多方协作努力，最终科威公司通过海外的技术合作伙伴，寻找到符合客户要求的成熟技术，并与客户开始交流具体的技术问题。

随后，按照科威公司标准化的技术转移形式，科威公司与海外技术方签订了技术代理协议，成功转让高产维生素 B2 发酵菌种和全套生产工艺。引进该技术后，湖北广济生产维生素 B2 的单位生产量可以提高近一倍，生产成本估计降低 40% 以上，极大地增加了经济效益，提高了产品质量，增强了企业竞争力。

【案例 2】宇泽公司抗生素技术出口西班牙

抗生素的作用已被医药领域广泛认可。包括印度、西班牙等在内的许多国家都是世界上重要的医药原料药产地。但是，由于环境、人力等条件的限制，他们在产品生产方面与中国相比缺乏竞争力，因此必须向中国进口。

2010 年，河北宇泽化工科技有限公司（简称宇泽公司）找到了科威公司。经沟通得知，宇泽公司的抗生素产品质量高、成本较低，但是由于渠道、语言等方面的原因，一直以来没有办法打入国际市场。科威公司当即启动了专业技术团队，进行考察、预实验等工作，最终，确定宇泽公司的技术具有很强的竞争力。此后，科威公司启动商务团队，开始帮助其进行推广和包装，并与有意向的国际企业进行沟通和商谈。最终帮助宇泽公司与西班牙安替比奥有限公司达成了合作。

西班牙安替比奥有限公司始建于 1990 年，主要利用发酵法生产青霉素、头孢类抗生素及其他中间体产品等医药原料药。公司主导产品为青霉素，目前是欧洲生产青霉素规模最大的企业之一。

宇泽公司作为一个化工科技类的中小企业，因受限于渠道、规模和人力资源，此前未真正成功出口过。正是在科威公司的帮助下，宇泽公司的技术不仅打入了欧洲市场，还与产业巨头达成了合作。

【案例 3】国内工程化微藻制备生物柴油项目

广西湘桂糖业集团有限公司（简称湘桂公司）成立于 2006 年 4 月 29 日，主营业务为机制糖生产、活性干酵母、生物有机肥等高科技生物制品的生产。

几年前，湘桂公司准备进军生物柴油领域，但是一直苦于没有合适的技术。

2010 年，湘桂公司找到了科威公司。经过科威公司项目团队的调研，终于找到了清华大学工程微藻异氧发酵法生产生物柴油的新技术。该技术具体的优点包括：藻类生长繁殖速度快；油脂含量比原来提高了 3 ~ 4 倍，油脂含量大于 60%，油品质量高，已经获得了多项发明专利和国家级奖；成本低，在工业应用中具有广泛的商业价值。最关键的是，经过科威公司项目团队和专家的深入研究，发现湘桂公司的废糖蜜正是培养微藻的绝佳培养剂。另外，通过该项技术，湘桂公司将不仅获得生物柴油，还将从微藻中提取高附加值的生物副产品。这个系列过程几乎是一个接近完美的循环。于是，科威公司的高层管理者亲自带队，在湘桂公司和清华大学的研究人员之间开展沟通与商务谈判。

最终，湘桂公司成功找到了这项适合他们长期发展的技术，迅速购买并开始了中试基地的建设。由于该项技术的领先性，湘桂公司的获利将不可限量。同时，它也支持了企业的技术进步和国家能源规划的方针政策，是经济收益和社会收益的双丰收。

实践形式 2：为国外企业进入中国市场提供全套解决方案

市场进入策略：市场准入咨询、市场调研、技术/产品分析、投资机会与风险分析、行业/法律/政策分析、知识产权保护。

本地化服务：技术示范、开设办事处、设立合资公司。

对接服务：合作伙伴推荐与调查、对接会议。

市场调研：充分发挥清华大学在中国的专家、社会以及影响力，深入调研技术项目的行业现状与趋势分析、政策法规、市场情况、竞争对手分析、用户使用状况等，并给出专业的调研结论。为客户进入中国市场提供重要的论据参考。

本地化：技术示范。帮助客户开展技术示范，以达到技术验证、市场反馈测试以及增强本地潜在合作伙伴信心的目的。成立合资公司。

【案例 4】日本某知名企业"中国立体停车库市场"项目

【案例 5】俄罗斯非接触式磁力检测示范项目

【案例 6】"Bioworks（拜沃）"是康奈尔大学的一家 spinoff 公司，2009 年，科威公司帮助其组建了本地化团队，成立了合资公司——科威拜沃生物技术有限公司。在其发展过程中，继续提供融资服务——现已增资到 2000 万元人民币。

【案例 7】2013 年，与日本某企业合资成立二手车电子商务平台公司。公司注册和本地化团队组建已初步完成。

实践形式 3：全球碳贸易与低碳咨询

自 2002 年起，依托清华大学在全球气候变化领域中长期积累的知识与能力，科威公司积极开发以全球碳交易为背景的服务产品，并逐渐加强自身的能

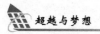

力建设。

自 2005 年京都议定书生效后，科威公司开始为企业提供专业化的全球碳交易咨询服务。

自 2010 年起，为迎接后京都议定书时代的挑战，科威公司开始帮助企业开发新的低碳服务产品和技术，包括提供碳盘查（Measure）、碳减排（Reduce）、碳中和（Offset）全过程服务。

【案例8】部分在 EB（联合国 CDM 项目执行委员会）成功注册的 CDM 项目列表

表 7 - 1　部分在 EB 成功注册的 CDM 项目列表

	项目名称	项目投资* （万元人民币）	装机 （兆瓦）	年减排量 （吨 CO_2）	年收益 （万元人民币）
1	北京安定填埋场填埋气收集利用	1904	40 立方米/天	75557	604
2	广州兴丰垃圾填埋气回收利用	18018	19	909857	7279
3	浙江巨化 HFC23	16000	/	5789682	34738
4	深圳下坪垃圾场填埋气回收制造汽车燃料	8202	8	471619	2830
5	吉林长岭风力发电	45555	49.5	99676	598
6	国能江苏射阳生物发电	27609	25	109105	1091
7	甘肃二龙山水电	35670	50.5	134811	1213
8	甘肃三道湾水电	70046	112	320000	1920
9	北京第三热电厂蒸气燃气联合循环电厂	141473	400	623788	5614
10	甘肃大唐玉门 49 兆瓦风电	45570	49	96969	727
11	甘肃鹿儿台水电站	11930	12.2	40942	246
12	福建北津水电站	43112	50	148386	1187
13	广西下福水电站	37540	49.5	126581	1013
14	广西巴江口水电站	70662	90	266483	2132
15	福建高塘水电站	36734	42	116766	747
16	云南麻嘎河水电站	8567	15	54251	347
17	云南泥堵河水电站	8101	14	52928	338
18	四川苗圃水电站	20560	30	137563	935
19	江西桃江水电站	18500	25	65365	523

（二）案例分析

林耕：

（1）科威公司是以清华大学为科研背景、完全市场化运作的国际技术转移机构。公司的伙伴资源丰富，拥有大量国内外知名的学者和行业专家，能实时追踪最前沿的技术。

（2）科威公司经营理念是：提供专业化的技术转移服务，实现顾客最大满意度。

（3）科威公司坚持"专业化、商业化、国际化"的道路。专业化，只有坚持走专业化道路，才能高效地解决客户的需求；商业化，商业化是机构持续发展的内在动力；国际化，全球范围内的技术创新与技术流动势不可挡。

（4）科威公司的运作实践说明：知识产权保护是成功的基础；本地化团队是成功的关键；标准化流程是服务质量的保证。

（5）科威公司历经15年，建设了一支年轻化、高素质的专业化团队。团队骨干学历高，或拥有海外留学和工作经历，或具有交叉学科的教育背景，或经过多种工作环境的历练。人员能力建设是科威公司可持续发展的关键。

（6）科威公司的创始人、总经理谭鸿鑫博士，从事国际经济技术合作和国际技术转移工作已经有20多年，被誉为中国国际技术转移事业的开拓者。

九、中农博乐公司："7+1"技术转移联合体

（一）案例描述

1. 公司概况

2003年，中国农科院饲料研究所建立了成果转化中心，专门从事本所的技术转移工作。2007年，成果转化中心更名为中国农科院饲料研究所技术转移中心。同时，注册成立北京中农博乐科技开发有限公司（简称中农博乐公司），作为市场化操作的平台。中农博乐公司和饲料所技术转移中心是"两块牌子一套人马"的运作模式。中农博乐公司下属员工35人，其中有专职人员21人，本科学历10人，硕士（含以上）学历25人。

中农博乐公司主要从事农业领域的基因工程、微生物工程、微生态、生物化工、种业、农副产品深加工和利用等方面的业务。以饲料产业技术创新战略联盟为依托，以饲料所为承担单位，以中关村开放实验室管理单位为载体，在联合研发、联合申报项目、共建研究中心、成果转化等方面进行技术诊断，挖掘企业科技需求，开展技术评估；发布饲料所有市场潜在价值的研发项目和成果清单；促进饲料产业联盟企业与饲料所的技术合作和转化成果。还与投资机构和律师事务所合作，为联盟企业提供知识产权布局、规划、专利申请等服务，为投资机构提供产业化阶段的优质项目，在资金的推动下，技术转移工作

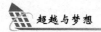

成效更显著。

2008 年，被科技部认定为首批"国家技术转移示范机构"，并获得"中国科技创新型中小企业 100 强""改革开放三十年全国优秀企业家创业奖"等荣誉称号。获得中国技术市场金桥奖集体先进奖、北京技术市场金桥奖集体和个人一等奖、北京市优秀科技中介机构、北京市技术市场突出贡献奖、北京十大技术转移服务之星等嘉奖。先进事迹多次被《科技日报》《科技潮》《半月谈》《中国高新技术产业导报》所报道。

2. 公司理念

"中农博乐"具有较深刻的含义。第一层含义：让博学之士的知识变成财富，让他们的技术成果转变成现实的生产力，最终实现其人生价值，使之快乐。第二层含义：博乐与伯乐谐音，要求我们要像伯乐一样善于发现有市场潜在价值的技术成果，并对其高效转化，使之产生社会效益和经济效益。

公司的奋斗目标：让知识变成财富是我们追求的永恒主题；让博学之士尽其才是我们终生的梦想！价值取向：忠诚、务实、谦恭、忘我。

3. 公司管理与团队

中农博乐公司办公总面积为 162.5 平方米，分别在中国农科院饲料研究所和鼎好大厦，有良好的办公硬件设施和独立的网站。设技术集成部、技术转化部、知识产权管理部、综合部。建立了一套完善的制度管理体系。在工作考核方面，有日清日高和目标管理工作制度；在知识产权方面，有知识产权管理和保密制度；在人力资源方面，有人才招聘、培养、激励等相关制度；在财务管理方面，有现金管理、账目管理、固定资产管理等工作制度。

中农博乐公司拥有一支具备技术与商务双重服务能力、稳定敬业的高素质团队，管理团队核心成员具体情况如下。

蔡辉益：动物营养学博士后、研究员、博士生导师。任北京中农博乐公司董事长、中国农业科学院饲料研究所原所长、北京挑战集团董事长、中国农业科学院学术委员会委员、中国动物营养学会常务理事、中国饲料工业协会常务理事；农业部有突出贡献中青年专家、农业部科技委专家、农业部"十佳青年"、全国饲料添加剂新产品审批委员会专家、国家饲料科技攻关管理小组专家、国家基因安全管理委员会专家。

罗发洪：硕士，先后任中农博乐公司总经理、中国农科院饲料研究所技术转移中心主任、中国饲料经济专业委员会副秘书长、科技部首批认定的饲料产业技术创新战略联盟秘书长、中国农科院饲料研究所产业处处长、北京挑战集团营销中心经理、江西正邦集团汇联公司总经理、江西新余蛋白饲料总厂副厂长。

刘国华：博士、研究员，现任中农博乐公司副总经理，兼任中国农科院饲料研究所技术转移中心副主任，负责集成研发。

4. 技术转移及服务的方式

（1）联合大型企业，建立"7＋1"技术转移联合体

"7"代表行业内产销量排名前 10 位的 7 家发起企业（现已扩大为 15家），"1"代表中国农科院饲料研究所。"7＋1"联合体是中农博乐公司与饲料企业技术转移的平台。运作方式，一是饲料所研制的技术成果优先转让给联合体成员应用与推广；二是饲料所研发的核心技术与联合体成员共同进行二次开发和中试，形成产品后向外推广。

通过"7＋1"联合体，企业与科研院所有效地组织在一起，开展联合研发、成果转化、联合采购、联合培训、联合参展等多种形式的活动，提高组织的凝聚力和号召力。同时，建立了一条畅通的技术转移渠道。通过这一方式，多项国家重大科技成果（国家"863"重大科技成果，如植酸酶发酵技术成果、木聚糖酶发酵技术成果等）得到有效应用。随后，在科技部和北京市科委的关注和引导下，该方式进一步得到发展，通过向上下游产业进行延伸，建立饲料产业技术创新链，"7＋1"技术转移联合体最终发展成饲料产业技术创新战略联盟方式。

联盟聚集更多饲料领域的企业、科研院所和大学，具备更强的政策、科技、人才、资金、市场等资源的整合能力。联盟中有 8 家上市公司，成员企业总产值达 3000 多亿元，占全国饲料工业总产值的 60% 以上。联盟现有价值 2 亿多元的重大实验设施，有 3 个国家重点实验室、2 个国家饲料技术工程中心、5 个国家企业技术研发中心、1 个农业部重点开放实验室和 1 个占地 100亩的中试基地。

2006 年，以"7＋1"联合体名义，承担了国家"十一五"科技支撑计划项目"安全高效预混合饲料技术集成与产业化示范项目"。通过饲料产业联盟技术转移的方式，技术需求从下游企业提出，并由上游开发，到中游孵化，再到下游转化。形成了畅通、快捷运行的技术创新链，技术的研发和成果应用效率都得到大幅度提高。

【案例 1】小球藻光生物反应器管道生产项目

本项目是采用独创的太阳能光合集成技术，以北京北郎中农工贸集团沼气站沼液为营养液，在光生物反应器立体管道装置中接种、培养小球藻，进而实现小球藻生物饲料添加剂的工业化生产。同时，利用小球藻的光合作用，转化太阳能资源，消耗二氧化碳，释放出氧气，将沼液、沼渣无害化处理，解决沼液二次污染问题。生产出的小球藻生物饲料添加剂用于北京北郎中农工贸集团种猪场，不仅可提高种猪的饲料消化利用率，减少猪场排出的粪尿等污物，且能够杜绝种猪排泄物中存在的重金属和有毒有害物质，发挥动物性食品安全保

障的重要支撑作用。将此危害更小的种猪排泄物排入沼气站，经过发酵产生可利用的沼气，而有害沼液再次进入小球藻光生物反应器管道装置，用于培养小球藻，开始新一轮生态循环。

中农博乐公司在对北京光合绿源生物工程有限公司的小球藻光生物反应器管道生产技术深入调研的基础上，经分析得出结论：该技术成熟可靠，具有良好的市场前景，并与北京光合绿源生物工程有限公司签订全权代理转化该技术的协议。在"7+1"联合体的努力下，促成了北京光合绿源公司与北京市北郎中农工贸集团达成转化协议。这项技术成果落地北京，在低碳经济、农业循环经济、农业工厂化生产等方面都具有较好的效果。

（2）与企业联合建立专业研发中心

根据饲料行业的特点，划分出20个不同的领域，在每一个领域中选择一个优秀企业联合建立研发中心，解决企业科技需求，提高企业自主创新能力。

（3）嵌入式技术转移服务方式

嵌入式技术转移方式，是指技术转移机构的工作团队（包括整合机构以外的知名专家），作为一个整体，紧密地参与到被服务企业的生产、研发、人力资源管理、市场销售等经营活动中。技术转移机构派专人负责与被服务企业的相关事项，同时，兼任被服务企业的"首席技术执行官"，进入其管理体系，负责制定被服务企业的技术战略规划，并根据被服务企业发展需要，为其整合发展所需的科技、市场、政府、资金、人才资源。

该方式是一种新型创新性的技术转移方式。通过这种方式，能够使技术转移机构深入了解和甄别企业的技术需求，从而为被服务企业提出更具针对性的技术研发项目或技术成果，使研发成果批量成交。

这种方式能够使技术转移机构直接深入到企业内部，参与企业的经营管理活动，通过深入接触和了解，使技术转移机构掌握企业真实的技术需求，转移的技术可以是小试、中试、商业化、产业化等各阶段的技术成果，并且是批量、持续的转移技术成果，较单一的成果转化更有效、更科学。

【案例2】嵌入式技术转移服务——河北春泽农业科技开发有限公司

项目以"低碳经济"方式为指导，定位于大农业的格局。充分利用河北涉县清漳河闲置滩地，结合当地得天独厚的家禽养殖和种植业优势，建设5~10万亩的高效循环农业科技产业园。科技园区以有机葡萄种植及深加工为主线，将涉县400万存栏蛋鸡（项目自建100万只存栏蛋鸡基地）按照无公害方式养殖。配套发展生物有机肥、沼气发电工程、生物饲料加工、粮食作物种植、生物饲料加工、生态旅游观光、包装、国际贸易、物流等产业。推行低碳环保和无公害废物再利用，打造完整产业链的循环农业，带动涉县农业产业升级。

中农博乐公司为该项目配备了知名专家团队紧密服务于企业，协助企业进行技术成果中试、后熟化和商业推广工作，成功引入了绿色养殖与生物饲料、葡萄新品种、冰葡萄酒深加工、微生物有机肥、绿色安全叶面肥、生物沼气处理等一系列技术成果，并在项目运行前期提供项目整体规划、可行性分析、商业方式设计等服务，在工作推进过程中整合技术、人才、设备等资源，使得技术产品在上市之前就定位准确、数据全面，减少技术成果产业化、商业化过程中的障碍。

（4）举办全国性科技成果交流大会，提升品牌影响力

通过举办全国性的饲料技术成果交易大会和高层论坛，展示成果，促进交易，提高科技含量在行业中的地位，同时凸显公司品牌形象。

到目前为止，已经成功举办了 4 次全国性的饲料技术成果交易大会和 5 次全国性的饲料科技与经济高层论坛，展出国内外成果共计 1200 多项，参会人员达 8000 多人次。大会还设置科技颁奖盛典，由农业部副部长、中国农科院院长等重要政府领导亲自颁奖，中央电视台的知名节目主持人主持，会场气氛热烈，大大提升了公司技术转移的品牌形象。大会内容设计定位于国际化和实用化，重点挖掘新技术项目、新投资项目和新研发理念，分析技术引发的大变革、大革命，同时还仿照奥斯卡颁奖仪式举办科技进步颁奖盛典，对有科技贡献的企业和个人进行嘉奖，因此，非常具有新意和吸引力。

该方式为行业的技术持有人、企业家、科研单位提供了一个技术成果交流和交易的公共平台，加速了行业内高新技术的流动，促进了饲料工业科技进步。

5. 未来的发展规划

中农博乐公司走专业化、网络化、市场化、国际化的服务道路。在未来专注于高端饲料产业技术领域，重点服务饲料用酶制剂、微生态制剂、植物提取物、氨基酸、维生素、功能性真菌饲料添加剂、微藻类生物饲料添加剂等技术领域的企业，投入营业收入的 10% 用于豆腐渣生物饲料的开发与推广、七叶槐生物饲料关键技术的研究与产业化、落地枣生物饲料关键技术的研究与推广、小球藻生物饲料关键技术的研究与产业化。

2014 年 4 月，中农博乐公司再次重组。由国家发改委批准成立的生物饲料开发国家工程研究中心控股中农博乐公司，从而彻底实现市场化。重组后，采取工程研究中心、联盟、公司一体化操作，中农博乐公司董事长和总经理分别兼任生物饲料开发国家工程研究中心主任和副主任，也同时是国家饲料产业联盟的理事长和秘书长，从而使中农博乐公司获得更多的技术转移服务资源。控股中农博乐公司的生物饲料开发国家工程研究中心，是由中国农科院饲料研究所、北京挑战集团和上海杰隆公司发起，国家发改委批准成立的。工程中心

在天津蓟县拥有占地50亩、投资1亿多元的生物饲料中试孵化基地。

中农博乐公司在积极发挥科技高端辐射的同时，更注重成果在北京乃至全国的技术转移，尤其加大促进高端饲料产业发展的技术转移力度，为现代农业发展再出新力。

（二）案例分析

林耕：

1. "7+1"技术转移联合体是一种很好的产学研协同创新的形式。在联合体内，企业与科研院所有效地组织在一起，开展联合研发、成果转化、联合采购、联合培训、联合参展等多种形式的活动，提高组织的凝聚力和号召力。同时，建立了一条畅通的技术转移渠道。

2. 在"7+1"技术转移联合体的基础上，发展成饲料产业技术创新战略联盟方式。与其他产业技术创新战略联盟相比，该联盟拥有独特的组织结构，即联盟是以技术转移机构（中农博乐公司）作为秘书长单位和对外承担经济责任的主体单位。这极大地增强了技术转移机构对资源的控制能力。

3. 嵌入式技术转移服务模式关注的是技术需求方。其最大的特点就是技术转移机构要深入到企业生产、管理、销售等各个环节，为企业提供全方位的技术服务。

4. 中农博乐公司走"专业化、网络化、市场化、国际化"的服务道路。

十、新药项目评估在技术转移与商业化合作中的应用

（一）案例描述

1. 中心简介

中国医药科技成果转化中心（英文简称CPTTC，以下简称该中心）创建于1997年12月，北京华创阳光医药科技发展有限公司作为其市场化运营的平台。该中心围绕新药、保健食品等新产品的研发提供全程服务，包括技术开发、技术转让、临床研究、注册申报、技术培训、技术交流活动等。该中心还提供医药科技、市场和政策法规等方面的调查研究和信息咨询服务，以及开展相关的项目技术评估、投融资咨询、管理咨询、知识产权咨询等服务。

该中心依托国家技术转移示范机构、国际科技合作基地、中国创新驿站、国际技术转移协作网等平台，成为政府工作的得力"抓手"；依托中国医药产业技术促进联盟、中国生物医药发展促进会、中国科技产业化促进会、生物医药科技金融委员会等平台，成为行业发展的有力"推手"；发挥现有集成创新服务、技术市场服务、科技金融服务、科技咨询服务及信息媒体服务等专业化服务平台，成为医药企业成长的强力"帮手"。

该中心积累了丰富而具有竞争力的优势资源（含技术、项目、专家、资

金、信息、市场和政策等），塑造了一支优秀的、复合型的团队，在大力促进国际、国内生物医药技术集成创新、技术转移和产业转化中发挥着"引领者"的重要作用。该中心历经近20年的征程和拼搏，已发展成我国医药领域历史较悠久、影响较广泛、综合能力较强的国家级技术转移和产业化的优秀示范服务机构。

2. 中心的经营理念

经营方针：服务专业化、运作规范化、发展集约化；

经营理念：资源整合、诚信高效、合作共赢。

3. 中心的核心业务与部门设置

该中心现有专业人员20余人。根据生物医药产业技术创新、技术转移和产业转化价值链特征，探索建立"开放式、集约化"的技术转移新型服务体系和形式，建立了集成研发、技术转移和科技咨询三大核心服务模块。

【集成研发服务（第一事业部）】

负责技术（平台）集成、资源整合和充分利用，开展新药、医疗器械等产品的技术开发、临床试验和注册申报等研发服务（CRO）。

（1）化学药研发服务：进口、国产化药（含化妆品、消毒清洁用品）研发、临床、注册的组织和管理工作；

（2）生物药研发服务：进口、国产生物药（制品）研发、临床、注册的组织和管理工作；

（3）中药研发服务：进口、国产中药（含天然药物、保健食品）研发、临床、注册的组织和管理工作；

（4）医疗器械研发服务：进口、国产医疗器械（含诊断试剂）的研发、临床、注册的组织和管理工作。

【技术转移服务（第二事业部）】

负责技术项目集成、评价和经营管理，调研和挖掘医药企业技术需求，提供技术转让、技术许可、技术并购等技术商业化服务，为新技术、新产品转移和商业化合作，提供从"项目筛选→评估→包装→策划→推介→谈判→签约→履约→验收"等个性化全程服务；

（1）国内技术转移：国内生物医药技术转让、合作开发、技术并购等技术商业化合作的专业服务；

（2）国际技术转移：国际生物医药技术许可、合作开发、技术并购等技术商业化合作的专业服务。

【科技咨询服务（第三事业部）】

负责生物医药科技产业信息情报集成、研究和分析，开展相关的项目评估、项目投融资（科技金融）、信息资讯（含市场调研）、科技产业（技术、产品）发展规划咨询等科技产业化服务。

（1）项目评估咨询：新药项目的技术水平、市场应用、利益/风险、成本效益、技术价值等综合性或/和专一性评价咨询服务；

（2）项目投融资咨询：项目可研分析、商业计划书及融资服务（VC/PE/IPO），以及联合申报政府科技、产业化专项资金等；

（3）产业发展规划咨询：政府（园区管委会）生物医药产业发展战略规划、制药企业或企业集团（医药投资机构）产品线和技术发展规划等；

（4）市场调研与信息资讯服务：医药科技、经济、政策和经营管理等市场调研和信息咨询服务等；

（5）竞争情报和产业研究分析：竞争对手调研、监测；竞争策略研究；竞争环境研究、监测；合作伙伴调研、监测等。

【团队领军人物】

芮国忠，1963年出生于江苏常州，医学学士、医院管理与卫生经济学硕士、技术经济与管理学博士（在职）。任北京华创阳光医药科技发展有限公司、上海奉贤生物科技发展有限公司董事长兼总经理，《中国医药技术经济与管理》杂志执行总编，中国医药技术转移与产业化联盟执行理事长兼秘书长，中国生物医药发展促进会常务副秘书长。同时为科技部火炬计划、科技型中小企业创新基金项目评审专家；国内多所大学和科研院校客座教授；国内多家大中型（上市或股份制）制药企业科技管理专家或独立董事；国内多家医药科技园区首席科技管理顾问。

1997年，专职从事医药科技成果转化促进工作，组建并担任卫生部科技发展中心成果转化部主任；2002年，组建并担任中国医药科技成果转化中心主任、北京华创阳光医药科技发展有限公司总经理。联合国内30家知名制药企业和科研机构发起成立了中国医药技术联盟，拥有成员单位300多家，任副理事长兼秘书长。

2007年，创办《中国医药技术经济与管理》杂志，出任主编。

4. 新药项目技术评估的重要性

随着国际、国内新药研发和创新商业形式的变迁，以及全球医药产业越来越依靠技术创新，新药研发和创新活动已不再是一种纯粹的科学活动，更多的是一种经济行为。科研院所、制药企业、金融机构之间的合作越来越普遍，而合作的一个重要的基础，是合作各方对新药项目的价值认同。因此，无论是在制药企业内部的研发投资决策中，还是在跨国/国内新药技术转让（许可）交易、合作研发、投融资（IP质押贷款）、企业并购重组（资产清算）甚至技术侵权索赔等方面，新药项目技术评估和技术价值评估的作用越显重要。

（1）评估的目的性

针对不同的经济行为所对应的评估目的/范围亦不同，最终做出判断的价值类型与价值内容也会有所不同。

（2）评估的科学性

新药技术评估是建立在科学的方法和科学的选择双重基础上的。

（3）评估的时效性

在某个固定的时间点或者时间段的范围内，反映真实市场情况和客观条件下的评估结论。

（4）评估的可靠性

技术评估结论是否合理，往往受制于假设条件和判断行为的准确性与可靠性。

（5）评估的公允性

新药技术评估结论应当符合当前我国生物医药技术市场的现实情况，体现社会认同的一致程度即客观、公正和公平，是一种市场评判。

5. 新药项目的技术评估类型

技术水平评估、市场应用前景评估、技术经济评估、技术风险评估和技术价值评估等。

6. 新药项目技术评估的关键要素

（1）关键要素

关键要素包括：技术体系因素、市场体系因素、生产体系因素、资金体系因素、管理体系因素、政策和环境体系因素、项目风险与风险属性。

（2）新药技术评估风险分析指标体系

7. 新药技术价值评估的方法

为使新药项目技术价值评估达到预期目的，体现科学合理、客观公正、合理可行，应当建立一套行之有效并有坚实理论基础的评价体系和方法。

目前，在国际生物制药界、风险投资界和金融机构，用于新药项目技术价值评估的方法很多，但目前普遍应用的主要有：成本分析法、市场价格法和收益分析法，此外，近年来实物期权法越来越受到重视。

（1）成本分析法

对处于非常早期的新药研发项目特别是基础研究成果，在其市场前景及商业应用尚不清楚的情况下，是一种很合适的估值方法。

（2）市场价格法

对于处于早期的新药研发项目及一些基础研究成果，在技术的商业应用前景和市场状况难以预测的情况下，市场价格法提供了一种更易为新药研发的不同参与方认可的价值评估方法。此外，对于相对成熟的新药研发项目，可以很快地使项目参与方形成对项目价值的初步判断。

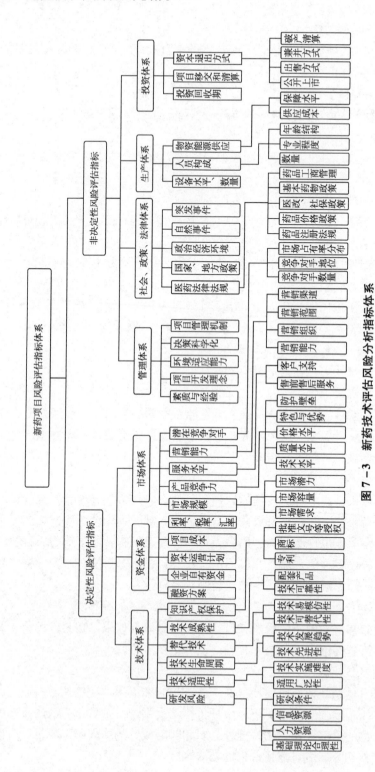

图 7-3　新药技术评估风险分析指标体系

（3）现值收益法

主要适用于处于研发后期、最终产品的市场前景比较明确的新药研发项目价值的估算。基于收入的项目估值法有坚实的理论基础，在实践中也是应用最为广泛的一种财务分析方法。其采用以下模型：

$$P = \sum_{i=1}^{n} \frac{R_i}{(1+r)^i} \times LSLP \qquad （公式1）$$

P——技术价值评估值

R_i——未来各期收益额

r——折现率

i——收益期限

n——被评估项目技术的收益期限

$LSLP$——技术分成率

（4）实物期权法

实物期权方法对新药研发项目的估值，要高于传统财务模型分析所得到的结果。但前者充分考虑到了研发项目的风险及投资人应对这些风险的选择权。因而，实物期权法进行新药研发项目的投资决策，能有效地规避风险，适用于长周期、高风险及高投入的新药研发项目评估。

（5）风险修正型现值收益法（rNPV）

不同评价方法对新药研发计划的分析过程及评价结果不同，透过实证分析来验证评估模型的产业应用性，发现传统的净现值法所评估的价值水平往往会有高估的现象。而风险修正型现值收益法通过上市前及上市后各种风险因素的综合考虑修正，所获得的价值判断结果非常接近现实社会公允价值。由此可知，在进行新药技术评估时，除了选择科学有效的评估模型之外，更必须佐以分析者对于被评估项目背景的合理估计与判断。在通晓各方面风险因素的前提下，方能评估出相对准确的价值结果，以便为产业内各种商业活动提供科学价值参考。

该中心在借鉴国际评估方法的基础上，通过10多年100多个新药项目评估的实践积累，创立了一套独特的新药技术价值评估体系和风险修正型现值收益法（rNPV）。

新药技术价值 rNPV 评估模型：

$$P = \left\{ f(W_\xi, k_\xi) \times \sum_{i=1}^{m} \frac{I_i}{(1+r)^i} + f(W_\rho, k_\rho) \times \sum_{i=m+1}^{n} \frac{R_i}{(1+r)^i} \right\} \times LSLP$$

$$（公式2）$$

P——技术价值评估值

I_i——未来研发阶段各预期年限 i 的资金投入（$I_i < 0$）

R_i——未来市场销售阶段各预期年限 i 的预期产品利润（$R_i > 0$）

r——折现率

N——被评估技术计算价值时所使用的总年限（包括研发阶段和市场销售阶段）

m——被评估技术研发阶段预期所消耗年限

W_ξ——研发阶段影响技术价值各种风险因素的权重（$0 \leqslant W_\xi \leqslant 1$）

W_ρ——市场销售阶段影响技术价值各种风险因素的权重（$0 \leqslant W_\rho \leqslant 1$）

k_ξ——研发阶段影响技术价值各风险因素的分值（$0 \leqslant k_\xi \leqslant 1$）。

k_ρ——市场销售阶段影响技术价值各风险因素的分值（$0 \leqslant k_\rho \leqslant 1$）

$LSLP$——技术利润分成率

10 多年来，该中心已经成功为全国各地的制药企业、研究机构和投融资机构开展了近 100 项不同成熟程度的新药项目技术评估。

【案例1】爱德药业（北京）有限公司：治疗急性心梗新药——瑞替普酶（派通欣®）技术评估。

【案例2】香港赛马会中药研究院：葛根素衍生物等 4 个项目的技术评估。

【案例3】神威药业：国家一类化学药 DL0108 冻干粉针技术评估。

【案例4】首都医科大学：泰思胶囊等 3 项新药技术评估。

【案例5】口服重组幽门螺杆菌疫苗项目评估和公开引进战略投资者。

口服重组幽门螺杆菌疫苗项目是由重庆康卫生物科技有限公司和第三军医大学，历时 9 年多研制成功的全球第一个预防幽门螺杆菌感染的疫苗，并于 2009 年 3 月 23 日获得国家食品药品监督管理局批准颁发的新药证书和药品注册批件。

2008 年 5 月，该中心接受委托对本项目进行了综合性评估。

2009 年 7 月，该中心接受委托对本项目公开进行战略投资者引进工作。

依据该中心对本项目的评估报告（技术水平、市场前景、成本效益、风险评估等），以及该中心对本项目的商业计划书，2009 年 8 月 7 日，湖南湘资源资产评估有限公司出具了本项目资产评估报告（湘资源评字〔2009〕第 052 号）。本项目技术的评估价值为 31762 万元。定向溢价向战略投资者引资 15000 万元。

2010 年 1 月 28 日，河北华安生物药业有限公司经过公开角逐，投资 15000 万元，中标成为战略投资者，占重庆康卫生物科技有限公司股份 32.96%，每股价格 3.86 元。

口服重组幽门螺杆菌疫苗项目技术价值评估合理性分析：

（1）这次对本项目进行技术价值评估的目的性非常明确，即为了引进战略合作者，通过增资扩股方式成立合资企业。其实质是体现本项目技术作价入股在新合资公司中占有的股份比例。

（2）本项目技术价值评估采用了该中心的风险修正型现值收益法。通过对本项目未来上市后在技术商业寿命期内产品收益（利润）的预测，并结合当前国内医药行业的平均投资利润水平，以及我国经济金融情形，计算出一种合理的收益折现率和技术分成率而得出来的。因此，本项目的评估结论是有科学根据的。

（3）在本项目的技术价值评估过程中，考虑到了当前的技术水平（先进性、创新性、合理性、可靠性等）、市场应用前景、产业化成本效益因素以及各种风险因素的影响等，以此为依据采用了各种假设条件和因素。同时亦经过市场调研、专家论证、项目征询、信息资讯等。因此，本项目的价值评估结论是比较可靠的。

（4）本项目技术价值评估，基本符合当前我国生物医药技术市场的现实情况。根据该中心近 5 年对国内生物医药技术市场的价格行情进行的跟踪分析，尽管国内生物技术药物项目交易价格呈现逐年增长的态势，但是，整体交易水平仍然不高。与本项目成熟度相当的技术交易价格，一般在 3000 万元 ~ 1 亿元，个别的也有更高一些，如恩度项目大约 2 亿元。主要原因是：一方面目前国内医药企业的新技术购买能力比较有限，R&D 投入平均只占销售收入的 1% ~ 3%；另一方面是新药项目投资的风险/效益性价比在国内尚缺乏合适的市场环境。因此，制药企业对创新药物项目普遍采取的是一种适度战略，从而导致了我国新药项目技术价值"有行无市"的不合理局面。

因此，本项目的价值评估值为 31762 万元，已经达到目前国内同类新药技术价值的市场价值上限，基本体现了市场的公允程度。

（二）案例分析

林耕：

（1）该中心自 1997 年年底创立以来，坚持"服务专业化、运作规范化、发展集约化"的方针。通过 18 年的不懈努力，已发展成为我国生物医药行业专业化水平较高的技术转移机构，为促进国际、国内生物医药技术集成创新、商业化合作和产业化发展发挥着"引领者"的重要作用。

（2）近 20 年来，芮国忠在生物医药技术创新与技术转移方面不断探索、不断创新。

他成功组织了第一届中国医药高新技术成果拍卖会。1998 年，他策划并组织实施了"中国医药高新技术交易会"。每年一届的中国医药高新技术交易会，是目前国内唯一专业定位于新药技术转移领域的大型展会活动。在 2000 年第三届北京科博会上，他开创性地将"拍卖"机制有机地引入新药技术项目转让中，组织了"首届中国医药高新技术成果拍卖会"，并获得巨大成功，被誉为"新药技术成果拍卖第一锤""中国医药科技成果拍卖第一人"。

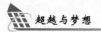
他创建了医药技术经济与管理研究所；发起成立了中国医药行业技术联盟；创办了《中国医药技术经济与管理》杂志。

他创立了一套独特的新药项目技术价值评估体系和风险修正型现值收益法（rNPV）。这是在借鉴国际评估方法的基础上，经过10多年100多个新药项目评估的实践积累而提出来的。

芮国忠，被誉为"中国医药科技服务先锋"。

3. 新药项目技术评估应用的策略。

新药项目技术评估是技术转移和产业化过程中重要的工具。而技术转移的实质就是实现新技术的商业化过程，这一过程受商业利益的驱动，又是一个多阶段的复杂过程，而且其结果往往具有很大的不确定性。因此，在应用技术评估进行新药研发的项目决策与产业化中，还需要注意其应用的策略。

在新药项目技术评估中，数据质量和方法比报告结论更值得关注；市场分析比经济效益分析更值得关注；投资项目风险分析比盈利状况更值得关注；战略性投资比战术性投资更值得关注；要重视听取他人意见；技术评估结论具有时效性。

十一、西安科技大市场：构建市场化运营平台

（一）案例描述

1. 科技大市场简介

2011年4月2日，西安科技大市场（简称科技大市场）正式启动运行。科技大市场的运营机构是西安科技大市场有限公司，于2012年被认定为第四批国家技术转移示范机构。

西安科技大市场由西安市科技局和西安高新区管委会共建，是统筹科技资源的基础平台，是贯彻落实《关中天水经济区发展规划》中"建设以西安为中心的国家统筹科技资源改革示范基地"而启动的重大项目，是实施自主创新战略，加快国家创新型城市建设的一项基础性、先导性工程。

2. 科技大市场的定位与功能

科技大市场是技术创新和成果转化的"加速器"、科技产业发展的"助推器"、科技资源统筹利用的"聚变器"。通过政府引导、市场配置、模式创新、政策支撑、服务集成"五措并举"，致力于打造"立足西安、服务关天、辐射全国、连通国际"的科技资源集聚中心和科技服务创新平台。

科技大市场将重点发挥"交易、共享、服务、交流"四位一体的功能：

交易功能——通过线上线下、网内网外的有机融合，汇集技术、成果、资金等科技资源供需信息，依托政策引导和市场交易，促进技术转移。

共享功能——通过技术平台、仪器设备、科技文献、专家人才等资源的共

享，实现科技资源的开放整合与高效利用。

服务功能——通过人才创业、政策落实、知识产权、科技中介、联合创新等专业化和集成化服务，构建流动、高效、协作的创新体系，推动科技创新创业，实现科技资源与产业的有效对接。

交流功能——通过举办科技大集市和各种专业论坛，开展科技宣传、咨询、培训等活动，促进科技资源的交流与合作，推动科技成果的商品化、产业化与国际化。

3. 科技大市场的构成

由科技大市场网和科技大市场服务大厅"一网一厅"构成。

科技大市场网：汇集西安高校院所、军工单位、科技企业、服务机构等，在人才、设备、技术、成果、资金等方面的科技资源，为产学研合作推动产业发展搭建科技资源信息交流平台。

科技大市场服务大厅：位于西安市高新区都市之门 B 座二层，建设面积2000 平方米，设有成果展示、项目发布、技术交易、科技服务等功能分区，提供各类服务。同时，在都市之门一层，还设有 2000 平方米的科技大集市展示交易区。

4. 科技大市场的目标

探索我国统筹科技资源改革之路，努力打造国际知名、国内一流的产学研合作促进平台、科技资源统筹转化中心和科技创新综合服务基地。有效地促进科技信息共享化、科技服务集成化、科技交易市场化、科技资源商品化和科技成果产业化。实现科技要素的聚集、内外资源的聚合，科技优势向创新优势、产业优势、经济优势的聚变，在创新型国家建设和区域经济发展中发挥辐射带动和示范引领作用。

5. 部门设置

（1）技术交易服务部

部门职责：依托本地区高等院校、科研院所和高科技企业的科技资源，促进行业、企业间的技术贸易和高新技术产品交易，为加速科技成果产业化和商品化服务。

（2）仪器共享服务部

部门职责：是科技大市场的主要服务功能板块，提供设备共享奖励补助申报、仪器设备信息登记、使用咨询、在线预约、设备租赁等特色服务，实现仪器设备共享，提高设备利用率。

（3）人才创业服务部

部门职责：服务于海外留学人员、科技人员和大学生创业，为创业者提供包括创业咨询、创业培训、创业辅导与导师推荐、高端人才服务、企业注册代

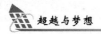

办、青年科技人才创业计划等服务，降低创业门槛，助力创业企业快速成长。

（4）科技政策服务部

部门职责：是科技大市场的重点服务功能，免费提供科技政策咨询、政策培训和政策落实等服务，为企业免费培训政策联络员，方便企业享受国家提供的各项优惠政策，让科技政策惠及每一家企业。

（5）知识产权服务部

部门职责：依托知识产权服务资源聚集效应，以知识产权（专利、商标、版权）创造、保护、运用为目的，为企业提供优质的各类知识产权服务。

（6）技术市场服务部

部门职责：是科技大市场的主要服务板块，为科研院所、大专院校、企事业单位及个人提供科技成果登记、技术贸易许可证办理及技术合同的认定登记。

（7）西安技术经理人协会

部门职责：以"培育高端人才、打造金牌行业、构筑交流平台、促进合作共赢、推动创新发展"为宗旨，重点培养中、高级技术经理人，制定技术转移行业规则，维护市场秩序，积极发挥桥梁和纽带作用，促进西安技术转移行业健康发展。

（8）发展运营服务部

部门职责：负责网络平台维护与运营、网络安全管理与网络环境服务、设备维护与技术支持、网络功能研发、网络服务功能优化、子平台及加盟单位网络环境维护、平台核心数据管理及应用支持，同时配合服务大厅实施线上各项服务功能。

（9）合作交流与服务部

部门职责：是科技大市场的基础服务部门，支撑核心服务拓展，促进内部业务协作，强化外部创新合作，兼业务规划设计职能，推进创新业务开展。

（10）视频宣传服务部

部门职责：配合服务大厅线上各项服务功能，发布科技大市场最新动态资讯，展示最新挂牌、交易项目，发布最新科技项目视频，日常新闻报道，宣传工作。

（11）综合办公室

部门职责：负责科技大市场的接待工作，为其他部门提供人员、办公、设备等支持，保证整体运作有序开展。

6. 成立西安技术经理人协会

2014年10月22日，由西安科技大市场发起的西安技术经理人协会成立。2015年4月24日，确定了首批专业团队。协会已经建立起了一套独具特色的

"1 + 3"（即技术交易市场 + 技术经理人协会、技术经理人公司、技术经理人）服务模式，同时制定了较为完善的业务运行规则和利益保障制度。2015 年 4 月 27 日，来自于美国的加拿大人、美国大学技术经理人协会（AUTM）前主席 John Fraser 说，在美国就听说了西安技术经理人协会，认为协会的建设理念是一种"very good"的创新，非常符合当前的国际形势。于是，当场要求加入协会，成为协会的首个"老外"会员。

7. 从"资源云"到"服务云"

2015 年 4 月 24 日，科技大市场的西安科易网、量采网、西安知了网三大专业服务电商平台进行运行发布。这标志着科技大市场的"互联网 +"的建设和服务模式取得显著成果。从"资源云"到"服务云"，就是聚集所有科技创新资源，形成多接口式的基础公共服务平台，实现科技资源的"云聚变"效应。然后，通过与优质的市场资源机构合作，构建市场化运营的专业化服务平台，为社会提供专业化、精准化的"云服务"，从而最大限度地释放创新创业的活力。

8. 中西部最活跃的产学研交流中心

科技大市场是西安高新区与西安市科技局共建的技术转移平台。2014年，促进西安市实现技术交易额 350 亿元，共享大型仪器设备 7000 多台套，累计为 3 万多家企业提供服务，成为我国中西部最活跃的产学研交流中心。西安市和西安高新区每年出资 5000 余万元，对技术转移交易的供方、买方和中介方给予补贴，引导和推动西安市技术合同交易额从 2010 年的 98 亿元增长到 2014 年的 530 亿元，每年递增 100 多亿元，有效地推动了研发成果的技术转移。

（二）案例分析

林耕：

（1）西安科技大市场被称为科技资源统筹转化的"聚变器"。自 2011 年成立以来，其坚持"交易、共享、服务、交流"的功能定位，可提供技术交易、设备共享、技术市场、人才创业、政策咨询、知识产权、法律咨询等 11 大类 130 多项科技服务。

（2）西安科技大市场从"资源云"到"服务云"，就是聚集所有科技创新资源，形成多接口式的基础公共服务平台，实现科技资源的"云聚变"效应。

（3）西安科技大市场通过与优质的市场资源机构合作，构建市场化运营的专业化服务平台，为社会提供专业化、精准化的"云服务"，从而最大限度地释放创新创业活力。

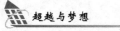

十二、科易网：厦门中开信息公司创建搭建技术转移平台

（一）案例描述

1. 机构简介

厦门中开信息技术有限公司（以下简称厦门中开公司）成立于 2007 年 5 月，是一家民营企业，注册资金 900 万元人民币。公司专注于促进技术转移和技术创新的各项相关服务，拥有一批经验丰富的专业科技服务人员。厦门中开公司是国家科技部奖励办批准的"国家科技成果转化服务（厦门）示范基地"的主要承建单位，也是科技部认定的"国家技术转移示范机构"和"国家现代服务业示范企业"。

科易网（www.1633.com）于 2007 年 9 月正式上线，是厦门中开公司创建的技术转移服务平台。历经多年的探索及完善，科易网已成为国家级的科技成果转化与科技服务门户网站。它以推动技术转移技术创新为主轴，凭借丰富的科技资源、强大的平台体系、专业的服务团队，为"有技术""要技术""能服务"的三个群体提供与之相关的各项服务，得到广大用户的共同认可和好评，成为国内科技服务领域规模最大、资源最丰富、服务最专业、效果最明显的门户网站之一。

（1）机构部门设置及人员情况

厦门中开公司有员工 70 余人，其中专职开展技术服务的工作人员有 60 余人。设有技术部、运营部、资源协作部、客服部、会务部、业务部等部门，有研发团队及专业科技服务团队，满足开展各类技术转移工作的需要。其中有网站技术开发人员 9 人，均为拥有多年 IT 行业从业经验的专业人才，能够独立承担网站平台建设、软件开发等项目；网站运营人员 15 人，负责网站栏目、功能设计及对外运营工作，以满足不同用户的使用需求；专业科技服务人员 36 人，保证各类科技服务的有效开展。

厦门中开公司重视科技服务团队和管理队伍的培养，通过外派学习交流和内部轮训等形式，努力提高员工业务水平、专业化程度和工作能力，以适应新形势科技发展的需要。

（2）管理团队情况

林国海：公司企业法人及总经理，北京大学历史系学士学位，厦门大学 EMBA 工商管理系硕士学位。1997 年 5 月，投资创办厦门海洲石油有限公司，并于 2000 年 1 月创办厦门海洲环保燃料有限公司。2007 年 5 月，创办厦门中开信息技术有限公司。目前，三家公司运作良好，并在资金、人力、资源上能够形成的互补共享关系。

林国海具有很强的开拓能力和丰富的管理经验，所领导的企业能够很好地顺应市场发展的需要，发展速度快，核心竞争能力强。二次创业之所以会选择技术贸易领域，主要是基于该领域"产业朝阳、财富阳光、有益社会、蓝海无限"的考虑，中国技术贸易份额的迅速增长与技术贸易市场的不成熟之间的矛盾蕴含着极大的商机。正是抓住了这一商机，科易网发展迅速，目前成为国内首屈一指的科技成果转化与科技服务的综合性门户网站。

颜高祥：公司高级顾问，中级经济师，北京大学国际政治系学士学位，参与科易网整体策划，并制定网站运营框架。同时，在对外合作方面，他有力地促成了科易网与中国国际投资贸易洽谈会以及海峡两岸机械电子交易会的合作，开拓了网站运营思路，扩大了网站的社会影响力。

厦门中开公司管理团队全部具有本科及以上学历，同时具有 5 年以上科技服务经验，创新、大胆，引导机构迅速发展。公司十分注重管理团队的深造及发展，组织各中层及以上干部均参加过厦门经理学院"职业经理人"培训，获职业经理人资格证书。

2. 技术转移的全流程服务

技术对接：开发在线展会系统，解决传统展会成本高、效率低、对接难的问题。

"科易在线展会"依托网络会展中心，引导和召集技术、人才、资金、政策等的供需双方在约定的时间内，通过双方网络在线的方式，借助科易网自主研发的技术贸易专用洽谈工具"科易通"，实现同步在线对接。在线展会有参展成本低、优化对接、效果明显、曝光显示度高等优点。

技术定价：开发技术交易价格评估系统，解决技术交易定价难问题。

针对技术定价这一难题，科易网研发团队通过摸索实践，开发了技术交易价格评估系统软件，目前已取得软件著作权。

该系统分别从技术供应方和需求方的角度出发，采用预期收益法和成本重置法两种方法对交易的技术进行价值评估。以成本重置评估结果作为技术供应方所能接受的底线，以预期收益评估结果作为技术需求方所能接受的上限，两者的区间即是合理的价格区间，也是供需双方议价的区间。该系统科学合理、操作简便、灵活主动、费用低廉，可为交易双方提供便捷的价格参考，提升技术交易速度。

在线交易：开发技术交易服务保障体系（科易宝），解决技术交易过程中不信任、纠纷多、款难收等问题。

"科易宝"是由科易网自主研发的线上技术交易保障系统，重点解决网上技术交易过程中的合同签约与订单管理、技术资料交付、电子数据存证与取证、款项资金支付等关键环节，在实践中也能有效地解决交易双方的互信、纠纷、尾款回收、技术烂尾工程等诸多问题，从而构筑公平、公正、安全、规范的技术交易环境。

"科易宝"的核心创新点在于技术交易流程再造。通过技术交易节点的模式创新与流程整合，结合电子商务手段，创新网上技术交易流程，构建在线技术交易绿色通道，使得科易网从原来单纯的信息展示平台蜕变成实现了真正交易的名副其实的技术市场。

交易管理：开发统计分析与终端展示系统，解决主管部门对区域技术交易了解不足、办法不多的问题。

科易网开发了服务于政府主管部门的管理系统，包括终端展示功能与统计分析功能，为各地政府主管部门了解区域内技术转移动态、管理跟踪重点企业提供依据。

统计分析：对项目对接情况、达成意向情况、在线合同签订情况、在线交易情况进行统计，提供分析本地企业需求的数据。

终端展示：汇聚技术市场动态对接数据、达成意向数据、实现交易数据，依托数字可视化系统，场面直观可直播，凸显效果，提升科技服务的曝光度。

优化机制：践行队伍培育与发展机制，解决国内技术转移服务发展滞后、生存困难的问题。

通过提供宣传展示、业务承接、信用管理、经纪合作、利益保障、政策落实等方面服务的工作平台，倡导合作，为技术转移机构构建生存的土壤和发展的平台，发展壮大技术转移队伍，推动繁荣科技服务市场。

3. 特色服务

（1）平台建设类

服务内容：包括技术市场平台、科技成果转化平台、中小企业创新服务平台、高层次人才服务平台、院校技术转移工作平台。

服务对象：各地科技部门、经信委、中小企业服务机构、组织部、开发区、院校机构。

（2）技术交易服务中心

服务内容：服务中心是专业的技术转移服务平台，由技术经纪工作平台、技术交易安全通道、技术交易专业服务三部分组成。

服务对象：各地政府、科技部门、院校机构。

（3）在线展会

服务内容：承办各类主题的在线展会（包括项目招商）、提供在线展会系统开发、在线展会创新平台建设。

服务对象：各地科技主管部门、招商部门、开发区、各大型展会主办方、院校机构、发明人、科技中介机构、企业。

（4）会员制服务

服务内容："专家版"以技术为主轴，为会员提供技术贸易、难题解决、技术评估、业务承接、信息互动等与技术相关的核心服务；"企业版"以科技为主轴，关注技术专利推广、科技问题解决、科技政策应用，推动企业创新发展。

服务对象：企业、技术发明人、研究所、高校等技术发明者和拥有者。

4. 典型案例

（1）服务企业：厦门澳丽妃包袋有限公司

促成项目："超声波无纺布制袋一体技术"改造项目。

服务内容和方式：通过对海沧企业的市场走访，了解到该公司的有关包袋生产技术方面的需求。在收到企业技术改造升级需求后，科易网向该公司提供各种相关的、精选过的技术解决方案。该公司通过与所提供的多家高校（研究所）、技术专家进行了接洽对接，经过深入洽谈，最后决定与技术专家潘兴平先生进行合作。之后，针对该公司在技术引进过程遇到的各项环节问题都尽量给予协助解决，包括协助草拟技术转让合同，从中协调，最终促成三方合作协议的签订，并对其接下来的科技计划项目申报工作提供了咨询和帮助。

取得成效：该公司是福建省内专业从事环保无纺布包袋生产的外资知名企业，通过海沧区科技成果转化服务中心的牵线搭桥，引进潘兴平先生的技术，生产技术得到很大的改进。可提高生产效率，有效节省原料及用工成本，大大降低环保无纺布袋的生产成本，从而降低了环保袋的售价。该项目的引进预计新增产值 2000 万元/年，不仅能促进海沧经济发展，更能推动国内购物袋的使用向环保方向发展，推进本地及国内对"白色污染"的有效遏制。

（2）服务企业：厦门合协密封有限公司

促成项目：干气密封（机械密封）技术及产品的应用。

服务内容和方式：通过海沧科技入园服务，科易网搜集到该公司在干气密封方面的技术需求，并根据此具体需求为企业推荐了众多高校院所技术。其中集美大学船舶工程技术研究所的此类技术引起企业的极大关注。在科易网的促进协调下，经过多次协商，双方最终签订技术合作协议，促成项目转化。集美大学船舶工程技术研究所还为该企业提供干气密封技术产品结构设计的技术咨询服务、所需材料选择咨询、性能咨询以及试验设备设计的方案咨询等，保证项目的顺利实施。

取得成效：该公司主要开发和制造精密波纹管机械密封，实现 PTA 化工装置密封国产化，服务对象包括厦门翔鹭化纤股份有限公司、台塑等知名企业。干气密封是一种新型的非接触式轴封技术，较于传统机械密封具有寿命长、无泄漏、维修费用低等诸多优势。通过本项目的落地实施，企业的技术创新能力

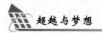

也得到了大大增强，充分响应了国家推进中小企业技术创新能力发展的政策思想。项目产品可替代国外同类产品，有效树立自有的民族品牌，产生巨大的经济效益，同时有效解决了化工行业中有害气体泄漏造成的污染问题。

（3）服务企业：厦门万保利服饰有限公司

促成项目：促进厦门与台湾两岸合作，与台北乔丰有限公司签订合作协议，合作投资新项目——"万保利户外健康休闲生活传播及网络购物平台"项目。

该公司是一家从事户外用品的专业公司，为了寻求生产工艺上的创新和产品设计理念的提升，希望寻求台湾在这方面比较强的机构或企业来合作。由于科易网跟台湾中华两岸科技交流促进会有着密切的合作关系，拥有大量的台湾相关机构及企业资源，根据该公司的具体技术需求，科易网通过全面了解多方推荐，最终使该公司与台北乔丰有限公司实现了对接，双方已明确合作方式，表示将在厦门合作投资一个新项目"万保利户外健康休闲生活传播及网络购物平台"，主要从事户外用品的研究开发销售。技术转让金额250万，预计投资额1000万元，预计新增产值3000万元/年。

该项目的最终落地，充分响应了厦门市"抢抓海西发展大机遇，发挥厦门经济特区独特对台优势，努力先行先试"的号召，积极促进两岸科技交流合作，推动厦门经济发展。

5. 机构未来的发展规划

（1）立足厦门：深耕厦门技术市场，针对厦门主导产业和战略性新兴产业，引进全国优势技术项目、机构、人才资源，面向厦门科研机构及企业提供服务，促成众多优秀项目落户厦门。

（2）辐射海西：建设"海峡技术交易市场"，以服务厦门企业技术创新为主轴，形成台湾以及其他国内外科技资源、服务资源与厦门企业有效匹配与对接的平台；在技术市场运营过程中，将凸显对台与服务厦门新兴产业两个工作重点。

（3）面向全国：形成全国院校机构、政府及开发区科技资源大融合的中国技术交易市场，建立长效机制，完善配套的科技创新服务，推动全国技术交易活动和相关产业链的建设。进而促进各地技术转移工作的开展，实现各区域企业技术改造、产业升级。

（4）放眼世界：科易网将适时走出国门，推行网站国际化发展道路，推动海峡两岸及国际科技成果转化，为国内企业技术引进具有国际先进水平的技术做出贡献，并成为中国对外技术交流的重要窗口之一。

（二）案例分析

林耕：

1. 科易网敢为天下先，不断创新技术转移服务模式。创造性地将电子商务手段运用于技术交易中，成为国内的集技术贸易信息服务、对接服务、交易服务为一体的真正意义的技术交易市场。科易网的做法极大改变了传统科技成果转化落后的服务模式，为各地技术转移工作的开展起了很好的示范带动效应，推动了全国技术市场的繁荣。

2. 科易网从运作模式上突破了当前技术转移领域的几大瓶颈。一是解决研发项目贴近市场需要的问题；二是建立中试基地库，提供中试服务，解决很多技术因不具备中试条件而不能很好地实现转化的问题；三是开发技术转移领域"按效果付费委托推广"的服务方式，解决技术持有人在技术推广过程中费用高、风险大、效果差的问题。

3. 科易网的核心竞争力建立在资源整合、项目技术对接综合平台、研发中心和完善的服务体系四个模块。科易网在不断地追求进步，希望能够整合出更为强大高效的技术转移平台。

4. 8年前，林国海带领团队离开了令人羡慕的石油行业，重新出发，选择了互联网，选择了技术转移。林国海的二次创业征程从此开始。回首往事，林国海说："8年里还有太多的'笑话'、太多的幻灭，我们一次次从云端被活生生地摔到地上！那种好像已经无限接近目标而瞬间归零的感觉，只有亲历者才懂。"

林国海不无感慨地谈道："这时我们发现，选择一个你真心喜欢的创业项目是多么的重要！因为喜欢，我们坚定地选择了坚守！因为喜欢，我们把一次次的挫折当成试错，又一次次勇敢地站起来！"

林国海表示："创新是一种思维，创新是一种胆略，其实创新更需要是一种行动！有努力，有坚守，就一定有机会！"

十三、北京某大学与福建某公司技术转让合同纠纷案

(一) 案例描述

【项目名称】北京某大学与福建某公司苯丙氨酸技术转让合同纠纷案

【让与方简介】北京某大学科技成果开发与转化平台的建立，是根据国家发展需要不断延伸和拓展的过程。1983年7月，该大学成立了"科学技术开发部服务部"，1984年11月更名为"科技开发部"。其主要任务是：开展该大学科研成果转让和推广应用，接受委托进行科技开发、协作攻关，加强与省市地区和厂矿企业的科技合作，并归口管理全校横向科技合同。

2001年6月，为应对全球经济一体化和科学技术国际化的严峻挑战，积极利用国际资源，更广泛地开展国内外科技合作，该大学专门成立"国际技术转移中心"（简称某大学技术转移中心）。该中心开展国际技术转移，组织国外技术资源与国内产业界的对接；延伸该大学与企业合作委员会的工作，为

国内外企业服务；开展国际人才培训，开展技术转移学科建设和研究等。

2001年9月，国家经贸委和教育部联合认定该大学为"国家技术转移中心"，并于11月举行授牌仪式。该中心积极为经济发展服务，多层次、多形式、多渠道的科技合作形式成为该大学服务社会和国家发展战略的一个有力的支撑平台。2008年8月，由科技部、教育部和中科院确定为首批国家技术转移示范机构。

该大学的科技开发部、与企业合作委员会、国际技术转移中心组成的技术转移体系，积极为区域经济发展服务，多层次、多形式、多渠道与重点地区、重点企业开展科技合作，成为该大学服务社会和国家发展战略的一个有力的支撑平台。

开展科技转化，推广科技成果，加强技术转移，实施"产学研结合"，积极促进科学技术转化为现实生产力，是该大学科技工作的重要内容，是该大学服务社会基本功能的重要体现，也是其为国家经济和社会发展做贡献的重要标志。

【受让方简介】某集团福建某医药有限公司（简称福建某公司），是国家定点生产药品的大中型中外合资企业。

【案例类型】不成功案例，合同纠纷。

【失败原因】技术受让方不能按时交付技术转让费。

1. 项目背景

2004年，为了彻底解决我国L—苯丙氨酸产业发展中的技术瓶颈问题，某大学技术转移中心组织专业人员，调研了关于L—苯丙氨酸的国内、国际市场以及其下游产业的发展状况。同时对两种工艺技术进行了论证，决定引进国际先进、对环境保护良好、符合我国产业政策的生物发酵技术。

2005年初，某大学技术转移中心组织国内具有工业化生物发酵背景的年轻专家，经过8个月的艰苦努力，在位于河北的生物基地完成了生物发酵法生产L—苯丙氨酸中等规模产业化试验。利用该技术生产的L—苯丙氨酸，产品质量符合美国USP标准，发酵水平为35g/L，糖酸转化率17%，发酵时间48小时，提取收率80%。试验数据表明，该技术符合工业化要求，技术水平达到国际先进水平，填补了国内L—苯丙氨酸生物发酵工业化生产的空白。

2. 技术转让过程

在2005年年底至2006年年初，某大学技术转移中心在国内推广新开发的L—苯丙氨酸生物发酵工业化技术，有十多家国内企业对此技术非常感兴趣。但是，根据该大学和福建省的合作框架要求，该大学技术转移中心计划将技术优先转让给福建省境内的企业。经过多次接触交流，某大学技术转移中心确定某集团福建某公司作为 L—苯丙氨酸的合作企业。这是因为该企业在福建省境内，符合技术落户地域要求，而且又是上市公司某集团的全资子公司，生产经营能力较好。所以，某大学技术转移中心和福建某公司签订了技术转让合同。该项技术转让合同属于福建"6.18"项目。

在 2006 年秋季，苯丙氨酸技术在福建某公司试生产成功，生产出了符合美国要求的高质量产品。

3. 关于技术转让纠纷

该项技术转让合同总价款为 200 万元人民币。按照合同要求，福建某公司向某大学技术转移中心第一期支付总价款的 35%，即 70 万元，某大学技术转移中心开始帮助福建某公司实施技术转让；项目试生产成功后，福建某公司向某大学技术转移中心第二期支付总价款的 45%，即 90 万元；福建某公司生产半年后再支付总价款剩余的 20%，即 40 万元。某大学技术转移中心收到福建某公司的第一期付款 70 万元后，就开始认真地帮助福建某公司实施技术转让。项目试生产成功后，福建某公司一直找各种各样的借口拒不付款，给某大学技术转移中心造成了巨大的损失。

某大学技术转移中心一直积极寻找福建某公司协商解决纠纷。但是，福建某公司极不友好，拒绝协商，而且损害了该大学的声誉。为维护学校的合法权益和良好声誉，某大学技术转移中心依据该合同的约定，向上海市仲裁委员会提出了申诉。上海市仲裁委员会经过详细的调查、取证，于 2007 年 8 月做出了裁决，判定福建某公司违约，应向某大学技术转移中心再支付 102.0552 万元。

某大学技术转移中心在苯丙氨酸技术的引进和工业化开发过程中投入了大量的人力和巨额的资金，购买了很多专用设备。福建某公司依靠某大学技术转移中心提供的苯丙氨酸技术，现在已经成为中国最大的苯丙氨酸生产厂商，年产 3000 吨苯丙氨酸，已经获得巨大的利润。福建某公司有能力、也理所应当地向某大学技术转移中心支付合同的拖欠款费用，履行判决。但是，到 2015 年 10 月底为止，福建某公司仍然未执行该判决。

某大学技术转移中心被迫终止了这项技术转让合同，也不再同这家企业的集团公司合作了。

（二）案例分析

林耕：

1. 某大学技术转移中心在合同中选择解决争议的方法是仲裁。

解决技术合同争议的方法。按照我国合同法和仲裁法的相关规定，当事人可以通过和解或者调解的方法解决合同争议。当事人不愿和解、调解或者和解、调解不成的，可以根据仲裁协议向仲裁机构申请仲裁。当事人没有订立仲

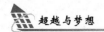

裁协议或者仲裁协议无效的，可以向人民法院起诉。当事人应当履行发生法律效力的判决、仲裁裁决、调解书；拒不履行的，对方可以请求人民法院执行。

仲裁实行一裁终局的制度。裁决做出后，当事人就同一纠纷再申请仲裁或者向人民法院起诉的，仲裁委员会或者人民法院不予受理。

大多数当事人在选择解决争议的方法时，比较熟悉的是起诉的方法。而仲裁的方法受理裁决时间较短、仲裁费用较低，可以适当地选择这种方法。

2. 某大学技术转移中心在合同中选择解决争议的地点是第三地。

当事人的双方，某大学技术转移中心的所在地是北京市，福建某公司的所在地是福建省。解决争议的地点不在当事人双方的所在地，而是选择在第三地上海。在包括技术合同在内的经济合同纠纷中，地方保护主义的案例屡见不鲜。这样的选择是明智之举，避免了仲裁机构和司法机关的地方保护主义。

十四、中国某院某研究所与青岛某公司技术转让合同纠纷案

（一）案例描述

【让与方简介】中国某院某研究所（简称某研究所，乙方），成立于1958年，是国家重点药物研究机构之一。

某研究所遵循寻找和研究防治严重危害人民健康的主要疾病的药物为方向，坚持以创制具有自主知识产权的新药为重点，以中草药和天然产物研究为基础，采用现代医药学理论和高新技术开展多学科综合性研究。新药研究的主要方向为抗肿瘤药物、防治心脑血管病药物、作用于神经精神类疾病的药物、抗老年退行性疾病药物、抗肝炎药物、抗炎免疫类药物、抗糖尿病药物等。

某研究所从2005年1月起到2006年10月不到两年的时间里，在激烈的市场竞争中，摆脱旧有思路，由向企业提供技术转让、技术服务等单一的服务逐步拓展并形成企业早期介入、联合开发、风险共担、优势互补、利益双赢的服务理念。这期间，成功转化多项技术成果，实现技术收入近5000万元。

【受让方简介】2001年11月1日，青岛某公司（简称甲方）由青岛另外一家公司变更而来。

【案例类型】不成功案例，合同纠纷。

【失败原因】技术受让方不能按时交付技术转让费。

1996年11月18日，某研究所（合同乙方）与青岛某公司（合同甲方），在北京签订了一份关于《妙纳》原料药和《妙纳片剂》的技术转让合同书。

双方约定：

合同有效期限为1996年11月18日至2001年11月18日；

乙方转让给甲方按卫生部《新药审批办法》规定的《妙纳》和《妙纳片剂》临床前全部完整资料，包括新药审评中需要继续补充的各种资料；乙方

向甲方转让《妙纳》原料药和《妙纳片剂》的生产技术，要求在乙方的技术指导下，至少在甲方工厂中试生产出三批合格产品；乙方自合同生效之日起110天内，在北京以书面资料方式向甲方提供下列技术资料：按卫生部《新药审批办法》，申报四类新药《妙纳》和《妙纳片剂》应上报的临床前全部资料，包括各种图谱、图片、试验数据、文献资料等；

甲方使用该项技术，试生产三批后，达到了本合同第一条所列技术指标，按卫生部批准的标准，采用领取《新药证书》，获准《生产批准文号》以及出示三批中试产品合格报告书方式验收，由甲方出具技术项目验收证明；成交总额为55万元加销售额提成，支付方式采用分期支付：第一次于合同签订后10日内支付总额的40%即22万元，第二次于领取临床批文后10日内支付总额的30%即16.5万元，第三次于项目验收后10日内支付总额的30%即165000元，销售额提成按销售额的2%提成，期限为3年（保护期内，每年结算一次）；

合同第七条约定，如果甲方违反合同相关规定，应承担违约责任：除继续执行合同外，另支付违约金，金额根据给乙方造成的损失计算。

合同签订后，甲方即现今的青岛某公司依约向乙方某研究所支付了第一笔款项220000元。乙方按照合同约定履行了自己的义务。1998年5月5日，山东省卫生厅颁发新药临床研究批件，双方均认为该时间为合同约定的"领取临床批文"日。2001年9月18日，国家药品监督管理局颁发了《妙纳合同》项下的新药证书，双方均认为该时间为合同约定的第三笔款项支付的"项目验收"时间。

因青岛某公司未按合同约定支付合同尚欠款项，某研究所分别于2002年6月4日、2002年6月6日、2002年9月14日三次致函于甲方，限期要求被告向其支付《妙纳合同》中约定的第三笔款项165000元，并按中国人民银行规定，支付延期付款利息及10%的违约金。在上述三次致函中，某研究所均未要求青岛某公司支付或提及尚欠第二笔款项中的30000元。

在多次催缴账款无果后，2003年2月10日，某研究所将青岛某公司告上了法庭，北京市第一中级人民法院受理了这一技术转让合同纠纷案，并于2003年7月10日公开开庭进行了审理。

被告青岛某公司在庭审中辩称：双方所签技术转让合同明确约定有效期为1996年11月18日至2001年11月18日，故该合同早已失效；原告诉讼请求的数额大于相关证据中的数额，催款单仅主张165000元，故原告的诉讼请求无法律和合同依据；欠付第三笔款项是因暂时无力支付，不是有意违约不付。

法院认为，合同失效与合同生效是两个完全不同的概念。依法成立的合同受法律保护。本案所涉《妙纳合同》的形式、主体均符合我国相关法律的规定。该合同内容系合同双方真实意思表示一致而达成，并未违反法律法规，故该合同合法有效。双方当事人应严格、全面地履行合同约定的义务,任何一方违反合同约定均应承担相应的违约责任。被告以双方所签合同已过有效期为由,主张该合同已失效,原告不能主张相关权利缺乏法律依据,本院不予支持。

从合同履行情况看,乙方已按照合同的约定全面履行了自己的义务,而甲方未依约全额支付技术转让费,该行为已构成违约,应承担相应的违约责任,包括补交转让费并按照约定支付违约金。

2003年10月20日,法院最终判定,被告青岛某公司于判决生效之日起10日内,支付原告某研究所技术转让费165000元及其利息;案件受理费5735元由被告青岛某公司负担。

(二)案例分析

林耕:

1. 某研究所及时地运用法律武器,追讨技术转让合同的拖欠款,切实维护自己的合法权益。

2. 某研究所签订的这份合同比较严谨,违约条款操作性强。青岛某公司拖欠合同第三笔款项后,某研究所及时三次致函,限期要求被告向其支付约定的第三笔款项。在多次催缴账款无果后,某研究所将青岛某公司告上了法庭。

3. 青岛某公司是由另外一家企业变更而来的。在合同执行期内发生了受让方企业变更,这是很多技术转让合同继续执行的重大隐患。

4. 青岛某公司在法庭上辩称欠付第三笔款项是因暂时无力支付,不是有意违约不付。资金链断裂,经营出现很大的困难,这在企业运作中时有发生。这说明,让与方是很难控制甚至无法了解被受让方将如何经营其业务。

参考文献

［1］刘庆辉. 技术市场探索与实践［M］. 科学技术文献出版社，1998.

［2］伍仲，柏明. 跨省市技术经济协作的若干问题讨论综述［J］. 社会科学，1982（8）.

［3］赵时航. 技术商品特殊属性问题探求［J］. 学术交流，1985（2）.

［4］赵时航. 技术商品的范畴及属性问题［J］. 江汉论坛，1985（8）.

［5］游章明. 试论技术商品的特殊性［J］. 科学学与科学技术管理，1985（5）.

［6］杨继绳. 技术市场初探［J］. 自然辩证法通讯，1982（4）.

［7］易之. 技术进步的必由之路——略论我国新兴的技术市场［J］. 学习与思考，1983
（3）.

［8］杨克中. 技术商品价值决定问题评述［J］. 科学管理研究，1992（3）.

［9］刘华. 技术商品价值和价格若干问题的分析［J］. 管理世界，1986（5）.

［10］赵新亚. 论技术商品的价值决定和价格形成［J］. 价格理论与实践，1989（11）.

［11］向维稻. 揭示技术商品使用价值的"给定性"与"伸缩性"——技术商品二重性及
价格依据特殊性的再探讨［J］. 科学管理研究，1988（2）.

［12］胡介埙，王毅. 技术商品定价模型研究与决策支持系统设计［J］. 管理工程学报，
1989（Z2）.

［13］李鸿德. 目前国内技术市场的做法和问题［J］. 科学学与科学技术管理，1983（6）.

［14］陈宏愚. 技术商品交易和技术市场管理［J］. 科技管理研究，1986（1）.

［15］姚昌瑞，唐宏力. 技术市场形式的研究［J］. 研究与发展管理，1995（2）.

［16］万涛. 从技术交易的特征看技术交易所建设［J］. 情报杂志，1996（3）.

［17］周燕. 技术市场"一场多点"模式初探［J］. 中国信息导报，1998（1）.

［18］廖勇. 重构我国技术市场管理系统［J］. 软科学，1992（3）.

［19］陈立高. 论面向国内技术市场的数据库建设［J］. 情报理论与实践，1992（6）.

［20］吴育纯. 试论技术市场预测方法［J］. 科技进步与对策，1990（3）.

［21］黄应军，余鼎章，关铃，李庆祝. 技术市场中的欺骗性经营行为及其管理对策［J］.
研究与发展管理，1997（3）.

［22］袁易明. 科技产业化对体制的三大要求［J］. 经济研究参考，1999（6）.

［23］李晋生，贾志力. 技术市场及其法制建设［J］. 高科技与产业化，1998（2）.

［24］吕红兵. 再论科技法的体系［J］. 科技与法律，1991（4）.

［25］傅正华. 完善技术市场法律环境的几点思考［J］. 江汉石油学院学报，1994（1）.

［26］杨东海. 论国际技术市场的发展与我们的对策［J］. 科学学与科学技术管理 1990
（8）.

［27］李枝葱. 试论建立无形资产评估制度［J］. 科学管理研究，1994（3）.

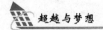
[28] 郭民生. 建立无形资产评估管理制度防止国有无形资产流失 [J]. 河南科技, 1994 (6).

[29] 陈少玲. 高校科技成果转化难的原因及对策 [J]. 惠州大学学报（社会科学版）, 1999 (1).

[30] 倪耀忠. 高校科技成果转化的相关因素 [J]. 上海高教研究, 1992 (4).

[31] 王家道, 马月凤. 高等工科院校科技成果在技术市场中现状调查 [J]. 研究与发展管理, 1994 (3).

[32] 张智良. 科技开发型管理模式的讨论 [J]. 研究与发展管理, 1993 (2).

[33] 丁小异. 发展高校科技产业加速科研成果转化 [J]. 江苏高教, 1992 (5).

[34] 赵西萍, 周解律, 卫民堂. 科技成果转化模式及高校科技产业发展研究 [J]. 中山大学学报论丛, 1992 (4).

[35] 宓洽群. 警惕市场对于高校的误导 [J]. 科技导报, 1993 (3).

[36] 葛耀良. 研究所改革的态势分析 [J]. 科学学与科学技术管理, 1990 (5).

[37] 李萌, 姜洋. 关于科研体制改革提高科研单位综合效益的初步探讨 [J]. 机械工程师, 1991 (2).

[38] 佚名. 关于加强工业系统独立科研所的建设问题 [J]. 科学学与科学技术管理, 1991 (3).

[39] 高承平. 商业科研所改革的必由之路 [J]. 商业科技, 1993 (12).

[40] 段云程. 技术市场的供需矛盾及成因分析 [J]. 科学管理研究, 1991 (3).

[41] 董玉翔, 李宝山. 企业是建立技术市场的主力军 [J]. 经济工作通讯, 1995 (4).

[42] 许跃辉. 略论企业在技术市场的经营 [J]. 华东经济管理, 1992 (4).

[43] 毛继祥, 周伟强, 盛世豪. 加快发展科技型企业是深化科技体制改革的核心 [J]. 浙江经济, 1992 (10).

[44] 吴焕新, 周福. 技术商品再生产及其市场管理初探 [J]. 安财经理论与实践, 1990 (5).

[45] 马信昌. 技术商品与其作价评估 [J]. 云南科技管理, 1994 (2).

[46] 袁学明. 技术成果评估中的若干问题及对策 [J]. 同济大学学报（社会科学版）, 2000 (3).

[47] 中国技术市场研究协会. 技术市场宏观管理与技术中介——第二届全国技术市场理论研讨会文选 [C]. 北京：地震出版社, 1988.

[48] 刘兴义. 技术中介的几个法律问题 [J]. 法学杂志, 1990 (3).

[49] 余让三, 李佐良, 谢丽楠, 黄明天. 试论建立健全技术转让中介主体及金融对策 [J]. 银行与企业, 1992 (7).

[50] 杨福祥. 繁荣技术市场要重视解决中介问题——关于加速发展深圳技术市场中介组织的调研报告 [J]. 特区经济, 1994 (1).

[51] 娄策群. 我国技术创新中介服务系统及其优化 [J]. 适用技术市场, 1999 (7).

[52] 罗伟. 计划·市场·政府的参与和干预 [J]. 科研管理, 1990 (4).

[53] 赵子华, 傅广天, 王佳. 试论政府职能在科技成果转化中的作用 [J]. 黑龙江科技

信息，1998（4）．

［54］任兆璋．发展广西技术市场与政府宏观干预［J］．广西大学学报（哲学社会科学版），1994（6）．

［55］潘广武，林博斌，吕英伟．济南科技市场迅速崛起的几点启示［J］．科技信息，1998（12）．

［56］潘为民．张家港如何开创技术市场［J］．华东科技，1996（12）．

［57］刘郎．科学技术转化为生产力的障碍分析［J］．科学技术与辩证法，1992（2）．

［58］程毅敏．谈科技成果转化中各方的行为［J］．软科学，1992（3）．

［59］张婷姣，周细刚．谈高校、技术交易场所与大中型企业的协同发展［J］．科学管理研究，1997（2）．

［60］刘勤福，董正英．技术中介效率评价研究［J］．科技进步与对策，2008（6）．

［61］马运来．科技中介发展与经济增长协整分析［J］．科技管理研究，2008（6）．

［62］朱永海，陈雄辉，李昊．基于复杂网络理论的科技中介问题［J］．科技进步与对策，2008（3）．

［63］刘和东．技术市场中的逆向选择及其有效防范［J］．科技进步与对策，2008（7）．

［64］喻昕．技术市场信息不对称问题研究［J］．情报科学，2011（4）．

［65］夏轶群，陈俊芳．防范技术交易逆向选择的有代价承诺信号机制［J］．工业工程与管理，2009（1）．

［66］谭建伟，李攀艺．基于重复博弈的技术交易效率研究［J］．重庆大学学报（社科版），2012（5）．

［67］国家发改委价格司课题组，周望军．技术要素价格形成机制研究［J］．价格理论与实践，2006（11）．

［68］张江雪．我国技术商品价格形成机制的实证研究［J］．中国物价，2009（3）．

［69］李雪凤，仝允桓．技术价值评估方法的研究思路［J］．科技进步与对策，2005（10）．

［70］李振亚，孟凡生，曹霞．基于四要素的专利价值评估方法研究［J］．情报杂志，2010（8）．

［71］唐春霞，卢海君．发明专利权的价值及实例解析——基于带跳的期权定价模型分析［J］．重庆工学院学报（社会科学版），2009（5）．

［72］赵广凤，刘秋生，李守伟．技术转移风险因素分析［J］．科技管理研究，2013（3）．

［73］张劼，李攀艺．基于专利权人道德风险的技术许可合约研究［J］．重庆工学院学报（社会科学版），2009（9）．

［74］张建新，孙树栋．产学研合作过程中的风险研究［J］．经济纵横，2010（6）．

［75］易文，徐渝，陈志刚．基于合约管理的大学——企业技术授权风险控制［J］．科学学与科学技术管理，2007（8）．

［76］肖莺．技术市场与其他生产要素市场协调发展对策——以江苏为例［J］．科技成果纵横，2007（4）．

［77］袁兆亿．基于人才与技术互动的要素市场发展探析［J］．管理观察，2008（3）．

［78］任中华. 关于人力资本异质性、市场需求与技术创新数据的经验模型［J］. 商业文化（学术版），2008（2）.

［79］张林，卢志翔. 中国人力资本与知识市场的协整关系分析［J］. 当代经济，2010（8）.

［80］金雪军，郭娅，李江东. 论技术市场与资本市场的对接［J］. 科学管理研究，2004（2）.

［81］金雪军，刘汝姣. 技术市场与资本市场对接的模式分析及应用［J］. 软科学，2004（5）.

［82］谭开明，魏世红. 技术市场与技术创新互动发展的机理分析［J］. 科技与管理，2009（3）.

［83］刘和东. 中国技术市场与自主创新关系的实证研究［J］. 科学学研究，2006（6）.

［84］张江雪. 我国技术市场对企业自主创新能力的影响分析［J］. 中国科技财富，2011（5）.

［85］刘欣，陈飞. R&D 活动与技术市场成交额的相关关系［J］. 当代经济，2013（2）.

［86］刘凤朝，潘雄锋. 中国技术市场发展与经济增长关系的实证研究［J］. 科学学研究，2006（1）.

［87］金为民. 我国技术市场的发展与经济增长的协整分析［J］. 科学学与科学技术管理，2009（4）.

［88］杨新玲. 我国技术市场活跃程度与经济增长之间的关系［J］. 科协论坛（下半月），2011（12）.

［89］张优智. 技术市场发展与经济增长的协整检验——基于 1987—2009 年的数据分析［J］. 大连理工大学学报（社会科学版），2011（4）.

［90］刘志迎，谭敏. 纵向视角下中国技术转移系统演变的协同度研究——基于复合系统协同度模型的测度［J］. 科学学研究，2012（4）.

［91］刘璇，刘军. 区域技术创新扩散强度与效应研究——以京津冀和长三角地区为例［J］. 经济问题，2010（9）.

［92］刘凤朝，马荣康. 区域间技术转移的网络结构及空间分布特征研究——基于我国 2006—2010 省际技术市场成交合同的分析［J］. 科学学研究，2013（4）.

［93］傅正华，杨冰融. 对技术转移的不同界定［J］. 企业改革与管理，2005（10）.

［94］傅正华，雷李军. 建国以来我国技术转移的发展阶段及特点［J］. 华南理工大学学报（社会科学版），2006（12）.

［95］傅正华，杨冰融. 技术转移：由粗放到精细［J］. 科学管理研究，2005（6）.

［96］傅正华，林耕，李明亮. 我国技术转移体系的功能定位［J］. 企业改革与管理，2005（4）.

［97］林耕，傅正华，李明亮. 我国技术转移的规制体系［J］. 企业改革与管理，2005（12）.

［98］傅正华，林耕，李明亮. 建立和完善国家技术转移体系的建议［J］. 中国科技论坛，2006（2）.

［99］傅正华，林耕. 美国的技术转移［J］. 中国科技成果，2006（10）.

［100］林耕，傅正华. 美国技术转移立法给我们的启示［J］. 中国科技论坛，2005（4）.

［101］傅正华，林耕，李明亮. 我国技术转移的理论与实践［M］. 北京：中国经济出版社，2007.

［102］傅正华，李明亮，刘军，张若然. 北京国际技术贸易发展现状及对策研究［J］. 科技进步与对策，2012（14）.

［103］韩晶. 本土技术转移与国际技术转移效应的比较——基于省际数据的空间计量分析［J］. 经济社会体制比较，2012（1）.

［104］董丽丽，张耘. 国际技术转移新趋势与中国技术转移战略对策研究［J］. 科技进步与对策，2013（14）.

［105］刘海波. 技术经营的政策环境研究［J］. 中国软科学，2006（12）.

［106］早稻田大学商学院. MOT 入门［C］. 东京：日本能率协会，2002.

［107］刘海波. 技术经营：一种新兴的创新模式［J］. 财贸经济，2004（05）.

［108］EWING. The Intellectual Ventures IP Portfolio in the United States：Patent & Published Applications［R］. 2nd Edition，2010.

［109］Myhrvold，Nathan. The Big Idea［J］. Harvard Business Review，2010（4）.

［110］袁晓东，孟奇勋. 揭秘高智发明的商业运营之道［J］. 电子知识产权，2011（06）.

［111］王玉民，马维野. 专利商用化的策略与应用［M］. 北京：科学出版社，2007.

［112］牟红. 科技革命对产业结构的影响分析［J］. 理论与现代化，2013（3）.

［113］白春礼. 新科技革命可能在六大领域首先突破［J］. 中国科技信息，2013（2）：18.

［114］田心. 第六次科技革命的科学猜想——《思想者》杂志访《第六次科技革命的战略机遇》主编何传启［J］. 决策与信息，2012（6）.

［115］白春礼. 新一轮科技革命将推动中国跨越式发展［J］. 中国高校科技，2012（11）.

［116］陶富源. 发展核心竞争力与建设创新型国家［J］. 阜阳师范学院学报（社会科学版），2011（1）.

［117］王志刚. 健全技术创新市场导向机制［J］. 求实，2013（23）.

［118］倪思洁. "科技成果转化率"咋衡量？［N］中国科学报，2014－01－09（4）.

［119］胡亮. 亟须理顺技术市场行政管理关系——访国务院发展研究中心技术经济研究部副部长李志军［N］. 中国经济时报，2013－11－29.

［120］田波. 技术市场学［M］. 北京：红旗出版社，2005.

附录一　相关政策建议

关于加强全国技术市场（技术转移）培训工作方案的建议

一、加强培训工作的必要性

全国技术市场及技术转移从业人员数量可观。各级地方技术市场管理机构人员新老更替。技术合同登记机构新人涌入。技术转移机构从业人员数量迅猛增加，博士、教授、高级工程师等高级职称人员纷纷加入。截止到 2014 年年底，据不完全统计，从业人员大约有 50 万人之多。

人才培养问题日趋凸显。技术合同认定登记工作政策性很强。技术转移业务综合性很强，难度大，绝大部分从业人员都是转行而来，素质普遍不高。从业人员的素质不高，就无法提供高质量的服务，直接影响到技术转移的健康发展。高素质、高水平的人才匮乏，国际化、专业化的高端服务无法运作。人才匮乏是全国技术转移的瓶颈问题。人才培训与培养工作，是提高技术转移工作质量的重要环节。当务之急，需要构建全国技术转移培训体系与培训网络，加强培训工作，提高技术市场管理人员的工作水平，提高技术转移队伍的专业能力，培养一支德才兼备、结构合理、素质优良的技术市场管理队伍和技术转移经营队伍。

总结以往的培训工作经验，再上新台阶。福建省科技厅、上海科技开发中心、北京技术市场协会等在培训工作中采用了很多好的做法，积累了丰富的经验。北京工业大学于 2008 年创办了技术转移方向工程硕士班，在培养技术转移高端人才方面做出了开创性的探索。很好地总结这些经验，吸取教训，使今后的培训工作跟上形势，开创新局面。

二、培训工作的总体思路与原则

（一）总体思路

"十二五"期间，科技部推进国家"2 + N"技术转移集聚区战略性布局，把北京中关村作为国家技术转移集聚区，将深圳作为南方技术转移中心，在苏南、华中、华东、东北、西南、西北等区域设立国家技术转移分中心的架构基本形成。

针对目前我国技术转移人才教育培训需求的现状，加强培养技术转移人才，构建专门的、多层次、复合型技术转移人才教育培训体系，已成为促进科技服务业发展的首选举措。按照"2＋N"布局，构建"1＋NP"培训网络，如图1所示。

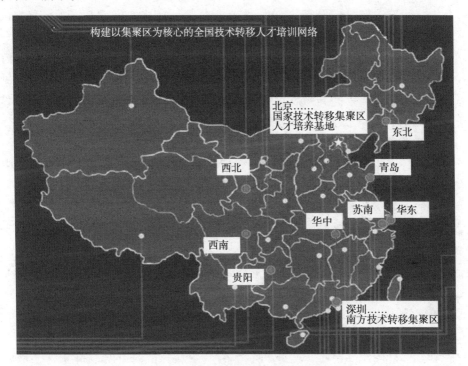

图1 国家技术转移人才培训网络

总体思路是：按照"2＋N"布局，充分发挥国家技术转移集聚区、国家技术转移南方中心等的示范及辐射作用，建立培训大纲、培训教材、培训师资、培训机构四位一体的培养机制，开展职业培训、继续教育和学历教育等多层次培训及试点，构建全国技术转移培训体系和网络体系，培养合格的技术市场管理人员和技术转移经营人员。

（二）基本原则

1. 坚持中央政府引导、地方政府推动、市场需求拉动、培训机构运作的原则。

科技部会同教育部、中国科学院组成领导小组，负责全国培训的指导和认定工作；地方科技管理部门负责本区域培训工作的开展；了解各类学员的需求以开展培训和教育工作；建立培训总部，认定培训机构与教育机构。

科技部火炬中心组织统一编制培训大纲、统一编撰培训教材；建立培训网络、培训服务平台、师资库、核心课程库和案例库等。经科技部火炬中心认定的培训机构和教育机构，负责学员培训的组织管理工作。

建立"互联网+教育培训"的技术转移人才培养体系，构建中央和地方、实体和网络相结合的培训体系、培训网络。

根据"2+N"体系框架，在技术转移集聚区的中心城市、技术转移开放合作试验区的中心城市，创造条件逐步建立与认定培训机构和教育机构。

2. 坚持理论与实践相结合、与国际接轨、培养复合型人才的原则。

积极引入国际技术转移先进理念，研究国外技术转移成功案例与经验，结合我国的实际情况，进行教材编写与培训。认真总结我国技术市场与技术转移的发展历程，总结成功案例与经验，编制培训大纲，编写培训教材。

3. 坚持全面职业教育、推动继续教育、探索学历教育的原则。

坚持全面职业教育。对技术合同登记人员进行全员职业教育，分初级、中级和高级；每5年轮训一次。对于技术经理人与国家技术转移示范机构从业人员进行全员职业教育，分初级、中级和高级；每5年轮训一次。

推动继续教育。对技术合同登记人员、国家技术转移示范机构从业人员及其他人员开展以专题为主的继续教育。

探索学历教育。在有条件的大学认定技术转移教育机构开设技术转移相关课程，设立技术转移相关硕士专业、博士专业。

4. 坚持培训规范、考核严格、执业注册的原则。

要精选国内外一流专家担任教师。培训任务实行项目管理。学员考勤计入考试成绩。建立统一题库，实行严格考核。在政府指导下的市场化运作，培训机构实行有偿培训。着力打造培训品牌。

技术合同登记人员经过初级考试合格后，方能持证上岗。国际技术转移机构从业人员经过初级考试合格后，进行执业注册。

三、培训工作的目标与重点任务

（一）培训市场需求分析

1. 国家技术转移示范机构从业人员：

全国常设技术交易市场大约200家，包含技术产权交易机构40家、中国创新驿站站点83个。国家技术转移示范机构453家。机构专职从业人员预计12000人。

2. 其他技术经理人：

包括国家级高新技术企业，预计50000人。

3. 技术合同登记机构从业人员：

全国技术合同登记机构 898 家，登记人员 1585 名❶。

4. 科技管理部门人员、高校科研机构科技管理人员；

全国地方各级技术市场管理机构大约 1000 家，从业人员预计 5000 人。

5. 相关企业（高新技术企业）人员；

预计 10000 人。

6. 需要继续教育的研发人员；

预计 10000 人。

7. 高校在读学生：

包括本科生、硕士生、博士生，预计 1000 人。

（二）目标

"十三五"期间，培训技术经理人累计 10000 人，其中：培训注册初级技术经理人 7000 人；培训注册中级技术经理人 2500 人；培训注册高级技术经理人 500 人（资助报考国际注册技术转移经理人 50 人）❷。引进海外高层次技术转移人才 50 名，重点培养签约技术经理人 500 名，吸纳博士、硕士从事技术转移工作 5000 名。培训技术合同登记员 1600 人。培训技术市场管理人员1000 人。

（三）重点任务

1. 组织制定全国技术转移人才工程计划。

技术转移人才工程应当包括培训工作、人才交流、人才表彰与奖励、人才引进等。

2. 建立全国技术转移人才工程专项资金。

科技部设立技术转移人才工程资金，对于培训工作给予资助，同时地方匹配。

3. 开展技术转移人才的资质认证工作。

并对已取得资质的人员进行年审，把参加一定学时的培训作为通过审核的条件。

4. 建立注册技术转移经理师制度。

同国际接轨❸，尽快建立我国的注册技术转移经理师制度。授权全国技术转移培训机构总部受理注册技术转移经理师的培训、考核及管理。

---

❶　数据来源：北京技术市场管理办公室，全国技术合同网上登记系统，2015 年 6 月 11 日。

❷　技术经理人高级、中级、初级比例为 1:5:14。

❸　由世界四大技术转移组织（AUTM，PraxisUnico，ASTP，KCA）联合认证、考核、颁发的注册国际技术转移经理师考试（Registered Technology Transfer Professionals，RTTP），是国际技术转移行业内权威的执业认证考试，在世界 60 个国家地区技术转移机构通行有效。每年，有来自世界各国超过 2 万名技术转移经理人参加这一考试。自 2002 年推出至 2014 年年底，仅有 177 人获准通过这一考试。

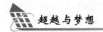
技术转移经理师包括：（1）技术咨询师；（2）信息咨询师；（3）技术评估师；（4）技术培训师；（5）创业孵化咨询师；（6）知识产权咨询师；（7）投融资咨询师；（8）技术管理师（技术买方机构）。

将现有的技术经纪人培训与管理纳入到技术转移经理人的轨道。推荐具备条件的人员参加国际技术转移经理师的考试。

四、培训工作的措施与建议

（一）建立培训机构总部、培训机构与教育机构

培训机构总部的职责。受科技部火炬中心的委托，负责具体组织与实施全国的培训工作。组织拟订培训大纲；组织编写培训教材；组织聘请与培训讲师；认定培训机构与教育机构；颁发考试合格证书。

根据"2＋N"体系框架，在技术转移集聚区的重点城市、技术转移开放合作试验区的重点城市，优先选择有国家技术转移示范机构的"211""985"大学、中国科学院重点研究所、长期开展培训等单位，经过本区域科技管理部门推荐，认定为培训机构与教育机构。

（二）申办培训机构的基本条件

1. 有明确的培训方向，有比较清晰的市场化发展思路；

2. 有系统完整的教育培训工作计划；

3. 有比较稳定的教师队伍；

4. 有专职教务管理人员，有大型培训的管理和组织经验；

5. 有150人以上的固定教室，有先进的网络教学设施；

6. 有比较固定的住宿条件，达到3星或者2星级标准。

（三）申办教育机构的基本条件

1. 有明确的教育培养方向，有比较清晰的以互联网＋教育培训的市场化发展思路；

2. 有学历学位教育、职业教育、继续教育的资质，有教学管理经验，有系统完整的教育培训工作计划；

3. 有比较稳定的教师队伍；

4. 有专职教务管理人员，有大型培训的管理和组织经验；

5. 有150人以上的固定教室，有先进的网络教学设施；

6. 有比较固定的住宿条件，达到3星级或者2星级标准；

7. 有技术转移人才培养网站系统和网络支撑平台。

（四）编制培训大纲和培训教材

1. 组织编写全国技术经理人培训大纲，编撰培训教材，建立考试题库。

2. 组织编写全国技术合同登记员培训大纲，编撰培训教材，建立考试

题库。

3. 组织编写全国技术市场管理人员培训大纲，编撰培训教材，建立考试题库。

4. 组织编写技术转移方面本科、硕士及博士培训大纲，修订培训教材，建立考试题库。

5. 选聘教师，建立师资库，审阅任课教师的讲义。

（五）运行与完善国家技术转移人才培养机构网站系统

北京工业大学张晓凌教授主持的国家科技支撑计划项目"技术交易全程服务系统与人才培养基地网站系统应用示范项目"经过 3 年建设，于 2015 年 7 月通过科技部验收。其中，人才培训基地网站系统应用项目运用云计算、大数据等新兴信息技术以建设互联网＋教育培训"云"服务平台。

该系统功能有：培训机构管理；内容管理；教学计划；课程发布；网络大课堂；课程模块管理；认证管理；社区管理；测评与统计；定制服务；开发平台、软件工具，学习日历、站内检索、提醒服务、在线支付；成绩管理；学分认证管理；注册会员管理；等等。

该系统开展线上线下相结合的教育培训服务。栏目设置在线课堂、实时教学、在线支付、我的空间等重要功能和在线教育培训模式，为学习者提供更加开放、共享的空间和更多学习资源。开发短视频在线课程，进行基于互联网的在线培训、在线学习、教学互动、个性化辅导、在线考核等，教育培训要注重理论知识和实践服务能力培养。利用新兴信息技术，提供线下线上内容和案例、解决方案分析互动教学，实现知识传授、能力培养、实践服务、绩效评估；实现集中学习与分布学习碎片化时间利用的时时、处处学习，使教育培训效果最大化。

该系统应当尽快正式运行，并且不断完善。

关于筹建全国技术转移联盟的建议

一、筹建全国技术转移联盟的必要性

技术转移机构发挥了重要作用。经过几十年的发展，我国技术转移机构在国家创新体系中的地位不断增强，对促进技术创新、发展高技术产业、调整优化产业结构、加速区域经济和科技发展发挥了重要作用。自 2008 年以来，已经认定了国家技术转移示范机构 6 批共计 453 家，覆盖大学、科研院所、企业、科技中介机构、政府隶属机构。国家技术转移示范机构以企业需求为导向、大学和科研院所为源头、技术转移服务为纽带，推动了全国技术转移工作的深入开展。技术转移机构的发展步入了快车道，技术交易手段日益丰富，信息化程度不断提高，服务能力不断提升，发展更加趋于多元化，技术转移模式各具特色，开创了我国技术转移的新格局。同时，引起其他国家的关注。

技术转移机构发展存在问题，亟待解决。一是技术转移机构发展不平衡。二是技术转移工作体制机制层面的开放性不够。三是缺乏高端、专业的技术转移人才及培育机制。四是技术转移工作中现代信息技术的应用和创新不够。

筹建全国技术转移联盟为形势所迫。一是促进技术转移机构间的交流与合作。二是促进技术经理人之间的交流与合作。三是促进国际技术转移的交流与合作。争取在 2016 年年底前完成筹建并正式成立。

二、全国技术转移联盟的主要职能与任务

1. 联系国家技术转移示范机构、其他技术转移机构和技术经理人；

2. 承担重点行业共性、关键性技术以及涉及国家经济安全、战略性资源利用技术的推广与应用；组织各种技术转移的活动，如展览展示、信息发布、项目洽谈与融资等；

3. 为会员单位服务，为技术经理人服务，开展技术合作、商务策划、咨询服务；

4. 组织技术转移的理论研究和经验交流；

5. 维护技术转移机构的合法权益，维护技术经理人的合法权益；

6. 加强技术转移行业自律，树立讲诚信、重操守的市场信誉和职业道德；

7. 承接政府交办的事项，如国家技术转移示范机构考核的具体事宜；

8. 开展国际技术转移的交流与合作；

9. 负责技术经理人的注册；

10. 编写并发布《国家技术转移示范机构发展研究报告》。

三、全国技术转移联盟的成员

（一）联盟的会员种类

为单位会员和个人会员。

单位会员主要是：

1. 国家技术转移示范机构、创新驿站站点机构和其他技术转移机构；

2. 国家政府有关部门；各地技术市场管理部门；

3. 企业的行业协会组织和重点企业；

4. 区域合作组织和地方政府；

5. 专利代理咨询行业协会组织和机构；

6. 银行、担保、风险投资、保险行业协会组织和机构；

7. 会计师、律师等协会组织和机构。

个人会员主要是技术经理人。

（二）设立分会

按照"2＋N"布局，在国家技术转移集聚区、国家技术转移开放合作试验区的重点城市设立联盟的分会。打破行业、地域的界限，实现优势互补。

四、全国技术转移联盟的筹建

1. 联盟的性质

联盟争取注册成为社团法人。设立理事会、常务理事会和监事会。也可设立顾问委员会。

2. 联盟的发起建立

按照社团组织管理办法进行运作，科技部火炬中心技术市场处负责召集，由有影响力的国家技术转移机构示范机构发起建立。

3. 联盟的秘书处

选定秘书处承担单位。承担单位应当是有影响力的、有较强经济实力的、地处北京及周边地区的国家技术转移示范机构。

关于《促进科技成果转化法》修订的建议

一、关于修改题目的建议

应当采用技术转移的概念。技术转移是国际通行的概念与做法。技术转移与科技成果转化，在定义、特点与运作方式方面虽然有一些共同之处，但是更多的是不同之处。

自1980年以来，美国不断地制定和完善技术转移相关法律。1980年美国国会通过《拜杜法案》，1980年通过《史蒂文森·威德勒技术创新法》，1982年通过《小企业技术创新进步法》，1984年通过《国家合作研究法》，以及1996年通过《经济间谍法》等5部法案。以这5部法案为支柱，建立完整的技术转移法律体系。1986年将《史蒂文森·威德勒技术创新法》修改成《联邦技术转移法》，1989年修改成《国家竞争力技术转移法》，2000年修改成《技术转移商业化法》。

在"大众创业、万众创新"的新形势下，应该同国际通行的概念与做法接轨，将《促进科技成果转化法》的题目修改为《技术转移法》。

二、关于新立法原则和重点的建议

（一）关于新修订时的原则

1. 创新性与继承性相结合

一方面，将原法中一些被实践证明行之有效的内容尽可能地保留了下来。另一方面，由于近几年国家形势发生了很大变化，全球科学技术突飞猛进，国内外技术转移日益活跃，改革开放已深入到各个领域，经济、科技工作在体制、制度、政策、法规等方面都有很多创新。把这些创新思想和做法尽可能地吸纳进来。

2. 前瞻性与实用性相结合

坚持从实际出发，绝大部分内容都要针对实际需求和存在的主要问题，做出明确的规定。

3. 民事调整与行政管理、法律规制相结合

坚持能通过民事手段调整的，不采取行政手段；能通过市场调节的，不设行政许可；能通过市场机制、行业自律调整的，不采取行政和法律手段解决。

（二）关于新修订时的重点

第一，确立国家技术转移发展战略，提高国家经济竞争力，保护国家安全利益。

美国 1986 年的《联邦技术转移法》清晰阐明了技术转移的作用，技术转移绝不是一个简单的项目对接和一个简单的成果转化，而是为了提升国家的竞争力。美国在 1989 年修订了《联邦技术转移法》，将其改为《国家竞争力技术转移法》，可以看出美国对技术转移作用的重新定位。目前，我国江苏、北京等很多地区的做法也证明了技术转移对提升地区和国家的竞争力起到了重要的作用。

第二，明确政府、高校、科研机构和科技人员技术转移的责权利，加强技术转移绩效考核，使技术转移管理制度化。

要明确各个主体的责任、权利和义务，尤其是科技人员。现在矛盾的主要方面在科技人员，高校科研机构的科技人员对于技术转移缺乏动力。具体来说，对于高校科研机构的科技人员，一方面，科研经费越来越好申请；另一方面，对其评价主要考核指标是在国际和国内核心刊物上发表的论文数、省部级获奖数等，因此，科技人员对技术转移缺乏动力，也没有压力。更值得关注的是，政府的科技经费越多，科技人员越容易申请科研经费，也就越没有动力做技术转移。"863""973"计划课题要求申请专利，于是有的科技人员就应付申请几个没有商业化用途的垃圾专利。因此，对我国技术开发类科技人员的激励机制应该借鉴美国和其他发达国家的做法，把科技人员的岗位、职责和技术

转移同年度绩效挂钩。

第三，要制定、完善相应的政策法规，规范技术转移活动，营造良好的环境，这是政府的职能，也是政策法规能够起作用的方面。

一是加强技术市场的基础性建设。二是经认定登记的技术开发、技术转让、技术咨询、技术服务合同，对机构给予财政税收优惠政策。三是在技术转移中加强对技术秘密的审查。以往，我国在对外技术合作方面，几乎是不设防的。发达国家利用我国廉价的科技资源获得了大量科技成果，从而使我国在专利战中处处位于下风，在某些行业不得不支付昂贵的专利使用费，而发达国家则充分利用技术壁垒，限制我国高新技术的发展。因此，为了保证我国的经济安全，在技术转移过程中应像发达国家一样，充分利用非关税壁垒中的技术壁垒，加强对技术秘密的审查，严格保证具有潜在价值的技术的安全性。

第四，在加强知识产权保护的同时，加大知识产权应用力度。

要明确政府科技计划项目知识产权的管理职责。现在有的科技人员的发明专利质量比较差，因此对每个科研计划课题，不仅要重视专利数量，而且要重视质量，要行使监督、管理专利的技术转移投入的绩效。我们对我国 50 所大学在专利申请、专利授权、专利技术转让三方面做了统计，清华大学、浙江大学和华东理工大学做得比较好。

第五，增强和规范政府的作用，积极推动技术转移。

要行使政府介入权，可以借鉴美国《拜杜法案》的第 203 条款，即强制实施条款。我国一直没有将该条款主要精神引入国内。美国《拜杜法案》203 条款的主要内容是：当项目承担单位在政府科技计划课题完成 18 个月内，如果没有申请专利的，或者没有进行技术转移的，或者没有技术转移商业计划书的，则收归政府有关部门所有并向社会公告，同时该项目的承担单位和首席科学家的行为将记录在案，致使其再申请美国联邦政府的科研经费项目将大打折扣，乃至取消申请资格。这一条条款，对于美国大学科研机构和科技人员是一个压力、也是考核的依据，极大地推动了高校、科研机构的技术转移。

第六，坚持本国企业优先原则，促进官、产、学、研结合。

一是要明确政府科技计划形成的成果，要优先转给本国企业，而不是先转给外资企业、跨国公司。二是建立国家技术转移合作伙伴计划。借鉴美国 STTR 即中小企业技术转移计划，使高校、科研机构和企业紧密地拴在一起。

第七，建立技术转移机构，发挥技术经理人作用，构筑技术转移体系。

一是在高校（主要是研究型大学）、科研机构建立技术转移办公室（TTO）。主要负责科研成果的转移和横向项目的管理，承担以下六个方面的职能：对外宣传联络、开发项目管理、组织咨询培训、知识产权管理、技术合同管理以及产业化项目管理。二是明确各类技术转移机构的法律地位和权利义

务。明确各类技术转移机构的发展目标、市场地位、法律地位、权利义务和功能定位。确定其组织制度和发展模式，理顺其与政府的相互关系，规范其市场竞争行为和监督管理制度，并对有关财政补贴、税收优惠、长期贷款、风险投资、人才吸引等方面做出明确规定。三是实行技术经理人认证注册制度，明确其法律地位和权利义务。四是建设国家技术转移中心。

第八，建立国家技术转移信息服务平台。

建立权威的技术转移信息服务平台，既有国家层面的平台，也有省市政府的地方平台。美国的技术创新法里特别明确，国家技术信息中心（NTIS）负责搜集联邦政府部门的国家保密以外的科技计划项目信息，在一定范围内发布。而我国现在技术转移双方的信息严重不对称，因此除科技计划的保密项目外，经过整理后都要对外公布。

第九，制定技术转移奖励办法，设立国家技术转移奖项，重奖有功的科技人员。

借鉴韩国的做法来调整个人所得税。高校科研机构和企业如果将技术转让给中国企业，那么技术转移的个人所得部分全额免征个人收入调节税；如果转让给在中国的外国企业，则减半征收个人所得税。韩国 2003 年制定的这个政策，也是促进韩国科技快速发展的重要原因之一。

第十，重视技术转移人才培训，加强技术人才交流。

制定政策的出发点与其面向"机构"，还不如面向"人"，可以更好地解决技术转移问题。在高校设立技术转移专业的硕士和博士学位，吸引海外的技术转移人才，并纳入到"千人计划"中，并在税收方面给予技术转移人才支持和奖励。目前北京的技术转移人员才有 5000 多人，虽然人员结构已经发生很大变化，一大批硕士、博士、教授和年轻的人才进入到技术转移行业里面，但是在高校和科研机构中，他们的地位要比其他科研人员低得多，也没有技术转移方面的职称。

三、关于具体条款修改的建议

第一章 总 则

第一条（修改扩充原第二条，技术转移定义）

【修订正文】本法所称的技术转移，是指关于制造产品、应用工艺或者提供服务的系统知识从技术供给方向技术需求方的转移，但不包括货物的单纯买卖或租赁。

技术转移交易特别是指下述安排之一：

（1）各种形式工业产权的实施许可、转让和出售，但不包括在技术交易中的商标、服务标志和商品名称；

（2）以可行性研究、工程设计、图表、模型、技术说明、设备和培训方案、技术咨询服务和管理人员服务以及人员训练等方式，提供的诀窍和技术知识；

（3）提供工厂和设备的安装、操作和运用以及交钥匙项目所需的技术知识；

（4）提供取得、安装和使用以购买、租借或其他方法得到的机器、设备、中间货物和（或）原料所需的技术知识；

（5）提供工业和技术合作安排的技术内容。

【原法】第二条　本法所称科技成果转化，是指为提高生产力水平而对科学研究与技术开发所产生的具有实用价值的科技成果所进行的后续试验、开发、应用、推广直至形成新技术、新产品、新工艺、新材料、发展新产业等活动。

参考依据：

1.《南京市促进技术转移条例》（2011 年 4 月 1 日施行，下同）第三条规定，本条例所称的技术转移是指关于制造产品、应用工艺或者提供服务的系统知识从技术供给方向技术需求方的转移。

2. 联合国《国际技术转移行动守则（草案）》（1985 年 6 月 5 日）规定，本守则所称的技术转移是指关于制造产品、应用生产方法或提供服务的系统知识的转移，但不包括货物的单纯买卖或租赁。

技术转移交易特别是指下述安排之一：

（1）各种形式工业产权的转让、出售和授予许可，但不包括在技术转移交易中的商标，服务标志和商品名称除外；

（2）以可行性研究、计划、图表、模型、说明、手册、公式、基本或详细工程设计、培训方案和设备、技术咨询服务和管理人员服务以及人员训练等方式，提供的诀窍和技术知识；

（3）提供关于工厂和设备的安装、操作和运用以及交钥匙项目所需的技术知识；

（4）提供关于取得、安装和使用以购买、租借或其他方法得到的机器、设备、中间货物和（或）原料所需的技术知识；

（5）提供工业和技术合作安排的技术内容。

第二条（新增，修改扩充原第十七条，技术市场）

【修订正文】培育和发展技术市场，加强现代技术市场建设，建立技术市场信誉体系，规范市场秩序，促进技术转移，推动科技成果的应用与产业化。

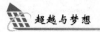

建立需求导向的技术转移机制，完善技术转移体系。集成信息资源、服务能力与合作渠道，推动先进适用技术转移和项目落地。

建立从事技术交易、知识产权、技术评估、信息咨询等活动的技术转移机构，建设专业化、信息化、国际化的技术转移体系。

技术交易活动应当遵循自愿、平等、互利有偿和诚实信用的原则。

【原法】第十七条　依法设立的从事技术交易的场所或者机构，可以进行下列推动科技成果转化的活动：

（一）介绍和推荐先进、成熟、实用的科技成果；

（二）提供科技成果转化需要的经济信息、技术信息、环境信息和其他有关信息；

（三）进行技术贸易活动；

（四）为科技成果转化提供其他咨询服务。

参考依据：

1.《中华人民共和国科学技术进步法》第二十七条规定，国家培育和发展技术市场，鼓励创办从事技术评估、技术经纪等活动的中介服务机构，引导建立社会化、专业化和网络化的技术交易服务体系，推动科学技术成果的推广和应用。

技术交易活动应当遵循自愿、平等、互利有偿和诚实信用的原则。

2.《关于进一步加强火炬工作促进高新技术产业化的指导意见》（国科发火〔2011〕259号，2011年7月4日）规定："2.加强现代技术市场建设。加强技术（产权）交易所等技术交易机构和技术交易服务平台的建设，完善发展和推广应用科技成果评价方法，建立全国技术交易指数、技术交易评估报价系统、技术合同网上登记系统，活跃技术交易。探索建立技术市场信誉体系，规范市场秩序。通过技术市场向社会发布国家科技计划项目等财政支持形成的科技成果。通过技术交易机构挂牌、拍卖、招标等公开交易方式，加强科技成果的产业化。探索建立国家重大科技成果产业化的绿色通道。"

第二章　组织实施

第三条（新增，修改扩充原第八条、第九条）

【修订正文】技术转移的主要方式是：

（一）许可他人使用该科技成果的知识产权；

（二）向他人转让该科技成果的知识产权；

（三）以该科技成果作为合作条件，与他人共同应用；

（四）以该科技成果作价投资，折算股份或者出资比例；

（五）自行投资应用。

【原法】第八条 各级人民政府组织实施的重点科技成果转化项目，可以由有关部门组织采用公开招标的方式实施转化。有关部门应当对中标单位提供招标时确定的资助或者其他条件。

【原法】第九条 科技成果持有者可以采用下列方式进行科技成果转化。

（一）自行投资实施转化；

（二）向他人转让该科技成果；

（三）许可他人使用该科技成果；

（四）以该科技成果作为合作条件，与他人共同实施转化；

（五）以该科技成果作价投资，折算股份或者出资比例。

第四条（修改扩充原第十二条，政府的责任与义务）

【修订正文】各级政府应当明确技术转移的职责，并且作为考核指标，以保证财政性资金设立的科技计划项目的充分应用。在立项时，应当与高等学校、科学技术研究开发机构和企业等项目承担者，就项目形成的科技成果，约定知识产权的目标，约定自该项目验收之日起18个月内供企业及他人应用。

第五条（修改扩充原第十二条，科研机构的责任与义务）

【修订正文】高等学校、科学技术研究开发机构应当承担技术转移的责任，并且作为考核指标。高等学校、科学技术研究开发机构承担财政性资金设立的科技计划项目，应当完成约定的知识产权目标，完成约定的自该项目验收之日起18个月内供企业及他人应用。政府应当支持高等学校、科学技术研究开发机构建立技术转移机制，将科技成果向企业及他人转移或者实施许可。

第六条（修改扩充原第十二条，科技人员的责任与义务）

【修订正文】高等学校、科学技术研究开发机构的科学技术人员，应当完成技术转移的任务。该机构负责人应确保职务说明、工作评价和晋升等方面，对技术转移工作予以积极考虑。

【原法】第十二条 国家鼓励研究开发机构、高等院校等事业单位与生产企业相结合，联合实施科技成果转化。研究开发机构、高等院校等事业单位，可以参与政府有关部门或者企业实施科技成果转化的招标投标活动。

参考依据：

1.《中华人民共和国科学技术进步法》第二十条第二款规定，项目承担者应当依法实施前款规定的知识产权，同时采取保护措施，并就实施和保护情况向项目管理机构提交年度报告；在合理期限内没有实施的，国家可以无偿实施，也可以许可他人有偿实施或者无偿实施。

2.《广东省自主创新促进条例》（2012 年 3 月 1 日施行，下同）第二十九条第一款规定，县级以上人民政府应当支持高等学校、科学技术研究开发机构和企业完善技术转移机制，引导高等学校、科学技术研究开发机构的自主创新成果向企业转移或者实施许可。

3.《广东省自主创新促进条例》第三十一条规定，利用本省财政性资金资助的自主创新项目，项目立项部门应当与高等学校、科学技术研究开发机构和企业等项目承担者就项目形成的创新成果约定知识产权目标和实施转化期限，并在项目验收时对约定事项进行考核评价。

4.《美国联邦技术移转法》（1986 年）第 3710 条规定，进一步确定联邦政府技术应用的政策。

——保证国家联邦对投资研究与开发结果的充分使用，是联邦政府一贯的责任。为此目的，联邦政府努力将在适合的联邦政府拥有或者起源于联邦政府的技术，转移到州及地方政府和私营企业的领域做出努力；

——与任务责任达成一致的技术转移，是每个实验室科学与工程专业人员的责任；

——每个实验室主管应确保在实验室职务说明、职员提升政策和在实验室工作的科学家和工程师的工作表现评价方面，对技术转移工作予以积极考虑。

第七条（新增，技术转移考核）

【修订正文】利用财政性资金资助的科学技术计划项目，立项部门应当在项目验收时，对高等学校、科学技术研究开发机构和企业等项目承担者，对约定知识产权目标和自该项目验收之日起 18 个月内供企业及他人应用，进行考核评价。

对项目承担单位和项目负责人的考核结果，记入科研诚信档案库，作为今后能否申报科学技术计划项目的依据之一。

应当完善科技人员考核评价和专业技术职务评聘制度，将技术转移业绩作为专业技术职称、专业技术岗位的评聘条件。

参考依据：

1.《中华人民共和国科学技术进步法》第五十七条规定，利用财政性资金设立的科学技术基金项目、科学技术计划项目的管理机构，应当为参与项目的科学技术人员建立学术诚信档案，作为对科学技术人员聘任专业技术职务或者职称、审批科学技术人员申请科学技术研究开发项目等的依据。

2.《广东省自主创新促进条例》第三十一条规定，利用本省财政性资金资助的自主创新项目，项目立项部门应当与高等学校、科学技术研究开发机构和企业等项目承担者就项目形成的创新成果约定知识产权目标和实施转化期限，并在项目验收时对约定事项进行考核评价。

3.《南京市促进技术转移条例》第二十八条规定，有关行政部门应当完善科技人员考核评价和专业技术职务评聘制度，技术转移业绩可以作为专业技术职称、专业技术岗位的评聘条件。

4. 美国《拜杜法案》第 203 条介入权（march – in right）规定：

（1）对本章中小型企业或非营利组织已获得权利的课题发明，签订产生发明的资助协议的联邦机构，有权根据下面规章所规定的程序，要求课题发明的签约方、受让者或专有被许可人，同意在合理期限内，在某一领域里将非排他、部分排他或排他的许可证让渡给合适的一个或多个申请人。如果签约者、受让者或排他许可被许可人拒绝此要求，则联邦机构可决定是否由本机构进行专利证的许可。

第八条（修改扩充原第六条、第二十五条，财政科技成果信息发布）

【修订正文】应当建立国家科技信息平台，收集各级政府有关部门科技计划项目信息（国家保密项目除外），经整理后在一定范围内发布。

应当建立国家可转移项目库（以下简称项目库），为其应用提供信息支持。应用型国家科技计划项目（课题）完成单位，应当在通过验收后 90 个工作日内，向项目库提交成果信息。

行业、部门、地方科技计划（专项、项目）产生的科技成果，分别经相关主管部门和省、自治区、直辖市、计划单列市（以下简称省级）科技部门审核推荐后可进入项目库；部门和地方所属事业单位产生的其他科技成果，分别经相关主管部门和省级科技部门审核推荐进入项目库。

【原法】第六条 国务院有关部门和省、自治区、直辖市人民政府定期发布科技成果目录和重点。

科技成果转化项目指南，优先安排和支持下列项目的实施：

（一）明显提高产业技术水平和经济效益的；

（二）形成产业规模，具有国际经济竞争能力的；

（三）合理开发和利用资源、节约能源、降低消耗以及防治环境污染的；

（四）促进高产、优质、高效农业和农村经济发展的；

（五）加速少数民族地区、边远贫困地区社会经济发展的。

【原法】第二十五条 国家推进科学技术信息网络的建设和发展，建立科技成果信息资料库，面向全国，提供科技成果信息服务。

参考依据：

1.《国家科技成果转化引导基金管理暂行办法》（财教［2011］289 号，2011 年 7 月 4 日发布并施行）第六条规定，科技部、财政部建立国家科技成

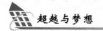

果转化项目库（以下简称成果库），为科技成果转化提供信息支持。

应用型国家科技计划项目（课题）完成单位应当向成果库提交成果信息。

行业、部门、地方科技计划（专项、项目）产生的科技成果，分别经相关主管部门和省、自治区、直辖市、计划单列市（以下简称省级）科技部门审核推荐后可进入成果库；部门和地方所属事业单位产生的其他科技成果，分别经相关主管部门和省级科技部门审核推荐进入成果库。

2.《广东省自主创新促进条例》第二十九条第二款规定，使用本省财政性资金的自主创新成果，项目承担者应当在项目验收之后三个月内向省人民政府科学技术主管部门报送成果信息及其技术转移情况。自主创新成果信息及其技术转移情况应当通过统一的信息平台向社会公开，但依照国家和省有关规定不能公开的除外。

3.《美国联邦技术转移法》（1986 年）第 3704. b 条规定，国家技术信息中心的职能。

第九条（修改扩充原第十九条、第二十一条，技术转移机构人员经费）

【修订正文】建立各种类型、各种所有制的技术转移机构，为高等院校、科学技术研究机构和企业提供服务。

财政性资金资助的高等院校、科学技术研究机构、重点实验室、工程（技术）研究中心等，利用好人才、设施、技术等资源，应当建立公益性技术转移机构。每 200 名研发人员应当配备 1 名专职的技术转移人员，每年用于技术转移的经费应当不少于该机构科研经费总预算的 0.5%。

建立技术产权交易平台，创新交易品种，引导技术成果所有人开展技术产权交易，为各类技术产权交易提供专业化服务，促进技术成果资本化。

技术转移机构对企业产权转让、并购、技术成果入股以及专利的有效性评估等提供相关服务。建立区域性技术转移机构，推动区域技术转移，促进区域经济发展。

【原法】第十九条　国家鼓励企业、事业单位和农村科技经济合作组织进行中间试验、工业性试验、农业试验示范以及其他技术创新和技术服务活动。从事科技成果转化的中间试验基地、工业性试验基地、农业试验示范基地以及其他技术创新和技术服务机构可以进行下列活动：

（一）对新产品、新工艺进行中间试验和工业性试验；

（二）面向社会进行地区或者行业科技成果系统化、工程化的配套开发和技术创新；

（三）为中小企业、乡镇企业、农村科技经济合作组织提供技术和技术服务；

（四）为转化高技术成果、创办相关企业提供综合配套服务。

前款所列基地和机构的基本建设经国务院有关部门和省、自治区、直辖市人民政府批准，纳入国家或者地方有关规划。

【原法】第二十一条　国家财政用于科学技术、固定资产投资和技术改造的经费，应当有一定比例用于科技成果转化。科技成果转化的国家财政经费，主要用于科技成果转化的引导资金、贷款贴息、补助资金和风险投资以及其他促进科技成果转化的资金用途。

参考依据：

1.《南京市促进技术转移条例》第十八条规定，鼓励建立各类技术转移服务机构，为技术转移提供下列服务：

（一）技术信息咨询；

（二）技术评估；

（三）技术经纪；

（四）技术产权交易；

（五）技术投资、融资；

（六）技术集成和技术经营；

（七）中间试验、工业性实验、检测等；

（八）技术转移的其他服务。

2.《深圳经济特区技术转移条例（征求意见稿）》（2010 年 8 月 5 日，下同）第二十二条规定，财政拨款的高等院校、科研机构、重点实验室、工程（技术）研究中心等，应当设立公益性技术转移服务机构，每年用于技术转移的经费不少于科研总预算的 0.5%。

3.《南京市促进技术转移条例》第十九条规定，建立技术产权交易平台，鼓励创新交易品种，引导技术成果所有人开展技术产权交易，为各类技术产权交易提供专业化服务，促进技术成果资本化。

鼓励建立区域性技术产权交易机构，促进区域技术转移。

4.《南京市促进技术转移条例》第二十条规定，支持高等院校、科研机构利用人才、设施、技术等资源，建立技术转移服务机构。

鼓励建立专业性、行业性的技术转移服务机构。

鼓励个人、企业及其他社会组织开办技术转移服务机构。

5.《南京市促进技术转移条例》第二十一条规定，支持技术转移服务机构对企业产权转让、并购、技术成果入股以及专利的有效性评估等提供相关服务。

6.《美国联邦技术移转法》（1986 年）第 3710 条（b）规定，建立研究和技术应用办公室（Research and Technology Applications Offices）。每个联邦实

验室应建立研究和技术应用办公室。实验室的现有组织结构执行自身功能，并可能在现有的组织内选择并入研究和技术的应用办公室。这些办公室的工作人员和资金水平将由每家联邦实验室和运作或者指导实验室的联邦代理机构共同确定，除非——

（1）每个有 200 名或者更多全职同级别的科学、工程和相关技术职务的实验室，要为研究和技术应用办公室提供 1 个或多个全职的等效职务；

（2）运作或者命令一个或更多联邦实验室的每个联邦代理机构，要提供足够的资金，或者作为一个独立的项目，或者从联邦代理机构的研发预算中提取，以支持联邦代理机构和其实验室的技术传递功能，包括对研究和技术应用办公室的支持。

第十条（新增，中国企业优先权、境内实施、独占许可）

【修订正文】高等学校、科学技术研究开发机构，利用财政性资金设立的科学技术基金项目或者科学技术计划项目所形成的知识产权，应当优先选择中国的国内制造业和中小企业，作为技术转移对象。

前款规定的知识产权向境外的组织或者个人转让或者许可境外的组织或者个人独占实施的，应当经项目管理机构批准；法律、行政法规对批准机构另有规定的，依照其规定。

参考依据：

1. 《中华人民共和国科学技术进步法》第二十一条规定，国家鼓励利用财政性资金设立的科学技术基金项目或者科学技术计划项目所形成的知识产权首先在境内使用。

前款规定的知识产权向境外的组织或者个人转让或者许可境外的组织或者个人独占实施的，应当经项目管理机构批准；法律、行政法规对批准机构另有规定的，依照其规定。

2. 美国《拜杜法案》第 204 条美国企业的优先权规定，除非个人同意，体现课题发明或通过使用发明生产的产品，将完全在美国境内制造，否则任何享有课题发明权的小型企业或非营利公司及任何小型企业或非营利公司的受让人，不得让渡给自然人使用或销售发明的排他权。

第十一条（新增，修改扩充原第七条、第十四条，强制应用与实施）

【修订正文】利用财政性资金设立的科学技术基金项目或者科学技术计划项目所形成的知识产权，项目承担者应当采取保护措施，并向项目立项部门提交保护情况和在供企业应用的年度报告。

在约定期限届满之日起 24 个月内，项目承担者没有依照约定供企业及他人应用的，为了国家利益、国家安全和重大社会公共利益的需要，项目立项部门应当收回该项目所形成的知识产权，可以无偿应用，可以许可他人有偿应用或者无偿应用。

【原法】第七条 国家通过制定政策措施，提倡和鼓励采用先进技术、工艺和装备，不断改进、限制使用或者淘汰落后技术、工艺和装备。

【原法】第十四条 国家设立的研究开发机构、高等院校所取得的具有实用价值的职务科技成果，本单位未能适时地实施转化的，科技成果完成人和参加人在不变更职务科技成果权属的前提下，可以根据与本单位的协议进行该项科技成果的转化，并享有协议规定的权益。该单位对上述科技成果转化活动应当予以支持。科技成果完成人或者课题负责人，不得阻碍职务科技成果的转化，不得将职务科技成果及其技术资料和数据占为己有，侵犯单位的合法权益。

参考依据：

1. 《中华人民共和国科学技术进步法》第二十条规定，利用财政性资金设立的科学技术基金项目或者科学技术计划项目所形成的发明专利权、计算机软件著作权、集成电路布图设计专有权和植物新品种权，除涉及国家安全、国家利益和重大社会公共利益的外，授权项目承担者依法取得。

项目承担者应当依法实施前款规定的知识产权，同时采取保护措施，并就实施和保护情况向项目管理机构提交年度报告；在合理期限内没有实施的，国家可以无偿实施，也可以许可他人有偿实施或者无偿实施。

项目承担者依法取得的本条第一款规定的知识产权，国家为了国家安全、国家利益和重大社会公共利益的需要，可以无偿实施，也可以许可他人有偿实施或者无偿实施。

项目承担者因实施本条第一款规定的知识产权所产生的利益分配，依照有关法律、行政法规的规定执行；法律、行政法规没有规定的，按照约定执行。

2. 《广东省自主创新条例》第三十二条规定，利用本省财政性资金设立的科学技术基金项目或者科学技术计划项目所形成的发明专利权、计算机软件著作权、集成电路布图设计专有权和植物新品种权，由项目承担者依法取得，但法律、法规另有规定的除外。

项目承担者应当依法实施前款规定的知识产权，采取保护措施，并向项目立项部门提交实施和保护情况的年度报告。约定的实施转化期限届满之日起两年内，项目承担者和创新成果完成人没有依法或者依照约定实施转化的，省人民政府为了国家安全、国家利益和重大社会公共利益的需要，可以无偿实施，也可以许可他人有偿实施或者无偿实施。

3. 美国《拜·杜法案》第 203 条介入权（march – in right）规定：

对中小型企业或非营利组织已获得权利的课题发明，签订产生发明的资助协议的联邦机构，有权根据下面规章所规定的程序，要求课题发明的签约方、受让者或专有被许可人，同意在合理期限内，在某一领域里将非排他、部分排他或排他的许可证让渡给合适的一个或多个申请人。如果签约者、受让者或排他许可被许可人拒绝此要求，则联邦机构可决定是否由本机构进行专利证的许可。

第十二条（修改扩充原第十七条、第十八条，技术转移机构）

【修订正文】建立技术转移机构，发挥国家技术转移示范机构的作用，建立中国创新服务网络（创新驿站），集成信息资源、服务能力与合作渠道，开展以企业需求为导向的技术转移。围绕国家产业结构调整的战略需求，支持高新区和产业集群加强产业技术中试与公共服务平台建设，促进技术熟化、工程化、集成化与转移；开展高新技术及产品应用推广示范，以市场需求推动科技成果产业化项目落地。

在技术交易中从事代理或者居间等有偿服务的技术转移机构，须按照国家有关规定领取营业执照。

技术转移机构应当将业务范围、执业人员、服务情况等基本信息，报送地级市以上人民政府科学技术主管部门，并由地级市以上人民政府科学技术主管部门向社会公布。

【原法】第十八条　在技术交易中从事代理或者居间等有偿服务的中介机构，须按照国家有关规定领取营业执照；在该机构中从事经纪业务的人员，须按照国家有关规定取得资格证书。

参考依据：

1.《广东省自主创新条例》第三十六条规定。

2.《关于进一步加强火炬工作促进高新技术产业化的指导意见》（国科发火〔2011〕259 号，2011 年 7 月 4 日）规定。

3.《关于进一步加强火炬工作促进高新技术产业化的指导意见》（国科发火〔2011〕259 号，2011 年 7 月 4 日）规定："（三）加速推进先进技术转移和科技成果产业化：1. 完善技术转移和科技成果产业化服务体系。实施'科技服务体系火炬创新工程'，引领科技创新服务业发展。加大力度发展技术转移机构、科技企业孵化器、生产力促进中心、企业国际化发展机构及其他科技服务机构，加强分类指导，实现骨干服务机构在高新区的重点布局。引导和鼓励社会力量参与服务机构建设与发展，培育科技服务新兴业态。鼓励公益类科技服务机构积极探索市场化条件下新的管理模式。鼓励各地方和高新区通过服务外包等形式，探索各类科技服务机构创新发展的模式，提升服务能力，树立服务品牌。鼓励科技服务机构建立各类服务联盟，开展国际业务，促进科技服务机构的市场开拓、优化整合、做好做强。2. 加强现代技术市场建设。加强技术（产权）交易所等技术交易机构和技术交易服务平台的建设，完善发展和推广应用科技成果评价方法，建立全国技术交易指数、技术交易评估报价系统、技术合同网上登记系统，活跃技术交易。探索建立技术市场信誉体系，规范市场秩序。通过技术市场向社会发布国家科技计划项目等财政支持形成的科技成果。通过技术交易机构挂牌、拍卖、招标等公开交易方式，加强科技成果的产业化。探索建立国家重大科技成果产业化的绿色通道。3. 强化需求导向的技术转移机制。深入开展'国家技术转移促进行动'，依托中国技术交易信息服务平台和中国创新服务网络（创新驿站），集成信息资源、服务能力与合作渠道，开展以企业需求为导向的技术转移服务。围绕国家产业结构调整的战略需求，鼓励高新区和产业集群加强产业技术中试与转化公共服务平台建设，促进技术熟化、工程化、集成化与转移；开展高新技术及产品应用推广示范，以市场需求推动科技成果产业化项目落地。"

第十三条（新增，人才队伍建设）

【修订正文】政府有关部门应当制定技术转移人才的引进、培养规划和政策，培养和引进技术转移人才。

高等院校应当设立技术转移专业，培育技术转移从业人员。

技术转移机构应当开展人才教育、培训，建立结构合理、素质优良的技术转移人才队伍。

参考依据：

1. 《南京市促进技术转移条例》第二十七条规定，市、区、县人民政府应当制定技术转移人才的引进、培养规划和政策，培养和引进技术转移人才。

鼓励技术转移服务机构开展技术转移人才教育、培训，建立结构合理、素质优良的技术转移人才队伍。

2. 《深圳经济特区技术转移条例（征求意见稿）》第二十七条规定，鼓励高等院校设立技术转移专业，培育技术转移专业从业人员。

第十四条（新增，军民科技成果双向转移）

【修订正文】军用与民用科学技术应当在基础研究、应用研究开发、创新成果应用与产业化等方面衔接与协调，推动军用与民用科学技术有效集成、资源共享，促进技术双向转移和交流协作。

企业、高等学校和科学技术研究开发机构应当参与承担国防科学技术计划任务，军用科学技术研究开发机构应当承担民用科学技术项目。

参考依据：

1.《广东省自主创新条例》第十七条规定，县级以上人民政府应当促进军用与民用科学技术在基础研究、应用研究开发、创新成果转化与产业化等方面的衔接与协调，推动军用与民用科学技术有效集成、资源共享和交流协作。

支持企业、高等学校和科学技术研究开发机构参与承担国防科学技术计划任务，鼓励军用科学技术研究开发机构承担民用科学技术项目。

2.《中华人民共和国科学技术进步法》第六条第二款规定，国家加强军用与民用科学技术计划的衔接与协调，促进军用与民用科学技术资源、技术开发需求的互通交流和技术双向转移，发展军民两用技术。

第十五条（修改扩充原第十三条，农业成果转化）

【修订正文】支持农业科研推广服务机构建设，为农业、农民提供技术服务。

支持农业科研机构、农业试验示范单位独立或者与其他单位合作实施农业科技成果的应用。农业科研机构为推进其科技成果应用，可以依法经营其独立研究开发或者与其他单位合作研究开发并经过审定的优良品种。

【原法】第十三条　国家鼓励农业科研机构、农业试验示范单位独立或者与其他单位合作实施农业科技成果转化。农业科研机构为推进其科技成果转化，可以依法经营其独立研究开发或者与其他单位合作研究开发并经过审定的优良品种。

参考依据：

1.《中华人民共和国科学技术进步法》第二十三条规定，国家鼓励和支持农业科学技术的基础研究和应用研究，传播和普及农业科学技术知识，加快农业科学技术成果转化和产业化，促进农业科学技术进步。

县级以上人民政府应当采取措施，支持公益性农业科学技术研究开发机构和农业技术推广机构进行农业新品种、新技术的研究开发和应用。

地方各级人民政府应当鼓励和引导农村群众性科学技术组织为种植业、林业、畜牧业、渔业等的发展提供科学技术服务，对农民进行科学技术培训。

2.《南京市促进技术转移条例》第二十五条规定，加强农业科研推广服务机构建设，为农业、农民提供技术服务。

第十六条（修改扩充原第十九条，科技服务与公共技术服务平台）

【修订正文】各级政府应当支持技术转移机构、知识产权服务机构、科技咨询与评估机构、科技企业孵化器、创业投资服务机构和生产力促进中心等的发展。建立和推行政府购买科技公共服务制度，对科技创新计划、先进技术推广、扶持政策落实等专业性、技术性较强的工作，可以委托给符合条件的科技服务机构办理。

科技服务机构应当为企业、高等学校、科学技术研究开发机构，提供研发、知识产权、检测、创意设计、技术转移、科学技术培训、科学技术咨询与评估、创业风险投资、科技企业孵化、与推广等技术服务，促进科技成果的应用和产业化。

科技服务机构应当将业务范围、执业人员、服务情况等基本信息，报送地级市以上人民政府科学技术主管部门，并由地级市以上人民政府科学技术主管部门向社会公布。

【原法】第十九条　国家鼓励企业、事业单位和农村科技经济合作组织进行中间试验、工业性试验、农业试验示范以及其他技术创新和技术服务活动。从事科技成果转化的中间试验基地、工业性试验基地、农业试验示范基地以及其他技术创新和技术服务机构可以进行下列活动：

（一）对新产品、新工艺进行中间试验和工业性试验；

（二）面向社会进行地区或者行业科技成果系统化、工程化的配套开发和技术创新；

（三）为中小企业、乡镇企业、农村科技经济合作组织提供技术和技术服务；

（四）为转化高技术成果、创办相关企业提供综合配套服务。

前款所列基地和机构的基本建设经国务院有关部门和省、自治区、直辖市人民政府批准，纳入国家或者地方有关规划。

参考依据：

1.《广东省自主创新促进条例》第三十六条规定，县级以上人民政府及其有关主管部门应当支持知识产权服务机构、技术交易机构、科技咨询与评估机构、科技企业孵化器、创业投资服务机构和生产力促进中心等科学技术中介服务机构的发展。建立和推行政府购买科技公共服务制度，对科技创新计划、先进技术推广、扶持政策落实等专业性、技术性较强的工作，可以委托给符合条件的科学技术中介服务机构办理。

科学技术中介服务机构应当为企业、高等学校、科学技术研究开发机构提供研发服务、知识产权服务、检测服务、创意设计、技术经纪、科学技术培训、科学技术咨询与评估、创业风险投资、科技企业孵化、技术转移与推广等科学技术中介服务，促进自主创新成果的转化和产业化。

科学技术中介服务机构应当将业务范围、执业人员、中介服务情况等基本信息报送地级市以上人民政府科学技术主管部门，并由地级市以上人民政府科学技术主管部门向社会公布。

第十七条（新增，行业自律与信用管理）

【修订正文】科技服务业应当建立行业自律制度。科技服务机构及其从业人员，应当遵守相关法律、法规，按照公平竞争、平等互利和诚实信用的原则开展业务活动。

科技服务机构及其从业人员不得有下列行为：

（一）提供虚假的评估、检测结果或者鉴定结论；

（二）泄露当事人的商业秘密或者技术秘密；

（三）欺骗委托人或者与一方当事人串通欺骗另一方当事人；

（四）其他损害国家利益和社会公共利益的行为。

参考依据：

1.《广东省自主创新条例》第三十七条规定，科学技术中介服务业应当建立行业自律制度。科学技术中介服务机构及其从业人员，应当遵守相关法律、法规，按照公平竞争、平等互利和诚实信用的原则开展业务活动。

科学技术中介服务机构及其从业人员不得有下列行为：

（一）提供虚假的评估、检测结果或者鉴定结论；

（二）泄露当事人的商业秘密或者技术秘密；

（三）欺骗委托人或者与一方当事人串通欺骗另一方当事人；

（四）其他损害国家利益和社会公共利益的行为。

第四章　技术权益

第十八条（修改扩充原第二十六条，权益、成果转让、许可、出资入股）

【修订正文】利用财政性资金设立的科学技术基金项目或者科学技术计划项目所形成科技成果，项目承担者与其他单位合作进行应用的，应当依法由合同约定该科技成果有关权益的归属。合同未作约定的，按照下列原则办理：

（一）在合作应用中无新的发明创造的，该科技成果的权益，归该科技成果完成单位；

（二）在合作应用中产生新的发明创造的，该新发明创造的权益归合作各方共有；

（三）对合作应用中新产生的科技成果，各方都有实施该项科技成果的权利，转让该科技成果应经合作各方同意。

高等学校、科学技术研究开发机构和企业按照国家有关规定，可以采取知识产权入股、科技成果折股、科技成果收益分成、股权奖励、股权出售、股票期权等方式，对科学技术人员和经营管理人员进行股权和分红激励，促进科技成果应用与产业化。

【原法】第二十六条 科技成果完成单位与其他单位合作进行科技成果转化的，应当依法由合同约定该科技成果有关权益的归属。合同未作约定的，按照下列原则办理：

（一）在合作转化中无新的发明创造的，该科技成果的权益，归该科技成果完成单位；

（二）在合作转化中产生新的发明创造的，该新发明创造的权益归合作各方共有；

（三）对合作转化中产生的科技成果，各方都有实施该项科技成果的权利，转让该科技成果应经合作各方同意。

参考依据：

1.《广东省自主创新条例》第二十七条规定，高等学校、科学技术研究开发机构和企业按照国家有关规定，可以采取科技成果折股、知识产权入股、科技成果收益分成、股权奖励、股权出售、股票期权等方式对科学技术人员和经营管理人员进行股权和分红激励，促进自主创新成果转化与产业化。

第十九条（修改扩充原第二十九条、第三十条，转让收益）

【修订正文】高等学校、科学技术研究开发机构和企业，将其职务科技成果转让给他人的，应当从技术转让所得的净收入中提取不低于百分之六十、最高不超过百分之九十五的比例，奖励完成该项科技成果及其应用做出重要贡献的人员，经认定不征收个人所得税。

高等学校、科学技术研究开发机构和企业，采用技术作价入股方式实施转化的，应当从职务科技成果作价所得股份中提取不低于百分之五十、最高不超过百分之七十的份额，奖励完成该项科技成果及其应用做出重要贡献的人员，经认定不征收个人所得税。

高等学校、科学技术研究开发机构可以与完成该科技成果及其应用做出重要贡献的人员，约定高于前两款规定比例的奖励，经认定不征收个人所得税。

【原法】第二十九条 科技成果完成单位将其职务科技成果转让给他人的，单位应当从转让该项职务科技成果所取得的净收入中，提取不低于20%比例，对完成该项科技成果及其转化做出重要贡献的人员给予奖励。

【原法】第三十条 企业、事业单位独立研究开发或者与其他单位合作研究开发的科技成果实施转化成功投产后，单位应当连续三至五年从实施该科技成果新增留利中提取不低于5%的比例，对完成该项科技成果及其转化做出重要贡献的人员给予奖励。采用股份形式的企业，可以对在科技成果的研究开发、实施转化中做出重要贡献的有关人员的报酬或者奖励，按照国家有关规定将其折算为股份或者出资比例。该持股人依据其所持股份或者出资比例分享收益。

参考依据：

1.《广东省自主创新条例》第三十条规定，高等学校、科学技术研究开发机构将其职务创新成果转让给他人的，应当从技术转让所得的净收入中提取不低于百分之三十的比例，奖励完成该项创新成果及其转化做出重要贡献的人员。

高等学校、科学技术研究开发机构采用技术作价入股方式实施转化的，应当从职务创新成果作价所得股份中提取不低于百分之三十的份额，奖励完成该项创新成果及其转化做出重要贡献的人员。

高等学校、科学技术研究开发机构可以与完成该项创新成果及其转化做出重要贡献的人员约定高于前两款规定比例的奖励。

2.《深化南京国家科技体制综合改革试点城市建设　打造中国人才与创业创新名城的若干政策措施》（宁委发〔2012〕9号，2012年1月19日）中规定：

二、允许和鼓励在宁高校、科研院所和国有事业、企业单位职务发明成果的所得收益，按至少60%、最多95%的比例划归参与研发的科技人员（包括担任行政领导职务的科技人员）及其团队拥有。

三、允许科技领军型创业人才创办的企业，知识产权等无形资产可按至少50%、最多70%的比例折算为技术股份。高校、科研院所转化职务科技成果以股份或出资比例等股权形式给予科技人员个人奖励，按规定暂不征收个人所得税。申请设立企业注册资本在10万元以下的，其资本注册实行"自主首付"办理注册登记，其余出资两年内缴足。

附录二 中国技术市场大事记

1977 年

9 月 18 日，中共中央发布《关于成立国家科学技术委员会的决定》，国家科委成为统管全国科技工作的机构。

9 月 18 日，中共中央发布《关于召开科学大会的通知》，通知提出"要抓紧制定科学技术规划"。

1978 年

3 月 18—31 日，全国科学大会在北京召开。邓小平在这次大会的讲话中明确指出"现代化的关键是科学技术现代化"，"知识分子是工人阶级的一部分"，重申了"科学技术是生产力"这一马克思主义基本观点。从而澄清了长期束缚科学技术发展的重大理论是非问题，打开了"文化大革命"以来长期禁锢知识分子的桎梏，迎来了科学的春天。

12 月，党的十一届三中全会提出"全党工作着重点和全国人民的注意力转移到社会主义现代化建设上来"的战略决策。

1979 年

11 月，全国第一家民办研究所（杭州交叉技术应用研究所）在浙江杭州注册成立。

1980 年

1 月 14 日，国务院批转了国家科委关于建立专利制度的请示报告，批准成立中国专利局，中国专利制度开始提到议事日程中来。

8 月 24 日，沈阳在全国率先建立"沈阳市技术服务公司"，开展有偿技术服务活动，调查技术成果供求情况，推动技术有偿转让，充当科研与生产之间的中介。

10 月 17 日，国务院颁布《关于开展和维护社会主义竞争的暂行规定》，指出"对创造发明的重要技术成果要实行有偿转让"，首次肯定了技术的商品属性。

10 月 23 日，中国科学院物理所研究员陈春先创办"北京等离子体学会先进技术发展服务部"，为北京中关村电子一条街的发展与繁荣开了先河。

1981 年

1 月 21 日，国务院颁布《技术引进和设备进口工作暂行条例》，对有计划、有重点、有选择地从国外引进先进技术和设备工作做出了规定。

4月16日，中共中央和国务院批转了国家科委党组《关于我国科学技术发展方针的汇报提纲》。《汇报提纲》明确提出"加速科技成果的应用推广，实行有偿转让"，建议转让所得报酬，除应上缴一部分外，大部分留给转让单位作为发展基金。

6月19日，《技术市场报》在天津创刊，1989年更名为《中国技术市场报》。

8月8—18日，武汉科学技术服务公司举办"武汉地区首届科技交易会"。本次交易会共有62所大专院校、科研机构、大中型企业的502项技术成果展示交易，大会成交98项，成交金额220万元，在全国引起轰动。交易会还首次向社会推出企业亟须解决的生产技术难题，公开招标，其中有35个难题通过招标找到了合作伙伴。这也是国内率先进行企业生产技术难题的招标。

1982年

1月18日，国务院颁发《关于对现有企业有重点、有步骤地进行技术改造的决定》，指出要从我国实际情况出发，走自己的路，在某些技术领域采取一定数量的先进技术，带动整个技术水平的提高。

3月15日，国务院颁发《聘请科学技术人员兼职的暂行办法》和《实行科学技术人员交流的暂行办法》，其目的是为了充分发挥科学技术人员的作用。

5月8日，财政部发布《关于对专利权、专有技术收入征收所得税问题的通知》。

10月24日，在全国科学技术奖励大会上，中共中央、国务院提出了"经济建设必须依靠科学技术，科学技术工作必须面向经济建设"的战略方针。不少单位运用合同制，推动科技成果从实验室向生产领域转移、从军工向民用转移、从沿海向内地转移、由国外向国内转移。

同年，国家科委颁发《关于试行对外科技交流保密的暂行规定》，为了在对外开放、开展国际合作与交流的同时，维护国家的主权安全和利益。

1983年

3月17日，财政部、国家科委颁布《关于放宽技术有偿转让收入留用问题的规定》。

7月15日，国家科委发布《加强技术转移和技术服务工作的通知》。

7月10—15日，武汉科技与人才开发交流中心和沈阳科技开发中心联合发起，在武汉召开"全国大中城市第二次科技服务工作座谈会"。会议决定，成立我国第一个全国性的科技服务、技术转让协作组织——"全国大中城市科技服务协作网"。国家科委向全国转发了会议纪要。

1984 年

3 月 14 日，第六届全国人大常委会通过《中华人民共和国专利法》，并于 1985 年 4 月 1 日起施行。

4 月 10 日，国家科委、国家体改委发布《关于贯彻〈关于开发研究单位由事业费开支改为有偿合同制的改革试点意见〉的通知》，技术合同制在我国全面推行，各级科技管理机构开展了技术合同认证登记工作。当年，全国经认证登记的技术合同成交额达 7.2 亿元。

4 月 20 日，国家经委、财政部颁发《关于经委系统所属企业管理协会及咨询公司开展企业管理咨询服务收费的规定》。

11 月 16 日，国务院第 51 次常务会议提出加强技术成果商品化、开放技术市场，以此作为科技体制改革的突破口。明确国家科委牵头负责技术市场工作，国家经委和国防科工委参加。

11 月 13—17 日，国家科委在北京召开全国科技与人才开发交流工作会议，成立"全国科技与人才开发交流协作网"。1991 年 4 月，更名为中国技术市场促进会。

12 月 25—28 日，国家科委、国家经委、国防科工委联合召开全国技术市场工作座谈会，并由三委牵头，根据会议代表们的讨论，形成了上报国务院的《关于开放技术市场几点意见的报告》。

1985 年

1 月 10 日，国务院发布《技术转让暂行规定》，明确指出："国家决定广泛开放技术市场，繁荣技术贸易，以促进生产发展。"

3 月 13 日，中共中央发布《关于科学技术体制改革的决定》。该决定再次指出："促进技术成果商品化，开拓技术市场，以适应社会主义商品经济的发展。"强调应通过开拓技术市场，改革科技系统运行机制，有利于科研机构与生产单位的联系，有利于促进竞争，加速科研成果应用于生产。明确指出"技术市场是我国社会主义商品市场的重要组成部分"。

3 月 15 日，国家科委、国家经委和国防科工委，联合在浙江杭州举办全国军工技术向民用转移工作座谈会和全国首届军工技术转民用交易会。

3 月 27 日，国家科委、国家经委、国防科工委转发《关于开放技术市场几点意见的报告》的通知。

4 月 20 日，国务院批准成立由 13 个部委（国家科委、国家经委、国防科工委、国家计委、科学院、教育部、总工会、科协、专利局、财政部、工商局、统计局、工商银行）组成的"全国技术市场协调指导小组"，负责组织力量对技术市场进行宏观指导，制定有关法规，沟通各方面信息，推动技术市场工作。

5 月 24 日，国务院颁布《中华人民共和国技术引进合同管理条例》。

5 月 25 日，国家科委批准成立中国技术市场开发中心。

5 月，由国家科委、国家经委、国防科工委、北京市政府联合主办的首届全国科技成果交易会在北京举行。

9 月，国务院批准成立中国新技术创业投资公司。

11 月 28 日，国家科委发布《关于加强对技术市场管理工作的通知》。

1986 年

2 月，国家经委、财政部、海关总署颁发《关于推进引进技术消化吸收的若干规定》。

3 月 14—16 日，全国技术市场协调指导小组在北京召开全国技术市场工作座谈会。

3 月 20 日，中国科协、财政部颁发《关于科协系统科技咨询服务费用收支管理办法》，为科技人员开展咨询服务收费提供了政策依据。

3 月 20 日，国务院科技领带小组转发国家科委党组《关于明确对技术成果转让的政策界限的请示》的通知。

4 月 19 日，国务院发布《关于扩大科学技术研究机构自主权的暂行规定》。

6 月 10 日，国家科委颁发《关于实施星火计划的暂行规定》。

7 月 30 日，广东省人大常委会通过《广东省技术市场管理规定》，并于 1986 年 10 月 1 日起实施。这是全国第一个技术市场地方性法规。

7 月，中国技术市场研究会成立。

8 月 30 日，经人事部批准，国家科委成立"中国技术市场管理促进中心"。"中国技术市场管理促进中心"的前身为 1985 年成立的企业性质的"中国技术市场开发中心"。

10 月 6 日，中共中央办公厅、国务院办公厅转发有关部委《关于发挥离退休专业技术人员作用的暂行规定》。

10 月 31 日，国务院发布《关于开拓国外技术市场加强技术出口管理问题的批复》。

12 月 18 日，全国技术市场协调指导小组发布《技术市场管理暂行办法》，明确提出了发展技术市场的"放开、搞活、扶植、引导"的八字方针，并开展了一系列的技术市场理论研讨和科技成果交易活动。技术市场在全国各地蓬勃兴起。

1987 年

1 月 20 日，国务院发布《关于进一步推进科技体制改革的若干规定》和《关于推进科研设计单位进入大中型工业企业的规定》。

4 月 28 日，国家科委决定编印出版《中国技术成果大全》。

5 月，全国技术市场协作网成立了黄山培训中心、泰山培训中心、石家庄培训中心和沈阳培训中心，任务是为全国培养技术市场管理与经营人才。

5 月 2—27 日，全国技术市场协调指导小组在沈阳召开全国技术市场管理工作座谈会。

6 月 23 日，第六届全国人大会常委会通过《中华人民共和国技术合同法》，并自 1987 年 11 月 1 日起施行。

8 月 6 日，国务院办公厅转发外经贸部、国家科委《关于鼓励技术出口的暂行办法》。

10 月 2 日，党的十三大报告提出：社会主义市场体系不仅包括消费品和生产资料等商品市场，而且应当包括资金、劳动力、技术、信息和房产等生产要素市场。

1988 年

1 月 18 日，国务院办公厅转发国家科委《关于科技人员业余兼职若干问题的意见》。

2 月，国务院"三定"方案撤销非常设机构"全国技术市场工作协调指导小组"，确定国家科委归口管理全国技术市场工作，因无法解决行政编制，撤销了成果司技术市场处。

3 月 21 日，经国务院批准，国家科委发布《技术合同管理暂行规定》。

4 月 1 日，国家科委委务会批准成立"国家科委技术市场管理办公室"主管全国技术市场工作，决定"中国技术市场管理促进中心"同时作为"国家科委技术市场管理办公室"开展工作，具体行使管理全国技术市场职能。其事业单位的性质不变。

5 月 3 日，国务院发布《关于深化科技体制改革若干问题的决定》。

6 月，国家科委批准成立全国科研新技术新产品展销中心，同时，广州"南方展销中心"登记注册成立，哈尔滨成立了"北方展销中心"，乌鲁木齐成立了"西北展销中心"，昆明成立了"西南展销中心"。

8 月 22 日，国家科委转发《国家科委负责人就实施技术合同法涉及的技术成果评价和权属问题的说明》。

1989 年

3 月 15 日，经国务院批准，国家科委发布《中华人民共和国专利法实施条例》。

11 月 27 日，国务院做出《关于依靠科技进步振兴农业加强农业科技成果推广工作的决定》。

12 月 19 日，国务院召开国家科学技术奖励大会。大会奖励和表彰了获得

1988 年度国家科技进步奖、国家发明奖和国家星火奖的 777 个项目，向一批科学家、发明家颁发了奖状、证书。江泽民在《推动科技进步是全党全民的历史性任务》的讲话中提出，我们要坚持把科学技术放在优先发展的战略地位，坚持依靠科技进步来提高经济效益和社会效益。

12 月 4 日，中国专利局发布《专利管理机关处理专利纠纷办法》。

1990 年

2 月 12 日，经国家统计局核准，国家科委发布《技术市场统计工作规定》和《全国技术市场统计调查方案》。

3 月 14 日，国家科委、国家工商行政管理局发布《关于加强科技开发企业登记管理的暂行规定》。

7 月 6 日，国家科委七号令发布《技术合同认定登记管理办法》和《技术合同认定规则（试行)》。

9 月 8 日，人事部印发《全民所有制事业单位专业技术人员和管理人员辞职暂行规定》。

12 月 7 日，国家科委十号令发布《技术交易会管理暂行办法》。

1991 年

1 月 21 日，经国务院批准，国家科委发布《技术合同仲裁机构管理暂行规定》。

3 月 6 日，国务院发布《关于批准国家高新技术产业开发区和有关政策规定的通知》，决定继 1988 年批准北京市新技术产业开发试验区之后，再批准 21 个高新技术产业开发区为国家高新技术产业开发区。

4 月，国家科委在北京召开全国技术市场工作会议。大会指出，实行技术成果商品化，是我国科技体制改革在理论和实践上的重大突破。会上，国家科委首次表彰全国技术市场"金桥奖"获奖集体和个人。自此，由国家科委主持每两年进行一次"金桥奖"的评定，表彰技术市场工作的先进集体和个人。

1992 年

6 月 9 日，国家物价局、财政部发布 258 号文件《关于发布国家科委归口管理的科研单位行政事业性收费项目及标准的通知》。

8 月 27 日，国家科委、国家体改委发布《关于分流人才、调整结构，进一步深化科技体制改革的若干意见》。

8 月 22 日，国家科委发布《关于加速发展科技咨询、科技信息服务和技术服务业的意见》。

10 月 1 日，由国家科委和沈阳市科委共同主办的，以宣传科技成果转化为生产力为宗旨的《科技成果纵横》杂志创刊。2001 年 3 月，该杂志改由中国技术市场协会和沈阳市科技成果转化与推广促进会共同主办。

10 月 12—18 日，党的十四大在北京举行。大会报告明确指出，技术市场是社会主义统一市场的重要组成部分，并确立了在中国建立社会主义市场经济体制。

10 月 31 日，全国人大教科文卫委员会和国家科委组织，在全国展开纪念《中华人民共和国技术合同法》实施五周年活动，李鹏总理、宋健主任为该法实施五周年题词。

10 月，中国技术市场促进会与中国技术市场研究会合并，成立中国技术市场协会。

12 月，全国国内技术合同年成交额突破百亿元，达到 151 亿元。

1993 年

5 月，由国家科委批准的第一个国家级技术交易所在上海成立。

6 月 12 日，国家科委、国家体改委发布《关于大力发展民营科技型企业若干问题的决定》。

7 月 2 日，全国八届人大常委会第二次会议通过并颁布了《中华人民共和国科学技术进步法》和《中华人民共和国农业技术推广法》。

11 月 11—14 日，中共中央十四届三中全会在北京举行。会议做出《关于建立社会主义市场经济体制的决定》，确立了社会主义市场经济体制的目标和基本原则，指出当前培育市场体系的重点之一是发展技术市场。

12 月，全国国内技术市场合同年成交额突破 200 亿元，达 207 亿元。

1994 年

3 月 1 日，国家教委、国家体改委发布《关于高等学校发展科技产业的若干意见》。

3 月 29 日，财政部、国家税务总局发布《关于企业所得税若干优惠政策的通知》，对科研单位的"四技"活动、对为农业生产提供技术服务或劳务及从事咨询业、信息业等工作明确免征有关税收的规定。

4 月 21 日，国家科委、国家体改委印发《关于进一步培育和发展技术市场的若干意见》的通知。

6 月 3 日，财政部、国家税务总局发布《关于对科研单位取得的技术转让收入免征营业税的通知》，目的是为了进一步鼓励技术引进和技术推广工作。

6 月 17 日，最高人民检察院、国家科委印发《关于办理科技活动中经济犯罪案件的意见》。

7 月 15 日，国务院发布《关于进一步加强知识产权保护工作的决定》。

10 月，国家科委在陕西杨凌农业示范区举办首届农业技术市场博览会，即"首届中国杨凌农业高新科技成果博览会"。

1995 年

4 月，国家科委、最高人民法院发布《关于印发〈关于正确处理科技纠纷案件的若干问题的意见〉的通知》。

5 月 26—30 日，全国科学技术大会召开。中共中央、国务院颁布《关于加强科学技术进步的决定》，提出"科教兴国"战略，指出要进一步加快技术市场和信息市场的建设，促进科学技术工作新型运行机制的建立。

1996 年

2 月 27 日，国家科委、国家国有资产管理局发布《集体科技企业产权界定若干问题的暂行规定》。

4 月 7 日，财政部、国家税务总局发布《关于促进企业技术进步有关财务税收问题的通知》，对企业研究开发新产品、新技术、新工艺所发生的费用和企业进行技术转让过程中发生的与技术转让有关的"四技"收入所得免征有关税收问题做出规定。

5 月，国家科委在北京举办"中国技术市场成就展览会"。

5 月 15 日，第八届全国人大常委会通过《促进科技成果转化法》，自 1996 年 10 月 1 日起施行。

6 月，国家科委在北京举办"全国技术与经济建设热点、难点招标对接暨技术成果转化展示交易会"。

9 月 15 日，国务院发布《关于"九五"期间深化科学技术体制改革的决定》。

10 月 21 日，国家科委发布《"九五"全国技术市场发展纲要》。

12 月 13 日，国家科委在北京召开全国技术市场工作会议。

12 月 19 日，全国人大教科文卫委员会全体会议听取国家科委关于贯彻实施《技术合同法》和技术市场工作情况汇报。

12 月，全国国内技术市场技术合同年成交额突破 300 亿元，达 300.2 亿元。

1997 年

4 月 20 日，中国专利局、国家国有资产管理局发布《专利资产评估管理暂行办法》。

4 月 24 日，国家科委发布《关于加强技术交易会管理的通知》。

7 月 2 日，国家科委发布《关于加强科技人员流动中技术秘密管理的若干意见》。

7 月 4 日，国家科委、国家工商行政管理局印发《关于以高新技术成果出资入股若干问题的规定》。

9 月 11 日，国家科委发布《技术经纪资格认定暂行办法》和《全国技术经纪人培训大纲》。

10 月 3 日，全国人大教科文卫委员会和国家科委组织开展纪念《中华人民共和国技术合同法》实施十周年活动，表彰全国贯彻实施《技术合同法》的先进集体和个人。

10 月，全国已有 38 个省、市、自治区、直辖市、计划单列市和副省级城市，制定了地方性技术市场管理条例等配套法规。

12 月，国家科委组织第四届技术市场金桥奖评审揭晓，240 个单位、180 名个人获奖。

12 月，全国国内技术市场技术合同年成交额达 351 亿元。

1998 年

本年，国家实行政府机构改革，国家科委改为科技部，国家技术市场管理办公室划入科技部发展计划司。技术市场管理工作由"中国技术市场管理促进中心"下设的技术市场处具体负责。

10 月 17 日，浙江省人民政府出台全国第一个关于鼓励技术要素参与收益分配的有关文件——《浙江省鼓励技术要素参与收益分配若干规定》。

12 月，全国国内技术市场技术合同年成交额达 435 亿元。

1999 年

2 月 22 日，国务院办公厅转发科技部等部门《关于国家经贸委管理的 10 个国家局所属科研机构管理体制改革意见》的通知，启动了我国部属开发类科研院所的改革工作。

3 月 15 日，九届人大二次会议通过了《中华人民共和国合同法》，并于 1999 年 10 月 1 日起颁布实施，同时废止了 1987 年 11 月 1 日实施的《中华人民共和国技术合同法》。

3 月 30 日，国务院办公厅转发了科技部等部门《关于促进科技成果转化若干规定的通知》。

4 月 12 日，科技部、国家经贸委颁布《关于印发〈关于国家经贸委管理的 10 个国家局所属科研机构管理体制改革的实施意见〉的通知》。

5 月，科技部发布《全国技术市场统计调查方案》。

7 月 26 日，科技部、国家经贸委发布《关于促进民营科技企业发展的若干意见》。

8 月 23—26 日，中共中央、国务院召开技术创新大会，做出《关于加强技术创新，发展高科技，实现产业化的决定》，提出"深化科技体制改革，促进高新技术成果商品化、产业化"。

10 月 5—10 日，科技部在深圳举办首届中国国际高新技术成果交易会。

11 月 2 日，财政部、国家税务总局发布关于贯彻落实《中共中央、国务院关于加强技术创新，发展高科技，实现产业化的决定》有关税收问题的通知。

12 月 28 日，由上海市科委、上海市国资局共同出资建立的国内首家技术产权交易所——上海技术产权交易所正式成立。

12 月 30 日，国务院办公厅转发科技部等部门《关于建立风险投资机制若干意见的通知》。

2000 年

2 月 16 日，科技部、财政部、国家税务总局联合发布《技术合同认定登记管理办法》，原国家科委 1990 年 7 月 6 日发布的《技术合同认定登记管理办法》同时废止。

4 月 12 日，科技部发布《关于加快高新技术创业服务中心建设与发展的若干意见》。

5 月 24 日，国务院办公厅转发科技部等部门《关于深化科研机构管理体制改革实施意见》的通知。

12 月 19 日，国务院办公厅转发科技部等部门《关于非营利性科研机构管理的若干意见（试行）》的通知。

12 月 28 日，科技部印发《关于科技评估管理暂行办法》。

2001 年

2 月，科技部开始实施"全国农村技术市场信息村村通工程"。

5 月 27 日—6 月 1 日，科技部在湖北省十堰市举办"新世纪全国技术市场发展论坛"。

6 月 19 日，最高人民法院发布《关于印发全国法院知识产权审判工作会议关于审理技术合同纠纷案件若干问题的纪要的通知》。

7 月 9 日，科技部发布《关于"十五"期间大力推进科技企业孵化器建设的意见》。

7 月 18 日，科技部发布《技术合同认定规则》和《技术合同示范文本》。

2002 年

7 月 18 日，北京市人大常委会通过了重新修订的《北京市技术市场条例》，自 2002 年 11 月 1 日起施行。新《条例》是在我国加入世贸组织、社会主义市场经济体制日趋完善的背景下颁布的。这个条例不仅在北京技术市场发展上具有里程碑的意义，而且在各地技术市场地方性法规修订过程中产生了重大的影响。

10 月 16 日，由浙江省人民政府、科技部、国家知识产权局共建的中国浙江网上技术市场正式运行。

11 月 8—16 日，党的第十六次全国代表大会在北京召开。大会报告提出："健全现代市场体系，发展产权、土地、劳动力和技术市场。"

11月26日，国家保密局、科学技术部发布《关于印发〈对外科技交流保密提醒制度〉的通知》。

12月2日，科技部在北京召开全国科技中介机构工作会议，出台《关于大力发展科技中介的若干意见》，并确定2003年为"科技中介机构建设年"。会上，中国技术市场协会同全国31个相关单位向全国技术市场中的科技中介机构同行发出"科技中介职业道德规范倡议书"。

2003年

5月25日，科技部发布《关于印发〈科技部落实科技中介机构建设年工作要点〉的通知》。

7月，科技部开展"科技中介机构建设年"技术市场专题宣传月活动。

8月，第一届中国技术市场协会金桥奖评审揭晓。该奖项是原国家科委"全国技术市场金桥奖"的延续。

8月29日，中国技术市场协会向为中国技术市场建设工作做出重要贡献的宋健、郭树言、段瑞春、怀国模等5位杰出代表，授予"中国技术市场建设功勋奖"。

10月11—14日，党的十六届三中全会在北京举行。会议做出《关于完善社会主义市场经济体制若干问题的决定》，提出要"加快发展土地、技术、劳动力等要素市场"。

12月31日，全国国内技术合同年成交额突破1000亿元，达1084亿元。

2004年

4月8—9日，"全国技术产权交易机构工作研讨会"在大连召开。会议重点围绕"863计划"项目产业化和振兴东北老工业基地等工作，探讨技术产权交易机构在促进高新技术产业化、配合东北老工业基地的振兴过程中应起到的作用、功能定位和工作内容，研究"全国技术产权信息披露系统"的应用和使用规则等问题。

4月22—25日，"第八期全国技术合同认定登记人员业务培训班"在湖南省长沙市举办，培训学员84名。

4月25—27日，"2004全国技术产权交易机构促进军转民科技成果转化工作研讨会"在四川省绵阳市召开。会议就军转民科技成果产权的界定、转化过程中的安全保障技术和项目转化及产业化服务机制进行研讨。科技部副部长马颂德与代表进行了座谈交流。

5月11—13日，"全国技术市场专题工作研讨会"在河南登封市召开。研讨会本着深入贯彻党的十六大报告提出的要在更大程度上发挥市场在资源配置中的基础作用，发展产权、土地、劳动力和技术等市场的重要精神，总结技术市场发展的成功经验与问题，研究技术市场工作在科技体制不断深化、科技创

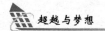

新不断发展的环境中新的创新、发展思路。

6月3—5日，"全国农村科技信息'村村通'工程推广实施工作经验交流会"在河南新郑市召开。科技部李健副秘书长及地方代表200多人参加了会议。会上对近年来推广"村村通"工程项目做出突出贡献的河南新郑市科技局、山西长治市科技局、辽宁朝阳科技局、山东临沂市科技局、辽宁阜新蒙古族自治县科技局进行了表彰，并进行了经验交流。

6月8—9日，"技术市场中介机构负责人峰会"在广州市召开。会上，广东、武汉、上海、北京、沈阳、广西、台湾、香港等地的代表做了重点发言，介绍了本地区及本单位技术市场和科技中介机构的发展近况，并对技术市场中介机构的认识、存在的问题及发展前景谈了各自的想法。

6月27日，由中国技术市场管理促进中心、中国科技金融促进协会、大连市人民政府主办的"高新技术企业上市与资本论坛"在大连召开。论坛就我国风险投资体系如何适应中小高新技术企业，在创业、发展中所遇到的投融资问题，有效支持海外学子回国创业，介绍发达国家风险投资和各种资本市场支持中小科技企业成长发展的有效经验等方面进行了探讨。

7月7—9日，"推进西部地区技术市场发展研讨会"在西宁市召开。与会代表对《科学技术进步法》中技术市场相关部分的修订意见进行了讨论，并建议加快《全国技术市场条例》的制定，还就拟召开的全国技术市场工作会议的主要材料《进一步加快技术市场发展的若干意见》进行了深入研究。

8月16—17日，"华北五省技术市场工作研讨会"在呼和浩特市召开。与会同志一致同意北京技术市场管理办公室提出的《环渤海技术转移战略联盟实施方案》（讨论稿），提出尽快组建环渤海技术转移战略联盟。会议确定2005年的"华北五省技术市场工作研讨会"在天津召开。

9月23日，韩国技术交易所社长延元锡先生一行三人访问科技部和中国技术市场管理促进中心，马颂德副部长会见了延元锡社长一行。中韩双方介绍了本国技术交易的情况，并就中韩技术交易体制、运行机制等问题进行了探讨，确定在技术转移、技术服务、技术交流、中韩技术交易联盟等领域加强合作，并签订了合作备忘录。

10月12—17日，"第六届中国国际高新技术成果交易会"在深圳举行。本届"高交会"突出了以"技术、产品、人才、资金"为重点的四大板块。国务院副总理吴仪出席了开幕式，商务部部长薄熙来致辞。科技部刘燕华副部长出席了开幕式、论坛、展览等各项活动，并在"世界科技与经济论坛"中的"部长论坛"上发表了"科技创新和高新技术产业发展"的主题演讲。

10月28—29日，中国技术市场协会建设成就奖颁奖大会在北京召开。科技部程津培副部长到会讲话。大会对获得中国技术市场建设成就奖的176位同志进行了表彰。会议期间，中国技术市场协会、中国技术市场管理促进中心、北京技术市场管理办公室共同主办了"中国技术市场的辉煌历程和可持续发展论坛"。

11 月 13 日，"中国浙江网上技术市场活动周暨杭州科技合作周"在杭州开幕。科技部副部长马颂德出席开幕式。活动周期间，还召开了第二届国家"'863 计划'成果与浙江民营企业对接活动"签约仪式。

11 月 25—27 日，"全国技术市场统计工作会议"在杭州召开。会议总结了 2003 年度全国技术市场统计工作情况，布置开展技术合同实施效果抽样调查工作，对统计人员进行了技术市场统计软件使用业务培训。对北京技术市场管理办公室等 10 家先进单位、张若然等 10 位先进个人进行了表彰。北京市、湖南省、浙江省就各地技术市场统计及技术市场法制建设进行了交流发言。

12 月 8 日，"中国暨武汉技术市场发展 20 周年纪念座谈会"在武汉举行。宋健同志为会议题词"技术市场强力动源，提升经济振兴中华"。科技部部长徐冠华专门发来贺电："技术市场作为重要的生产要素之一，是我国社会主义经济体系的重要组成部分。经过二十年的辛勤耕耘和成功实践，技术市场从无到有、从小到大，已经成为科技成果向现实生产力转化的重要桥梁，对国民经济发展起着不可替代的作用……"

2005 年

1 月 27 日，东北技术转移联盟在哈尔滨成立。联盟由黑龙江省科技厅、辽宁省科技厅、吉林省科技厅与大连市科技局、沈阳市科技局、长春市科技局和哈尔滨市科技局共同发起创立。东北技术转移联盟的建立，将集成东北三省优势科技资源，为推进东北地区区域技术创新体系、构建综合性的科技成果转化服务平台、振兴东北老工业基地提供科技保障。

3 月 21—22 日，联合国亚太地区技术转移中心（APCTT）组织的"技术转移网络路线图会议"在印度新德里召开。来自中国、印度、伊朗、韩国、马来西亚、菲律宾、泰国、越南等国的代表参加了会议。各国代表分别就本国的技术转移工作情况及在促进中小企业发展方面采取的措施、制定的政策等进行了交流，并对 APCTT 提出的网站建设方案进行了讨论。中国技术市场管理促进中心派人参加了会议，并介绍了中国技术市场及技术交易情况。

3 月 27—28 日，由中国技术市场管理促进中心、文化部中外文化交流中心、比利时魔卡集团公司、中山火炬高技术产业开发区管委会主办的"欧洲游艺装备新技术暨产业化合作国际论坛"在广东省中山市举办。论坛邀请了10 余位国内外知名专家做了专题报告，分别从技术安全监督管理、国家产业发展规划、中外游艺装备技术的发展比较、游艺装备制造的产业化与技术创新等方面进行了研讨。

4月，沈阳技术产权交易中心承担了2005年沈阳市第一批科技计划招标项目中2个项目的招投标代理服务工作。完成了招标文件的编制、开标和评标的组织工作。有11家单位购买了招标文件，6家单位进行了投标，通过评标2个项目最终确定了投标单位，在全国首次由技术交易机构承担科技计划项目的招投标工作。

5月29日，由北京、天津、河北、山西、内蒙古、辽宁、山东等7个省市技术市场管理部门共同发起环渤海技术转移联盟，在北京正式成立。环渤海技术转移联盟的建立，将为实现环渤海地区优质科技资源的综合集成和高效配置，改善环渤海地区科技产业化条件，加速科技成果转化与技术转移步伐，促进环渤海地区的工业建设与科技产业的发展做出重要贡献。

5月，根据全国人大立法计划，中国技术市场管理促进中心作为《科学技术进步法》修订小组成员，参与了《科学技术进步法》中技术市场部分的修订起草工作，多次召开专家座谈会，广泛听取地方、省、市的意见，提出技术市场部分的修改方案。

6月14—15日，"华北五省市技术市场工作交流与研讨会"在天津召开。与会代表就各省市技术市场发展现状、贯彻国务院改变技术合同认定登记工作管理方式的工作进展情况，以及加强技术市场工作交流与合作的新思路等问题，进行了充分的研讨和交流。北方技术交易市场介绍了天津市政府出台的《关于进一步促进高新技术成果转化的暂行办法》有关条款。会议确定：2006年"片会"在北京召开，参加会议的范围扩大到环渤海地区。

6月15日，由中国技术市场管理促进中心牵头的"中国科技金融促进会技术产权专业委员会"筹备会在北京召开。会议就中国科技金融促进会专业委员会成立的目的、意义和有关筹备事宜进行了讨论。共有11家作为发起单位的产权、技术产权交易机构的20余名代表出席了会议。

6月23日，黑龙江省人大常委会通过了《黑龙江技术市场管理条例》修改案。修改内容体现科技向自主创新发展的战略转变，全面建设国家科技创新体系、强化科技中介服务环节的战略思路。明确了省政府技术市场管理机构的职责范围，进一步强化了技术市场管理机构的处罚职责和行政执法责任。

6月22—24日，由中国技术市场管理促进中心、中国科技金融促进协会、大连高新园区主办的"国际科技创新高层论坛"在大连召开。论坛主要就技术创新对我国经济发展的影响，对我国高新技术企业参与国际竞争的作用，以及对海外学子回国创业的重要性进行了探讨。科技部马颂德副部长出席会议并演讲。有近300名海外学子和高新技术企业家参加了会议。

6月25—27日，"第十期全国技术合同认定登记人员业务培训班及工作研讨会"在甘肃省敦煌市举办，培训学员95名。培训班就《合同法》《技术合同认定登记管理办法》《技术合同认定规则》《技术合同示范文本》的填写，以及促进技术市场发展的相关政策、操作实务进行了讲解。同时，根据国务院行政审批制度改革的要求，对今后的技术合同认定登记工作及《技术合同认定登记管理办法》修订稿进行了研讨。

8月18—24日，中国技术市场管理促进中心、北京技术交易促进中心、北方技术交易市场组成的技术转移考察团访问韩国。在韩期间与韩国技术交易所、韩国庆上北道科技园等举行了会谈，并参加了庆上北道科技园组织的研讨会。

8月22日，为落实科学发展观，加强技术市场理论研究，探索新时期技术市场发展的方针、政策，充分发挥技术市场在国家创新体系建设，合理配置科技资源中的基础作用，市场中心启动技术市场软科学研究计划，对评选的技术市场软科学项目给予一定经费支持。

9月8—10日，第三届"全国技术市场中介机构负责人峰会"在上海召开。参会代表就事业单位改革与科技中介机构发展方向，以及如何面对新形势、新挑战，建设开放合作、功能创新、服务有效的跨区的科技中介服务联盟等相关议题进行了认真的讨论。科技部政体司原副司长朱传柏做了题为"加强科技中介机构建设与事业单位改革"的专题报告。

9月22日，"2005东北亚高新技术博览会"在沈阳举办。沈阳技术产权交易中心在博览会期间，举办了新药技术成果拍卖会。全国近百家医药院校、医药研究院所、医药企业和投资机构的近150名代表参会。拍卖会共有5个项目参与竞拍，成交总额为1820万元。

10月，经科技部、财政部批准，中国技术交易信息服务平台正式启动。该平台将整合技术交易供需与服务资源，建立健全跨行业、跨部门、跨地域的技术交易全过程服务体系，形成全国共享的中国技术交易服务信息系统。

10月12—17日，"第七届中国国际高新技术成果交易会"在深圳举行。国务院副总理曾培炎出席了开幕式，科技部马颂德副部长出席了开幕式、论坛、展览等各项活动，并参观了国家高新区展区。

10月28—29日，由国家发展和改革委员会主办的"资源价格改革研讨会"在北京召开。中共中央政治局委员、国务院副总理曾培炎出席并讲话。刘燕华副部长代表科技部参加了会议，并就"发展和完善技术市场体系，促进技术要素价格合理形成"发表演讲。科技部办公厅调研室、技术市场中心的相关同志参加了会议。

11月16—17日，"2005年中国浙江网上技术市场活动周暨杭州高新技术展示交易会"在杭州开幕。科技部副部长马颂德出席开幕式。浙江网上技术市场自2002年10月正式运行至2005年，累计达成技术交易合同82.1亿元，在线上网企业 80697 家，高校和科研院所及分支机构 36884 家，成为浙江企业与国内外高校、科研院所、科技人员交流信息、洽谈项目、开展合作的重要平台。

11 月 21—22 日，由中国技术市场管理促进中心和韩国技术交易所主办，天津新技术产业园区管委会支持，北方技术交易市场与韩国庆北技术转移中心、大邱技术转移中心、釜山技术转移中心、光州技术转移中心共同承办的"2005 中韩高新技术展示洽谈会（天津）"在天津新技术产业园区召开。共有韩国庆北、大邱、釜山、光州、仁川 5 个科技园的 17 家企业携 20 多个合作项目与近百家中方企业进行多场次、一对一的技术洽谈，并就"中韩技术转移和产业化"组织了专题交流与研讨。

11 月 22—23 日，由科技部召开的"全国技术市场工作会议"在北京举行。科技部徐冠华部长出席会议并发表"加快发展技术市场，建设国家创新体系"的重要讲话，马颂德副部长做了"高举自主创新旗帜，努力开创技术市场发展新局面"的工作报告，李学勇副部长做了大会总结。来自全国各省、自治区、直辖市、计划单列市、副省级城市的科技厅（委、局），新疆生产建设兵团科技局，以及国务院有关部委的代表 200 余人参加了会议。会议总结了技术市场发展 20 年来取得的成绩和经验，明确新时期技术市场发展的方针、目标和任务。会议代表分组讨论了徐部长、马部长的报告，并对科技部拟出台的"关于加快发展技术市场的意见"进行了讨论。

11 月 23 日，"全国技术市场统计工作会议"在北京召开。会议总结了 2004 年度全国技术市场统计工作情况，发布新的技术合同统计指标，并对技术合同网上登记统计软件系统进行了演示，听取各地的意见。对北京技术市场管理办公室等 10 家先进单位、张泽浩等 10 位先进个人进行了表彰。

12 月 20 日，中国（华南）国际技术产权交易中心在深圳科技大厦挂牌成立。交易中心以深圳国际高新技术产权交易所为具体运作主体，以中小企业权益资本市场建设为宗旨，致力于建立一个立足珠三角、连接港澳台、覆盖华南、服务全国、面向国际，为产权交易、企业融资、高新技术成果转化提供交易和服务平台的技术产权交易市场。

2006 年

3 月 14 日，第十届全国人大四次会议通过了《国民经济和社会发展第十一个五年规划纲要》，提出"健全资本、土地、技术和劳动力等要素市场，积极发展技术市场"。

3 月 15 日，科技部印发《关于加快技术市场发展的意见》（国科发市字〔2006〕75 号）。总结了中国技术市场发展 20 年来取得的成绩和经验，明确了新时期技术市场发展的方针、工作目标和任务。

5月31日—6月3日，"第十五届中国国际专业音响、灯光、乐器及技术展览会（PALM EXPO 2006，CHINA）"在北京隆重举办。科技部副部长马颂德、文化部副部长赵维绥等领导出席了开幕式，火炬中心党委书记张序国主持了开幕式。以"大型场馆灯光技术与应用"为主题的"第四届中国国际演艺设备与科技论坛"同期举办。

6月14日，科技部技术市场管理办公室正式发布启动全国技术合同网上认定登记系统，注册域名为"http：//www. ctmht. net. cn"。2006年，全国通过网上认定登记的技术合同205845项，技术合同成交金额1818.18亿元。

7月6日，"技术转移与技术创新（2006北京）峰会"在清华大学召开。会议就技术转移在国家技术创新体系中的作用，以及加强产学研合作等问题进行了多方位、深层次的研讨。火炬中心梁桂主任就《技术转移与国家创新体系》发表了主题演讲。

8月15日，"技术转移与技术经营高层圆桌会议"在北京召开。科技部部长徐冠华、国资委大型企业监事会主席段瑞春、科技日报社社长张景安，以及来自科技界、经济界、企业界的领导、专家和新闻记者80余人参加了会议。

9月7日，"技术转移立法专家研讨会"在北京召开。科技部、教育部、中科院、国防科工委，以及技术转移理论与知识产权保护方面的专家学者，企业、大学、科研机构、技术转移中介服务机构的相关同志，就技术转移的立法问题进行了深入研讨。

9月21日，"推进首都技术辐射，发展研发产业研讨会"在北京召开。北京市科委马林主任做了题为《推进首都技术辐射，发展研发产业》的主题报告，火炬中心张志宏副主任参加了会议并讲话。

10月18日，"齐鲁技术市场发展论坛"在济南成功举办。中国技术市场管理促进中心副主任马彦民出席了会议并讲话。山东省各级技术市场部门负责人，及有关高等院校、科研院所、企事业单位的领导等130余人参加了论坛。论坛进行了大会交流及演讲，从多角度阐述了技术市场工作的经验、体会，提出了建议和思路。

10月20日，"全国技术市场统计工作会议"在广西桂林市召开。全国29个省、自治区、直辖市，5个计划单列市，10个副省级城市的100余位技术市场管理机构负责人和统计人员参加了会议。会议总结了2005年度全国技术市场统计工作，表彰先进，部署了2006年统计工作。

10月24日，第四届"全国技术市场中介机构负责人峰会暨新技术成果发布对接会"在上海和苏州召开。会议重点探讨跨区域的科技中介服务合作，交流研讨机制创新、有效的服务模式和经验，以及重点科技成果的发布与洽谈。

11月8日，"2006环渤海技术转移与区域合作滨海论坛"在天津滨海新区举办。来自科技部、教育部、中科院以及河北、内蒙古、山西、山东、辽宁、北京、天津等五省二市的科研机构、大学、企业代表150余人，共同研讨加快环渤海区域技术转移与区域合作的热点问题。

12月1日，"2006中国（海南）新科技成果和专利技术展览交易会暨全国发明人峰会"在海口召开。来自全国16个省、自治区、直辖市，计划单列市，副省级城市的科技厅（局）和知识产权管理机构组织的代表200多人参加了会议。

12月5日，"2006年第五期大连市技术市场发展论坛"在大连市召开，来自大连市高等院校、科研院所、高新技术企业等单位的400余名业务主管及负责人参加了论坛。论坛强调技术转移要成为自主创新的加速器。

12月6—7日"2006上海国际技术转移论坛"在上海召开，来自10多个国家和国际组织以及国内各地的150多位代表参加论坛。论坛主题为技术转移与创新，其宗旨是推动地区技术创新和技术成果产业化，以技术转移促进产业结构的优化和高科技产业的发展，加速国家、地区的经济和科技发展水平。

2007年

2月1—7日，科技部火炬中心张序国书记一行，对加拿大政府、大学、研究机构等技术转移中心进行技术转移与创新管理考察、交流访问。

3月8日，"清华无锡科技成果转化基地推进会"在清华大学召开。科技部副部长曹健林、科技部火炬中心主任梁桂等领导出席了会议和签约仪式。会上共有16个科技成果转化和科技合作项目正式签约。

3月18日，"内蒙古自治区第五届农牧业科技成果博览会暨赤峰市第七届农业新技术新品种交易会"在赤峰市召开，交易范围涉及农、牧、林、水、机、肥、农药、花卉等几十个涉农行业。科技部火炬中心马彦民副主任出席了开幕式。

3月25日，第一届"首都诚信经纪人"评选颁奖大会在北京举行。评选出"十大首都诚信经纪人"，分别涉及文化、体育、技术、产权、农业和房地产等6个领域。北京中科前方生物技术研究所蒋佃水所长作为唯一的技术经纪人入选。火炬中心马彦民副主任出席了颁奖大会。

4月5日，《国家高新技术产业化及其环境建设（火炬）"十一五"发展纲要》和《国家高新技术产业开发区"十一五"发展规划纲要》发布。文件明确了技术市场三项重点任务，加强对技术市场的宏观管理、引导与规范，全力推进技术转移工作，整合提升技术市场服务水平。

5月11日，火炬中心在福州召开"全国技术转移促进行动座谈会"，对全面实施促进技术转移工作进行了部署，并对《国家技术转移促进行动方案》、

《技术转移机构管理办法》和《技术转移示范机构评价指标体系》三个文件征求了意见。火炬中心马彦民副主任出席了会议并讲话。

5月21—22日，由科技部中国技术市场管理促进中心、中国高科技产业化研究会、中国北京国际科技产业博览会组委会办公室共同主办的第十届"科博会科技成果推广与商务项目合作推介会"在北京召开。火炬中心梁桂主任出席了会议。

7月2日，"环渤海技术转移论坛暨联盟年会"在河北省秦皇岛市召开，火炬中心梁桂主任、马彦民副主任出席了会议。梁桂主任做了《国家创新体系中的技术转移策略研究》的报告，从理论研究和实际工作的多角度，阐述了技术转移和国家创新体系的问题。会议确定了山西省科技厅作为下一轮轮值主席单位。

8月7日，由沈阳市技术市场管理办公室与沈阳市和平区科技局共同组建的中国（沈阳）创新—创业接力中心成立。旨在为企业特别是科技型中小企业提供信息披露、项目管理、政策协调、人才培训等接力式服务，把技术转移与区域产业集群相结合，探索适合中国特点的为创新企业成长服务的新模式。

8月8日，科技部中国技术市场管理促进中心、沈阳市科技局、沈阳市和平区人民政府在沈阳主办"2007技术市场与资本市场发展论坛及促进技术产权交易市场发展的研讨会"。会议就新形势下进一步完善区域市场体系建设、促进技术市场与资本市场的发展进行了研讨。

9月19—21日，在哈萨克斯坦举办主题为"创新·合作·共赢"的"中国高新技术产品展览会（2007'阿斯塔纳）"，组织国内16个省市的120家高新技术企业参加展览。

9月27日，科技部、教育部、中科院在北京联合召开"国家技术转移促进行动启动大会"。通过实施技术转移促进行动，引导和支持创新要素向企业集聚，促进科技成果转化和技术转移。

9月27—28日，全国首期技术转移高级研修班在北京举办。就技术转移理论和技术转移操作实务进行研修，培训技术市场管理、技术转移机构负责人180余人。

10月22日，由科技部火炬中心主办、襄樊国家高新区管委会承办的"2007年度全国火炬统计工作会议"在湖北省襄樊市召开，会议针对国家高新区、技术市场和生产力促进中心三个板块从事统计的工作人员进行了相关业务培训，对2007年的统计工作任务进行了部署。

11月8日，由科技部政策法规与体制改革司、全国人大教科文卫委员会科技室、最高人民法院知识产权庭、中国科技法学会共同主办"技术合同法制实施二十周年专题学术报告会"在重庆召开。有关专家就技术合同制度对

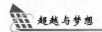
促进中国技术市场的发展、技术合同的诉讼实务和技术合同审理案件的法律问题进行了主题报告。

11 月 28 日，国务院第 197 次常务会议通过《中华人民共和国企业所得税法实施条例》。实施条例第九十条对企业从事技术转让免征、减征企业所得税做了具体规定。

11 月 30 日，科技部火炬中心、中科院北京分院、中关村管委会在北京联合主办"2007 首届技术转移发展论坛"。论坛以"技术转移与创新、创业、创投"为主题，探讨技术转移的体制机制创新，加强产学研协同创新，探索技术转移的多种实现形式，促进技术转移的体系建设。

12 月 5 日，科技部、教育部、中科院联合印发《国家技术转移促进行动实施方案》（国科发火字〔2007〕609 号）。加快建立以企业为主体、市场为导向、产学研相结合的技术创新体系。

12 月 6 日，国家发展改革委、财政部、科技部、国家工商总局、国家版权局、国家知识产权局联合发布《建立和完善知识产权交易市场的指导意见》（发改企业〔2007〕3371 号）。指导意见从推进知识产权交易市场体系建设、规范知识产权交易行为等 6 个方面提出了具体意见。

12 月 12 日，南京市科技成果转化服务中心成立大会隆重召开，标志着南京市科技成果转化工作进入了新的发展时期。科技部火炬中心马彦民副主任出席了活动。

12 月 20 日，应用技术开发与研究政策引导类计划，安排火炬计划技术转移专项 32 项，经费 2216 万元，重点支持大学、行业和中心城市的重点技术转移机构，开展重大科技成果的推广和技术转移。

12 月 20 日，由科技部火炬高技术产业开发中心主办、上海科学技术开发交流中心承办的"第五届全国技术市场中介机构负责人峰会"在上海召开。会议以科技中介机构在"节能减排"中的发展机遇为主题。长三角区域《技术经纪人培训教材》出版发行仪式也在本届峰会上举行。

12 月 29 日，第十届全国人民代表大会常务委员会第三十一次会议修订通过《中华人民共和国科学技术进步法》。第二十七条规定，国家培育和发展技术市场，鼓励创办从事技术评估、技术经纪等活动的中介服务机构，引导建立社会化、专业化和网络化的技术交易服务体系，推动科学技术成果的推广和应用。

12 月 11 日，《中华人民共和国企业所得税法实施条例》发布实施，对符合条件的技术转让所得免征、减征企业所得税做出了具体规定。

2008 年

1 月 23—24 日，科技部火炬中心在北京召开 2008 年工作会议。会议全面总结了 2007 年火炬中心的工作，并就 2008 年的各项工作进行了部署。科技部副部长曹健林出席会议。

2 月 18 日，在上海召开了全国技术产权交易机构负责人及证券交易研究业的有关专家的研讨会，探索建设我国多层次资本市场，加快推进科技成果转化，为创新型企业构建技术与资本结合的新型资本市场。

3 月 28 日，中共四川省委、省人民政府联合发布《关于加快推进承接产业转移工作的意见》，规定了产业承接在财政扶持政策、税收扶持政策、金融促进政策和要素支持政策等方面的配套措施。

4 月 23 日，全国技术合同认定登记人员培训班在昆明举办，220 名学员就《合同法》《技术合同认定规则》、技术合同示范文本及技术合同案例进行了系统培训。9 月，在长春举办了全国技术合同智能分析系统管理员培训班，近 90 名省市级系统管理员参加了培训。

5 月 17 日，由科技部火炬中心、上海市科委、上海市浦东新区政府联合主办的高科技园区创新发展论坛"知识创造与技术转移"在上海张江高科园区举行。国内高新区代表以及高校、企业的代表围绕通过技术转移推动高新区"二次创业"的问题展开深入讨论和广泛交流。

6 月 18 日，《融合创新演绎环渤海》论坛暨环渤海技术转移联盟年会在太原召开。环渤海技术转移联盟与长三角科技中介战略联盟、东北技术转移联盟就充分发挥技术市场在创新型国家建设中的作用、加强区域间的科技合作交流、完善技术转移机制、促进区域技术转移与技术转移机构的合作与联动进行了研讨。

6 月 23 日，科技成果转化发展（上海）论坛暨上海科技成果转化系列活动举行。来自北京、天津、长沙、云南、新疆、陕西等地的科技成果转化机构代表和上海科技管理部门、科技企业的代表约 150 人出席了论坛。会议围绕"加速科技成果向现实生产力转化的服务模式"进行了讨论。

7 月 11 日，成都市出台《成都市人民政府办公厅关于加快推进成都技术市场建设的若干意见》。文件提出了进一步落实国家税收优惠政策、着力打造区域网上技术市场、加强技术市场服务机构建设、举办专业性技术对接活动、探索农村专业技术市场建设、培育技术经纪人队伍等 6 项重点工作。成都市将实施技术市场推进专项计划，每年安排科技经费 500 万元，用于支持成都市技术市场建设。

8 月 2 日，由江苏省技术产权交易所（江苏省技术市场）负责制定的国内首个省级地方标准《技术交易与技术产权交易服务规范》，通过江苏省质量技术监督局审定。文件针对技术交易以及技术产权交易的定义、范围、服务过程、工作流程等进行了标准化制定。

8 月 7 日，国家技术转移示范机构试点工作启动，确定了 76 家首批国家技术转移示范机构。《国家技术转移示范机构管理办法》和《国家技术转移示范机构评价指标体系（试行）》发布实施。

8月29日，"中国技术交易信息服务平台工作会议"在武汉技术交易所召开，会议就2008年平台工作建设重点任务进行了全面部署。与会代表就平台网络系统开发、平台的标准化体系完善及全国技术交易联盟建设等重点工作进行了讨论，制定了建设工作计划。

9月26日，甘肃省科技厅在兰州市举办了甘肃省科技发展促进中心确认为首批国家技术转移示范机构揭牌仪式、甘肃省技术交易服务联盟成立大会及区域技术转移研讨会等系列活动。

10月22日，"首批国家技术转移示范机构授牌仪式暨主任培训班"在北京召开。科技部副部长杜占元、中科院副院长施尔畏、教育部部长助理杨周复等领导出席会议。

11月5—7日，由教育部、科技部、中国科学院、湖南省政府共同主办的"中国（长沙）科技成果转化交易会"在长沙举行。来自清华大学等100多所海内外高校和科研院所的领导和专家，1500多家高新技术企业、上市公司、科技中介机构、投融资机构的代表5000余人参加了会议，聚集各种项目近50000项。

11月12—13日，"2008国际技术转移论坛"在天津滨海新区成功举办。国内外技术转移专家及大学、院所等技术转移机构、科技管理人员近300人参加了论坛，曹健林副部长出席会议。

11月21日，"全国技术市场统计工作暨全国技术合同认定登记研讨会"在厦门召开。全国技术市场管理部门近100人参加了会议。火炬中心马彦民副主任参加会议并讲话。

12月15日，"纪念国家火炬计划实施20周年大会"在北京人民大会堂隆重召开，中共中央政治局委员、国务委员刘延东出席大会并做重要讲话。大会对火炬计划实施20年做出突出贡献的单位和个人进行了表彰，北京技术交易促进中心等20家国家技术转移示范机构被授予"火炬计划先进服务机构"称号，中国技术市场理论研究资深人士李国杰院士和原浙江省科技厅副厅长田波获"火炬计划突出贡献奖"称号，北京技术市场管理办公室主任林耕等4人被授予"火炬计划先进个人"称号。

2009年

1月13日，"广西技术转移促进行动启动仪式暨广西技术转移联盟成立大会"在南宁举行。广西科技厅副厅长杜伟、纳翔，广西教育厅副厅长黄宇出席会议，来自各市科技局、高新（园）区管委会、高等学校、科研院所、企业及科技服务机构的代表及技术转移联盟成员单位会员等逾百人参加了会议。

3月20日,"武汉市技术市场工作联席会议"召开。武汉市科技局、工商局、地税局、国税局、质监局、公安局、知识产权局、新闻出版局等8个联席会议成员单位参会。会议通过了《武汉市技术市场工作联席会议2009年主要工作》修改稿。

3月25日,"甘肃省技术市场工作会议"在兰州召开。甘肃省科技厅党组书记、厅长张天理,省科技厅党组成员、副厅长郑华平出席了会议。会议对2008年为甘肃技术市场发展做出突出贡献的集体和个人进行了表彰。郑华平副厅长代表甘肃省科技厅与14个市州签署了2009年技术市场工作目标责任书。

3月26—27日,"全国技术市场工作研讨会"在广州召开。来自全国40多个省市科技管理部门、部分技术转移机构,以及教育部、中国科学院和中国科协的120余位代表参加了会议。科技部火炬中心副主任马彦民总结了2008年全国技术市场工作并对2009年重点工作进行了部署。

5月13日,由江苏省技术市场(江苏省高新技术创业服务中心)制定的《技术交易与技术产权交易服务规范》省级地方服务标准,经江苏省质量技术监督局正式批准对外颁布实施。《规范》对技术交易、技术产权交易的定义、范围、服务要求及流程等进行了标准化制定。

5月24—28日,科技部联合中国纺织工业协会、中国轻工业联合会、中国有色金属工业协会、中国机械工业联合会共同主办"加速技术转移促进产业技术升级研究班"。科技部杜占元副部长、中国纺织工业协会高勇副会长、中国有色金属工业协会贾明星副会长、中国轻工业联合会副秘书长崔毅、中国机械工业联合会副秘书长李冬茹等领导出席了会议。全国首批76家国家技术转移示范机构的负责人以及四大行业骨干企业的技术负责人共160余人参加了研究班。

5月26日,"陕西省技术转移工作座谈会"召开。会议介绍了2008年技术市场工作开展情况和2009年促进技术市场工作的设想。会上介绍了技术转移与重大科技成果转化计划情况,并就如何加快技术转移及技术市场工作进行了深入讨论。

7月1—2日,"第十二期全国技术合同认定登记培训及研讨会"在青海省西宁市举办。来自全国各省市的技术合同登记员及科研机构、大学、部分企业共200余名学员参加了会议。科技部火炬中心马彦民副主任、青海省科技厅周卫星副厅长出席了会议并讲话。

8月12—13日,"环渤海技术转移联盟年会暨2009技术转移发展峰会"在内蒙古赤峰市召开。来自北京、天津、河北、山西、内蒙古、辽宁、山东等7省区市的科技主管部门、技术转移机构的80余名领导和专家参加了会议。

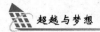

环渤海技术转移联盟成立于 2005 年，是我国目前最大的区域性技术转移合作组织之一。

8 月 13 日，四川省技术转移服务创新联盟在成都成立。会议审核通过了四川省技术转移服务联盟组建方案，签署了四川省技术转移服务联盟发起单位合作协议书，审核通过了四川省技术转移服务联盟章程，并推选出四川省技术转移服务联盟理事会成员。

8 月 13 日，"中国技术交易所揭牌仪式"在北京隆重举行。中共中央政治局委员、北京市委书记刘淇，全国政协副主席、科技部部长万钢，北京市委副书记、市长郭金龙，国家知识产权局局长田力普以及来自科技部、国家知识产权局和北京市的相关领导出席了揭牌仪式。

9 月 23 日，"珠江三角洲技术转移联盟成立大会"在广州举行。科技部火炬中心蔡文沁副主任、广东省科技厅刘庆茂副巡视员、省知识产权局郑良生副局长、26 个联盟成员单位、各地市科技局等单位有关负责同志共 110 多名代表出席了会议。会上，各联盟成员单位共同签订了合作协议，表决通过了联盟章程，并就技术转移专题进行了交流。

10 月 18 日，"2009 中国·长兴高新（实用）技术成果对接洽谈会"在浙江省长兴成功举办。科技部火炬中心副主任蔡文沁出席会议并讲话。会议围绕长兴各大产业及企业存在的技术难题和技术需求，组织全国 34 所大专院校、科研院所和国家技术转移示范机构的 120 余名专家学者，按照新能源、机械制造、电子信息、现代纺织、新型材料、生物医药 6 个专业组深入企业开展服务，与长兴企业代表进行了面对面的现场交流与对接。

10 月 27 日，由中国技术交易所主办的"技术交易所建设高层论坛"在北京召开。国家知识产权局前局长王景川、科技部火炬中心副主任蔡文沁、科技部知识产权中心主任杨林村、中国科学院信息咨询中心主任刘克里和北京市科委、北京市金融工作局、中关村管委会、国务院发展研究中心等政府部门、研究机构、企业界的 20 多位领导、专家与会。会议就进一步完善技术交易制度、推动技术要素市场建设相关问题进行了热烈探讨。

10 月 30—11 月 1 日，"2009 年全国火炬统计工作会"在重庆隆重召开。科技部杜占元副部长、高新司耿战修巡视员出席会议并做重要讲话，科技部火炬中心蔡文沁副主任对 2009 年全国火炬统计工作进行了总结，并对 2010 年重点工作进行了部署。来自全国 31 个省、直辖市、自治区，15 个副省级城市和计划单列市，54 个国家高新区和苏州工业园区的代表参加了会议。

11 月 10 日，由科学技术部、国家知识产权局、中国科学院、中国工程院、浙江省人民政府主办，浙江省科技厅、杭州市人民政府、浙江大学、省发改委、省经信委联合承办的"浙江省与中国科学院'432'计划启动仪式暨

2009 中国浙江网上技术市场活动周"开幕。开幕式上，首批 77 项省院合作产业化项目举行了签约仪式。科技部火炬中心蔡文沁副主任参加了相关活动。

12 月 1 日，吉林省技术交易市场隆重开业。吉林省副省长陈晓光、吉林省科技厅厅长毛健、科技部火炬中心蔡文沁副主任等领导出席了开业仪式。来自其他省市科技厅（局）、东北技术转移联盟单位、吉林省科技厅有关单位及特约嘉宾等 200 多人参加了开业仪式。

12 月 28 日，山东技术市场 20 年庆典活动在济南隆重召开。科技部火炬中心正局级调研员马彦民、原山东省信息产业厅巡视员石明泉、山东省科学院副院长于承建、山东省科技厅副厅长孙伟、山东省科技厅副巡视员段晓青等领导出席了会议。

2010 年

1 月 16 日，全国首家高校技术市场"上海高校技术市场"正式开幕。上海市副市长沈晓明为"上海高校技术市场"揭牌，教育部、火炬中心领导为开幕式致贺词。上海市相关部门和部分高校的负责人近 200 名代表出席了开幕仪式。

1 月 21 日，"2010 年北京技术市场工作会"召开。会议总结了 2009 年北京市技术市场工作，对在技术合同认定登记、"百场宣传"等活动中做出突出贡献的单位进行了表彰和颁奖。

3 月 20 日，火炬中心、农村中心、内蒙古科技厅、赤峰市人民政府共同主办的"内蒙古（赤峰）第八届农牧业科技成果博览会"在赤峰隆重开幕。本届农博会以"科技创新·服务三农"为主题，吸引了全国 612 家商家参展，共设展位 368 个，展出农牧业新技术、新品种、新产品、新成果 1960 项。

3 月 30 日，"2010 年甘肃省技术市场工作会议"在兰州召开。会议表彰了 2009 年甘肃省技术市场工作先进集体和先进个人，省科技厅与全省技术合同认定登记机构签订了 2010 年技术合同认定登记目标责任书，部署了 2010 年甘肃省技术市场工作任务并进行了工作交流。

4 月 6 日，"西北技术转移联盟成立暨科技成果推介对接会"在西安召开。陕西、甘肃、宁夏、青海、新疆科技厅，新疆生产建设兵团科技局及第一批西北技术转移联盟的 37 家成员参加了会议。会议旨在发挥西北地区的技术、人才及区位等优势，全面提升西北地区科技成果转化能力和服务水平。

4 月 14 日，首批国家技术转移示范机构 2009 年考核评价结果公布，浙江大学技术转移中心等 36 家国家技术转移示范机构被评为优秀机构。

4 月 21 日，为充分发挥创新政策叠加效应，推动技术转移，"全国技术转移公共政策与实务培训班"在合肥举办，来自全国各省市技术市场管理部门、技术转移机构的 250 多名代表参加了培训。

6月14日，"第三届中国·哈尔滨国际科技成果展交会"开幕。科技部副部长曹健林，哈尔滨市委副书记、市长张效廉在开幕式上致辞。曹健林副部长为哈尔滨"国家技术转移示范机构"授牌。

6月29日，国家科技基础条件平台建设项目"中国技术交易信息服务平台"通过验收。平台实现了跨区域、跨部门的资源整合，探索了一站式技术交易全过程服务模式。

7月8—9日，"2010中国医药高新技术交易会暨国际新药技术转移与商业化合作高峰论坛"在北京举行。本次活动还设置了"中国医药高新技术交易会展区"。

7月13日，确定北京市科委等11个省（市、区）为中国创新驿站试点省（市、区）。

8月10—12日，"中国创新驿站站点培训班"在黑龙江省哈尔滨市举办。辅导站点在中国创新驿站工作模式下为企业创新提供服务。中国创新驿站秘书处与11家区域站点以及21家基层站点签订了中国创新驿站服务协议书，中国创新驿站试点工作就此正式拉开序幕。

9月7—11日，火炬中心蔡文沁副主任带队赴匈牙利就欧洲创新驿站网络（EEN）的站点建设，对匈牙利投资贸易发展署、EEN、琼格拉德县商业与产业联合会等机构进行了交流访问。

10月13—14日，"2010年国际技术转移大会——中国·上海"举办。大会以"世博科技与国际技术转移——共同的发展机遇"为主题，对技术转移、知识产权等问题进入了交流与探讨，200余位中方嘉宾和65位外方嘉宾参加了大会。

10月26日，"中央企业院校重大科技成果在京转化落地项目签约仪式"在北京召开。会上，中共中央政治局委员、北京市委书记刘淇与北京市委副书记、市长郭金龙共同为"中国技术交易所科技成果转化平台"等4家科技成果转化平台揭牌。

10月26—28日，"2010年全国技术市场统计暨《技术合同认定规则》修订研讨会"在四川成都召开。来自全国技术市场管理机构的负责人和统计人员100余人参加了会议。会上对技术市场统计工作先进单位和先进个人进行了表扬。

11月12日，"甘肃科技传媒开播暨兰州大学科技园技术转移中心确定为国家技术转移示范机构揭牌仪式"在兰州举行。此次活动在实现技术交易信息共享、促进甘肃乃至西北各省技术转移工作等方面进行了有益尝试。

11月16日，"深圳市创新驿站启动暨深港澳台技术转移联盟成立仪式"在深圳举行。全国区域或行业技术转移联盟总数已达20家。

11月22日，"浙江省创新驿站启动仪式暨国家863计划与浙江民营企业对接会"在杭州举行。浙江省创新驿站按照中国创新驿站的总体要求，开展国家科技计划项目与企业研发能力对接，取得了良好成效。

12月16日，由中科院计算所主办、中国技术交易所等单位承办的"中科院计算所首届专利拍卖会"在中国技术交易所举行。28件标的成功竞拍，总成交金额近300万元。

12月31日，全国技术合同交易额接近4000亿元。2010年全国通过网上认定登记的技术合同成交数有229601项，技术合同成交额达到3906亿元。

2011年

1月20日，"北京市创新驿站建设工作推动会暨北京协同创新服务联盟2010年度年会"在北京举行。火炬中心副主任蔡文沁、北京市科委副主任郑焕敏出席会议。会议就我国技术转移行业发展情况、北京创新驿站建设思路及北京协同创新服务联盟工作开展情况等进行了交流。

2011年1月21日，南京市发布了《南京市促进技术转移条例》。南京市人大常委会于2010年12月29日制定，江苏省人大常委会于2011年1月21日批准，自2011年4月1日起施行。

3月9日，由科技部主办，火炬中心、北京市科委、中关村科技园区管委会和中国技术交易所共同承办的"'十一五'重大科技成果发布及推介活动"在北京举办。会议组织了节能减排、生物医药、农业科技三场重大科技成果推介会，涵盖了"863""973"、支撑计划、重大专项等180余个项目。

3月26日，由内蒙古自治区政府主办，火炬中心、农村中心支持，内蒙古自治区科技厅、赤峰市人民政府承办的"内蒙古（赤峰）第九届农牧业科技成果博览会"在赤峰国际会展中心隆重开幕。内蒙古自治区政府副主席连辑、火炬中心副局级调研员段俊虎等领导出席了开幕式。来自北京、上海、辽宁、香港、台湾等16个省市自治区和地区的856家农牧业科研及生产企业参加了有关活动，3000多项农牧业新产品、新成果精彩亮相。

4月14—15日，由科技部国际合作司、科技部火炬中心、北京市科委、北京大学、美国大学技术经理人协会（AUTM）、意大利创新署联合主办的"2011跨国技术转移北京论坛"在北京召开。科技部副部长曹健林、北京市副市长苟仲文出席开幕式并致辞。来自全球20余个国家和地区的80余家世界知名技术转移机构、研发服务机构、大型跨国企业的近300位高端职业经理人，以及中方机构代表共1100余人参加了会议。

4月20日，"全国技术市场技术合同管理与创新方法培训班"在宁波举办，培训班就技术市场管理与技术转移现状及相关政策、技术合同认定登记实务、创新方法等内容进行了培训。来自全国各省市技术市场管理部门、技术转移服务机构的 250 名代表参加了培训。

5 月 17 日，"技术市场'十二五'规划座谈会"在北京召开。来自部分地方科技部门、技术市场管理部门和国家技术转移示范机构的代表参加了会议。与会代表对规划征求意见稿及实施方案进行了深入研讨。

5 月 25 日，新产业技术产权交易所在深圳成立。科技部火炬中心副主任蔡文沁、广东省科技厅副厅长钟小平和深圳市副市长袁宝成出席成立大会，并共同为新产业技术产权交易所揭牌。

6 月 7 日，科技部确定中国技术交易所有限公司等 68 家机构为第三批国家技术转移示范机构。至此，全国国家级技术转移示范机构总数已达 202 家。

6 月 18—19 日，由科技部、住房和城乡建设部、教育部、工业和信息化部与澳门特别行政区政府、福建省人民政府等 19 个单位联合主办的"第九届中国海峡项目成果交易会"在福州举行。火炬中心副局级调研员段俊虎参加了活动，并出席了"十一五"国家重大科技成果推介会暨中国技术交易所福州工作站揭牌仪式。

6 月 29 日，北京市科委、北京市统计局联合召开"2011 年北京技术市场发展形势通报会"，火炬中心赵明鹏主任出席了会议并讲话。2010 年，北京实现技术交易增加值达到 1239.5 亿元，是 2005 年的 3.7 倍，占地区生产总值的比重达到 9.0%。

7 月 4 日，为更好地发挥科技创新对经济社会转型发展的支撑引领作用，落实好《国家中长期科学和技术发展规划纲要（2006—2020 年）》和《国民经济和社会发展第十二个五年规划纲要》，科技部印发了《关于进一步加强火炬工作，促进高新技术产业化的指导意见》，进一步加强火炬工作，促进高新技术产业化。

7 月 29 日，黑龙江省科技厅联合省发改委、省工信委、省教育厅、省知识产权局、哈尔滨市科技局等有关部门，共同启动黑龙江省科技成果展示交易市场。火炬中心副局级调研员段俊虎出席了启动仪式并讲话。

8 月 11 日，全国政协副主席、科技部部长万钢视察中国技术交易所并做重要指示。他指出，中技所要创新技术交易、科技融资和综合服务模式，有效汇聚资源，深入挖掘潜力，完善动态评估，加强人才建设，推动国际合作，为推动技术与资本有效对接、提高科技成果产业化效率、促进中关村国家自主创新示范区建设、服务科技北京建设和推进创新型国家建设做出贡献。

8 月 19 日，根据《国家技术转移示范机构管理办法》和《国家技术转移示范机构评价指标体系（试行）》，火炬中心对前两批 134 家国家技术转移示范机构进行了年度考核评价，65 家机构被评为优秀示范机构，68 家机构为合格，1 家机构提出整改。

8 月 24 日，科技部火炬中心印发《科技服务体系火炬创新工程实施方案（试行）》，并组织实施科技服务体系建设试点申报工作。11 月 1 日，在北京召开"科技服务体系建设单位座谈会"，宣布首批 25 家试点建设单位名单，正式启动科技服务体系建设试点工作。

11 月 4 日，"2011 年度全国技术市场统计工作会"在西安召开，会议总结了 2010 年全国技术市场统计工作，对 2011 年技术市场统计工作进行了部署，并对 2010 年技术市场统计工作先进单位和先进个人进行了表彰。来自全国各省市技术市场管理机构的负责人和统计人员 200 余人参加了会议。

12 月 14 日，火炬中心副主任杨跃承一行到北京技术市场管理办公室，就加强技术市场体系建设等情况进行调研和座谈。杨跃承副主任充分肯定了北京市促进技术市场发展的成功做法和经验，并对今后工作提出了要求。

12 月 31 日，截至 2011 年 12 月 31 日，全国技术合同成交数达 256428 项，同比增长 12%；技术合同成交额达 4764 亿元，同比增长 22%。

2012 年

2 月 11 日，由科技部、农业部、国家林业局、教育部、海南省人民政府联合主办的"第二届中国博鳌农业（种业）科技创新论坛"在海南省海口市举行。中共中央政治局委员、国务院副总理回良玉发来贺信，全国政协副主席、科技部部长万钢出席会议并讲话。火炬中心牵头组织了"种业科技金融与品种权交易"专题研讨会。

3 月 14 日，"四川省技术转移中心"开业仪式在成都高新区举行。火炬中心副主任杨跃承出席仪式并致辞。四川省技术转移中心是民办公益性机构，由成都西南交大技术转移中心、四川中物技术有限责任公司、成都生产力促进中心、四川大学国家技术转移中心、四川省科技咨询服务中心等国家技术转移示范机构组成理事单位。

5 月 24—25 日，"全国技术合同认定登记培训班"在南京举办。南京市政府副市长罗群和江苏省科技厅副厅长王秦、火炬中心副主任杨跃承出席了会议并讲话。7 月 25—29 日，"全国技术合同认定登记培训班（四川）"在成都举办，由四川省科技厅承办、四川省技术转移中心协办。

7 月 13 日，中共中央政治局委员、国务委员刘延东到西安高新区考察西安科技大市场，充分肯定了西安科技大市场在深化科技体制改革方面做出的创新探索，希望西安科技大市场进一步大胆创新、先行先试。

7 月 18 日，火炬中心发文，确定江苏省高新技术创业服务中心等 15 家单位为第二批中国创新驿站区域站点，太原技术转移促进中心等 37 家单位为第二批中国创新驿站基层站点。至此，中国创新驿站已覆盖全国 26 个省（区、市），站点已达 83 家。8 月 1 日，第二批中国创新驿站站点培训班在兰州举办。

8月2日，火炬中心组织召开"2012年全国技术市场工作座谈会"。火炬中心党委书记、主任赵明鹏做了题为"凝聚力量 抢抓机遇 努力开创技术市场工作新局面"的工作报告。

9月9日，火炬中心党委书记、主任赵明鹏调研西安科技大市场，希望西安科技大市场将科技服务联通全国，在统筹科技资源和促进技术交易等方面做出更大的贡献。

10月10日，火炬中心发文成立中国创新驿站秘书处，负责创新驿站规划制定和日常管理。

10月31日，科技部发文确定中国矿业大学技术转移中心等74家机构为第四批国家技术转移示范机构。至此，国家技术转移示范机构已覆盖全国30个省（区、市）和新疆生产建设兵团，数量已达到275家。

11月1日，"2012年中国创新驿站站点培训班"在安徽省合肥市召开，火炬中心副主任杨跃承出席会议并讲话。地方科技主管部门相关负责人和中国创新驿站站点负责同志及工作人员共200余名人参加了培训班。

11月8—30日，为贯彻落实《科技服务体系火炬创新工程实施方案（试行）》，推进科技服务体系建设试点工作，火炬中心分别在长沙、东莞召开了专家咨询论证会，对长沙高新区、绵阳高新区等9家试点单位的科技服务体系建设规划进行咨询和指导。11月30日，火炬中心在广东省东莞市召开了科技服务体系建设试点工作座谈会。火炬中心党委书记、主任赵明鹏出席会议并做重要讲话。

11月12日，火炬中心常务副主任张志宏出席鲁南技术产权交易中心揭牌仪式。鲁南技术产权交易中心由济宁市政府主导建设，济宁市科技局管理，旨在建设成为服务鲁南经济带和黄淮海经济区的重要技术转移中心和资源配置平台。

12月6日，"2012年度全国技术市场统计工作会"在昆明市召开。火炬中心副主任张卫星出席会议并讲话。

12月12—16日，由科技部政策法规司、科技部火炬中心共同主办的"国家技术转移示范机构主任培训班"在北京工业大学成功举办。火炬中心副主任杨跃承出席了培训班开班仪式并讲话。来自全国40多个省市的140余名技术转移机构负责人参加了此次培训。

截至12月31日，全国技术市场共认定登记技术合同成交数共282242项，技术合同成交额额达到6437亿元。

2013年

1月8日，"2012年度武汉地区高校院所科技成果转化促进会年会"召开。武汉大学、华中科技大学、中科院武汉分院等14所高校和院所相关负责人参加了会议。会议对开展科技成果转化工作的成功经验与做法进行了深入交流。

1月10日，"中国创新驿站山东站点建设工作座谈会"在山东省科学院成功召开。会议就山东省创新驿站建设情况和技术转移工作开展情况进行了座谈交流。

1月25日，"武汉市技术市场工作会议"召开。科技、税务、工商、各区技术市场管理部门和技术合同登记机构参加了会议。会议对2012年技术市场工作进行了总结并对2013年技术市场工作进行了部署。

2月25日，深圳市发布了《深圳经济特区技术转移条例》。深圳市人大常委会于2013年2月25日通过并公布，2013年6月1日起施行。

3月14—16日，由上海技术交易所与哈尔滨市技术市场管理办公室共同承办的"上海—哈尔滨科技投资项目对接会"在上海举办。上海市规模以上企业、投资公司和研发机构20余家单位参加了对接会。

5月8日，由商务部、科技部、国家知识产权局和上海市政府共同主办的"首届中国（上海）国际技术进出口交易会"在上海开幕，开幕论坛同步举行。其中，科技部负责组织的创新服务展区以"加速技术转移　创新驱动发展"为主题，全面展示了我国技术市场以及科技创新服务体系发展的现状、取得的成就、经验与模式以及典型案例等。

5月16—17日，由科技部中国技术市场管理促进中心主办，江西省技术交易中心承办的"全国技术合同认定登记暨网上登记系统培训班"在南昌举办。来自全国各省市技术市场管理部门从事技术市场管理和技术合同认定登记工作的300余人参加了此次培训。培训内容包括我国技术市场发展的战略、技术合同登记实务、统计指标体系修订、网上登记系统升级以及技术合同案例分析等。

5月31日，"湖北省2013年重大科技成果推介（拍卖）会"举办。此次活动是湖北创新驿站各站点开展紧密协同合作的成功实践，极大地提升了湖北创新驿站的影响力。

7月2日，国家（杨凌）农业技术转移中心、国家（杨凌）旱区植物品种权交易中心（下称"两个中心"）在杨凌示范区正式揭牌成立，"两个中心"的成立，对于充分发挥杨凌示范区先行先试的政策优势，整合、积聚各类农业高新技术和知识产权创新资源，促进科技成果更快地向商业转化，服务并支撑我国旱区现代农业发展具有重要的现实意义。

9月17—18日，由环渤海技术转移联盟和天津市科委主办，北方技术交易市场承办的"2013环渤海技术转移年会与环渤海技术转移合作交流座谈会"在天津举行。环渤海地区技术市场管理部门、技术转移机构、创新驿站代表

120 余人与会，共同研讨了加速环渤海技术转移与区域合作的热点问题。

9 月 27 日，北京市海淀区政府对外发布《中关村核心区科技服务业发展三年行动计划（2013—2015 年）》，旨在促进中关村核心区科技业实现跨越式发展，辐射带动全国创新发展，打造国家科技服务示范区、国际科技服务业聚集区。作为该计划的重要组织部分，创新工厂、车库咖啡等 11 家全市首批政府正式批准的创业期科技型企业集中办公区正式挂牌运营。

10 月 22—23 日，由科技部火炬中心主办、四川省科技厅承办的"全国技术转移示范机构主任培训班"在成都成功举办。来自全国 30 个省市的 150 余名国家技术转移示范机构的负责人参加了培训。培训内容包括创新生态链和创新驱动实现途径的认识、新经济下的产业发展趋势与商业模式创新、技术转移案例与分析、跨国技术转移孵化的机遇、挑战和创新等。

11 月 7 日，"2013 年度全国技术市场统计工作会"在武汉召开。来自全国各省（区、市）、计划单列市、副省级城市的技术市场管理部门负责人和统计工作人员 140 余人参加了会议。会议期间，还召开了技术市场管理部门负责人座谈会，重点围绕技术交易营业税改征增值税政策在技术合同登记工作中的落实情况、存在问题等进行了充分交流，并提出了相关政策建议与措施。智能分析系统省级管理员培训班同期举办。

11 月 12 日，清华大学东莞创新中心、北京大学东莞光电研究院、中科院云计算中心、俄中友谊科技园等 18 家单位在东莞宣布正式成立"东莞国际技术转移联盟"。旨在加强与国内外技术转移机构的交流，在东莞组织开展国际国内技术转移论坛及项目对接，建立健全国际技术转移信息网络，形成多方位、多层次的技术供需信息收集、传递、对接的信息资源平台，探索创新型的国际技术交易体系。

12 月 7 日《中国—东盟技术转移协作网络成员协议》由中国—东盟技术转移中心和马来西亚 BMGS 咨询公司共同签署。未来 3 年，双方将通过建立联络员机制和双边会谈机制，合作开展中国和马来西亚间的技术转移服务工作。

12 月 9 日，河南省科技厅联合河南省国税局发布了《关于试点纳税人提供技术转让、技术开发和与之相关的技术咨询、技术服务免征增值税有关事项的公告》，明确了技术交易免征增值税的备案管理程序和相关要求。

12 月 24 日，浙江省印发《培育技术市场和促进技术成果交易专项行动五年计划（2013—2017 年）》，确定了今后五年技术市场发展的总体目标、主要任务和政策举措。

12 月 31 日，全国技术市场合同成交金额突破 7000 亿元，达到 7469.13 亿元，增长 16.03%，成交技术合同 294929 项，增长 4.5%。

2014 年

1 月 21 日，"四川省国家技术转移示范机构研讨会"召开，会议总结了四川省的技术转移工作，就技术转移示范机构的运行机制、商业模式、人才培养、区域技术转移中心建设等议题进行了讨论。

4 月 14 日，科技部批复深圳市人民政府《科技部深圳市人民政府共建国家技术转移南方中心方案》，共同推动国家技术转移南方中心建设。这标志着继北京国家技术转移集聚区后，全国技术转移一体化新格局的两大中心枢纽已完成布局。

4 月 24 日，由商务部、科技部、国家知识产权局、上海市政府共同主办的"第二届中国（上海）国际技术进出口交易会"在上海世博展览馆开幕。火炬中心以"发展技术市场，健全技术转移机制"为主题，展示了我国技术市场 30 年的发展成就、经验模式和服务体系建设情况。

5 月 8 日，"技术市场工作座谈会"在火炬中心召开。会议回顾了技术市场开放 30 年来的成就与经验，分析了当前技术市场工作面临的主要形势，介绍了下一阶段的工作思路和重点任务。来自地方科技厅（委、局）科技成果与技术市场管理相关部门的负责人共 50 名代表参加会议。

5 月 22 日，火炬中心在上海召开"技术经纪人工作交流会"，来自北京、上海、青岛、深圳等 10 多家技术市场管理部门和相关机构 40 多名代表参加了会议。会议围绕新时期如何推动技术经纪人工作，建立全国技术转移人才一体化培养机制等内容进行了深入交流和研讨。

5 月 30 日，"国家技术转移集聚区座谈会"在北京召开。会议就科技部推进技术转移政策出台、技术转移体系建设等内容做了重点介绍，北京市科委、中关村、海淀区就集聚区载体建设、改革推进、服务提升三大任务推进情况进行了介绍。

6 月 4 日，"青岛首届国际技术转移大会"成功召开，国外知名技术转移机构与青岛市多家企业对接合作，推动了以国际化视野谋划创新，实现了科技创新与国际交流的融合。

6 月 17—19 日，"2014 年度环渤海技术转移联盟年会暨技术转移合作交流座谈会"在石家庄召开。年会以"深化环渤海技术转移合作，推进京津冀技术市场一体化协同发展"为主题进行了研讨。

7 月 10—11 日，"2014 年第一期全国技术合同认定登记培训班"在大连举办。来自全国各省市技术市场管理部门从事技术市场管理和技术合同认定登记工作的近 300 名学员参加了培训。

7 月 18 日，石家庄科技大市场建成运营。这是河北省首个集技术转移、产权交易和科技金融服务为一体的综合性技术交易平台。

8月4—5日，上海技术交易所联合英国驻华大使馆、英国知识产权局、英国科技创新网络在沪举办"国际技术转移培训—技术转移中的有效许可及最优知识产权策略"，英国 PraxisUnico 总裁及国际部主任围绕技术营销策略、技术估值、技术许可等议题进行了授课。

8月21—22日，以"技术转移与投融资"为主题的2014年中国创新驿站专题培训班在太原举办，对创新驿站站点工作人员就科技型中小企业投融资发展政策、资本市场与投融资、企业融资策划以及商业计划书等内容进行了专题培训。

9月4—5日，"第二期全国技术合同认定登记培训班"在成都举办。科技部火炬中心副主任杨跃承、四川省科技厅副厅长韩忠成出席开班仪式并讲话。来自全国各省市技术市场管理部门和技术合同认定登记机构的相关工作人员参加了培训。

9月22—26日，科技部政策法规司和火炬中心共同举办"第五批国家技术转移示范机构主任培训班"。对来自全国的110名第五批国家技术转移示范机构负责人就我国技术转移体系、创新驱动发展战略、知识产权管理和应用等内容进行了培训。

11月14日，科技部批复上海市人民政府《国家技术转移东部中心建设方案》，支持上海市发挥长三角地区中心枢纽、科教资源富集、产业基础雄厚的优势，建设技术转移机制完善和模式创新示范区。

11月28日，科技部批复湖北省人民政府《科技部湖北省人民政府共建国家技术转移中部中心方案》，支持湖北省发挥中部地区枢纽、科教资源富集、创新创业活跃的基础和优势，打造国家级技术转移机制完善和模式创新示范区。

11月25日，"国家技术转移南方中心启动会"在深圳召开。科技部党组成员、副部长曹健林，深圳市市长许勤出席会议并共同为国家技术转移南方中心揭牌。

12月5日，"全国技术市场统计工作会"在福建厦门召开。来自全国各有关省、自治区、直辖市、计划单列市、副省级城市科技厅（委、局），新疆生产建设兵团科技局技术市场管理部门负责人和代表共百余人参加了会议。

12月8日，浙江科技大市场正式开业、浙江伍一技术股份有限公司揭牌，大市场进入实体化运营、市场化运作，与网上技术市场形成了有形与无形、线上与线下、网上与网下互联、互动、互补的技术市场体系。

12月23日，"全国技术市场30周年工作座谈会"在京召开。科技部党组成员、副部长曹健林出席会议并讲话，中央政策研究室、教育部、中科院相关司局领导参加会议并致辞。科技部火炬中心张志宏主任做了技术市场工作报告，来自全国技术市场管理部门的 126 名代表参加了会议。

12 月 24 日，由贵州省科技厅牵头建设的贵州省技术市场平台（gzjssc. gzst. gov. cn）正式上线，由网络平台、对接平台及交易平台构成覆盖全省的技术转移服务网络。

12 月 31 日，全国技术市场技术合同成交额突破 8000 亿元，达到 8577.18 亿元，增长 14.84%，技术合同成交数 297037 项。

2015 年

1 月 16 日，国家技术转移苏南中心发展战略研讨会在苏州市举行。科技部火炬中心党委书记翟立新出席会议并讲话。来自全国各区域技术转移中心建设运营单位的负责人、苏南五市科技局（委）分管领导、苏州市辖科技管理部门负责人、有关技术转移机构代表和专家等 30 多人参加了会议。

1 月 19 日，科技部发布《科技部关于确定清华大学深圳研究生院技术转移办公室等 84 家机构为第六批国家技术转移示范机构的通知》（国科发火〔2015〕5 号），确定清华大学深圳研究生院技术转移办公室、长春工业大学技术转移中心、青岛中石大科技创业有限公司等 84 家机构为第六批国家技术转移示范机构。

1 月 26 日，安徽省技术转移战略联盟成立大会在合肥市召开，11 家国家技术转移示范机构和 17 家省级技术转移服务机构负责人参加了会议，会议审议通过了联盟章程，表决通过了联盟理事会组织机构。

4 月 23 日，全国技术合同管理系统省级研讨会在重庆市举办。来自全国各省（区、市）、计划单列市和副省级城市科技成果与技术市场管理相关部门负责人共约 50 名代表参加了会议。

4 月 23 日，科技创新服务体系咨询论证会在重庆市召开。重庆高新区、苏州高新区、青岛高新区及有关专家和部门负责人参加了会议。

4 月 27 日，西安科技大市场来了一位"老外"朋友——来自美国的加拿大人 John Fraser。John 是美国大学技术经理人协会前主席，他此行不仅参观了西安科技大市场，还成功地加入了西安技术经理人协会，成了协会的首个"老外"会员。

5 月 25 日，科技部火炬中心杨跃承副主任带队到广东省仲恺高新区召开科技创新服务体系建设试点专家咨询论证会。仲恺高新区根据科技部《关于印发科技创新服务体系建设试点工作指引的通知》（国科火字〔2013〕130号）要求，结合该区科技创新服务体系建设和发展规划向专家组进行了汇报。

6 月 8 日，第一期"注册国际技术转移经理师"暨中国高级技术转移经理师培训工作在北京市启动。本次培训工作由中国技术交易所、中国知识产权培训中心主办，英国普雷塞斯技术转移中心（Praxis Unico），北美大学技术经理人协会（AUTM），欧盟技术转移经理人协会（ASTP–Proton）及澳大利亚知识商品化组织（KCA）协办。

6月30日，《科技部火炬中心关于同意湖州市开展国家科技创新服务体系建设试点的复函》获批，湖州市成为全国第三个试点的地级市，也是浙江省第一个试点城市。

8月8日，广州现代技术市场的开业典礼在广州市举行。广州现代技术市场是在广州市越秀区区委、区政府直接指导下成立，并得到了国家科技部、广东省科技厅和广州市科信委的大力支持。广州现代技术市场是一家混合所有制公司，注册资本为人民币1000万元。

8月10日，《科技部火炬中心关于同意绍兴高新区开展国家科技创新服务体系建设试点的复函》批复，同意绍兴高新区开展科技创新服务体系建设试点。

8月13—14日，科技部火炬高技术产业开发中心在西宁市举办中国创新驿站培训班。旨在贯彻落实四中全会精神和国务院办公厅《关于发展众创空间推进大众创新创业的指导意见》精神，营造良好的创新创业生态环境，促进中国创新驿站站点人员知识更新和能力建设。科技部火炬中心副主任杨跃承出席了开班仪式并致辞，来自全国20多个省、市创新驿站代表共计130人参加了培训。

8月28日，"2015年度环渤海技术转移联盟年会暨技术转移合作交流座谈会"在太原市召开。联盟成员单位围绕"发展科技服务业，促进技术转移"的年会主题，就如何深入贯彻环渤海技术转移联盟"发挥区域优势，共享科技资源，加速科技成果转化"宗旨，推动联盟成员单位间的资源共享和协同创新，进一步促进技术转移区域合作进行了汇报和交流。科技部火炬中心技术市场处相关人员及环渤海七省市技术市场管理部门相关负责人、技术转移服务机构代表共70余人参加了会议。

8月29日，全国人大常委会通过了关于修改《促进科技成果转化法》的决定，同日公布了修改后的《促进科技成果转化法》，自2015年10月1日起施行。

9月14—18日，第六批国家技术转移示范机构主任培训班在贵阳市举办。培训班由科技部政策法规与监督司、科技部火炬中心主办，贵州师范大学承办。科技部火炬中心党委书记翟立新出席了培训班开幕式。来自全国的近100名技术转移示范机构负责人参加了培训。

10月13—16日，第二届青岛国际技术转移大会暨阿斯图俄方高校科技产业峰会在青岛市召开。大会由青岛市人民政府、中俄工科大学联盟（简称"阿斯图"）主办，科技部合作司、火炬中心指导，阿斯图和英、俄、德、以等 6 个国家的 30 余家国际知名技术转移机构，以及驻青岛高校院所、高新技术企业、孵化器和在孵企业、技术中介机构等共约 500 人参加。

10 月 23 日，"中国国际技术转移河北分中心"在"双创促转型，河北在行动"系列主题活动启动仪式上正式揭牌。

10 月 23 日，首届中国—蒙古国博览会重要主题活动之一——中蒙技术转移暨创新合作大会在呼和浩特市召开。

11 月 4 日，由中关村社会组织联合会、北方技术交易市场及河北省科学技术协会、北京能源协会联合主办，京津冀三地相关机构共同承办的"第二届京津冀协同创新共同体高峰论坛暨企业专场对接活动"在天津市举行。

12 月 8—9 日，2015 年度全国技术市场统计工作会在西安市召开。科技部火炬中心副主任杨跃承参加了会议。来自全国各省市的有关人员共约 120 人参加了此次统计工作会议。

12 月 9 日，由科技部创新发展司、科技部火炬中心共同组织的全国技术市场工作经验交流现场会在杭州市召开。浙江省省长李强、科技部副部长李萌出席会议并致辞。会议由科技部创新发展司司长许倞主持，科技部火炬中心主任张志宏、副主任杨跃承以及来自全国各省市科技管理部门的分管领导和技术市场管理部门的负责人共 100 余人参加了会议。

12 月 18 日，在科技部火炬中心、北京市科委、天津市科委、河北省科技厅的倡议下，京津冀技术转移协同创新联盟在北京市成立。

12 月 11 日，青海省科技厅会同青海大学、中国科学院青海盐湖研究所、青海国科创业投资基金等 15 家单位成立"青海技术转移战略联盟"。

12 月 20 日，江苏省技术转移联盟成立大会在杭州市召开。省科技厅厅长王秦出席会议并讲话。联盟各成员单位、省辖市科技局、有关国家级高新园区、省产学研协同创新基地的代表共 200 多人参加了会议。

12 月 30 日，科技部火炬中心发布《关于加强国家技术转移人才培养基地建设的通知》（国科火字〔2015〕316 号），确定北京技术交易促进中心、深圳市技术转移促进中心、上海杨浦科技创业中心有限公司等 11 家单位为人才培养基地依托机构。

12 月 31 日，全国技术市场技术合同成交数 307132 项，增长 3.4%，技术合同成交额达到 9835.79 亿元，增长 14.7%。

后 记

　　中共十八届三中全会决定明确提出，要发展技术市场，完善技术转移机制。我国技术市场经过近 30 多年的发展，已经形成技术市场法律法规体系、监督管理体系，并在"十一五"期间形成了以国家技术转移示范机构为骨干、以中国创新驿站为组织网络的新型技术转移服务体系，有效促进了科技成果转化和高新技术产业化，成为科技成果转化的主要渠道。随着国家技术转移促进行动和科技服务体系火炬创新工程的深入推进，技术市场将在新时期承载起统筹配置科技资源、加速我国研发能力转移、引领科技服务业发展的重要使命。同时，新科技革命的蓬勃发展、经济转型的迫切要求、创新型国家建设进程的加快、全面建成小康社会的战略目标等，给技术市场的发展提供了新的机遇和挑战。这使得我国技术市场的发展面临着一个关键转折期。面对机遇和挑战，未来技术市场如何发展？这是亟待研究的一个重大问题。

　　2013 年 9 月，我们承担了科技部火炬中心《新形势下我国技术市场发展关键政策研究》的课题。这个课题是为解决技术市场发展过程中的新的情况、新的问题而设立的，同时，这个课题也是我国技术市场"十三五"发展规划的前期研究之一。课题研究得到了科技部火炬中心市场处时任处长张玢的大力支持和精心指导；同时得到了技术市场处陈彦、庞鹏沙、于磊等人的大力帮助，他们为课题的研究顺利完成提供了大量的第一手资料和数据。在此，我们表示衷心的感谢！

　　课题完成后，为了使研究成果为更多的人所知晓，使其发挥出更大的作用，课题组决定，在已有的研究基础之上编撰一本小册子，《超越与梦想——我国技术市场发展战略研究》一书就是在这一研究成果的基础上改写、扩充而成的。课题组成员除了本书的作者之外，还有郭艳芳、仲冰、项梦瑶、雷光继、李阳阳等人。在此，我们表示衷心的感谢！

　　《超越与梦想——我国技术市场发展战略研究》在成书的过程中，林耕列出了编写大纲；傅正华编写了工作方案。各章编写分工如下：第一章：董亮、郭艳芳；第二章：董亮、林耕；第三章：林耕；第四章：傅正华、董亮；第五章：林耕；第六章：傅正华、董亮；第七章：由林耕组织北京化工大学和北京工业大学硕士班的学员编写；附录一：林耕、傅正华、张晓凌；附录二：由傅正华组织北京信息科技大学政教学院的研究生在科技部火炬中心历年发布的

280

《全国技术市场统计年度报告》的基础上整理而成的。傅正华全书通篇统稿，林耕审稿。

在编写中，张若然大力支持提供了数据分析资料；陈靖积极配合提供了数据分析资料；王素英、叶茂盛、刘珣、刘玲、程隽等提供了数据支持；张晓宇提供了国外相关资料。在此，我们表示衷心的感谢！

在编写中，我们还参考了国内外专家和学者的诸多研究成果，并尽量在行文中予以注明，但仍难免有疏漏之处，请见谅。在这里，我们对这些专家、学者表示最诚挚的感谢！

本书得以顺利出版，离不开知识产权出版社的领导和编辑的大力支持和帮助，尤其是张水华女士为本书的出版付出了艰辛的劳动。对此，我们深表谢意！

作者

2016 年 2 月 16 日